Informationstechnik
und
Datenverarbeitung

W0246281

Reihe „Informationstechnik und Datenverarbeitung"

M. M. Botvinnik: Meine neuen Ideen zur Schachprogrammierung. Übersetzt aus dem Russischen von A. Zimmermann. X, 177 S., 42 Abb. 1982.

K. L. Bowles: Pascal für Mikrocomputer. Übersetzt aus dem Englischen von A. Kleine. IX, 595 S., 107 Abb. 1982.

W. Kilian: Personalinformationssysteme in deutschen Großunternehmen. Ausbaustand und Rechtsprobleme. Unter Mitarbeit von T. Heissner, B. Maschmann-Schulz 2. XV, 352 S. 1982.

A. E. Çakir (Hrsg.): Bildschirmarbeit. Konfliktfelder und Lösungen. XI, 256 S., 75 Abb. 1983.

W. Duus, J. Gulbins: CAD-Systeme. Hardwareaufbau und Einsatz. IX, 107 S., 41 Abb. 1983.

H. Niemann, D. Seitzer, H. W. Schüßler (Hrsg.): Mikroelektronik - Information - Gesellschaft. XI, 213 S., 80 Abb. 1983.

J. Kwiatkowski, B. Arndt: Basic. 2., korr. Auflage. XI, 179 S., 1984.

E. E. E. Hoefer, H. Nielinger: SPICE. Analyseprogramm für elektronische Schaltungen. 223 S., 162 Abb., 36 Tab. 1985.

R. Gleaves: Modula-2 für Pascal-Programmierer. X, 183 S., 1985.

W. Junginger: FORTRAN 77 – strukturiert. XIII, 451 S., 75 Abb. 1988.

F. J. Heeg: Empirische Software-Ergonomie. Zur Gestaltung benutzergerechter Mensch-Computer-Dialoge. X, 227 S., 79 Abb. 1988.

H. Lochner: APL2-Handbuch. X, 331 S., 19 Abb. 1989.

G. Staubach: UNIX-Werkzeuge zur Textmusterverarbeitung. Awk, Lex und Yacc. X, 157 S., 1989.

J. A. Brown, S. Pakin, R. P. Polivka: APL2 – Ein erster Einblick. XIV, 373 S., 1989.

M. Dürr, K. Radermacher: Einsatz von Datenbanksystemen. Ein Leitfaden für die Praxis. XIII, 217 S., 78 Abb. 1990.

Martin Dürr   Klaus Radermacher

Einsatz von Datenbanksystemen

Ein Leitfaden für die Praxis

Mit 78 Abbildungen

Springer-Verlag Berlin Heidelberg New York
London Paris Tokyo Hong Kong

TWY
96

HBZ

Martin Dürr
Klaus Radermacher

Universität Karlsruhe
Institut für Programmstrukturen und Datenorganisation
Postfach 69 80, D-7500 Karlsruhe 1

Fachhochschule Bochum
- Bibliothek -
AUSGESONDERT
F 90/400

ISBN 3-540-52080-5 Springer-Verlag Berlin Heidelberg New York
ISBN 0-387-52080-5 Springer-Verlag New York Berlin Heidelberg

CIP-Titelaufnahme der Deutschen Bibliothek
Dürr, Martin: Einsatz von Datenbanksystemen: ein Leitfaden für die Praxis / Martin Dürr; Klaus Rader-
macher. – Berlin; Heidelberg; New York; London; Paris; Tokyo; Hong Kong: Springer, 1990
    (Informationstechnik und Datenverarbeitung)
    ISBN 3-540-52080-5 (Berlin . . .)
    ISBN 0-387-52080-5 (New York . . .)
NE: Radermacher, Klaus:

Dieses Werk ist urheberrechtlich geschützt. Die dadurch begründeten Rechte, insbesondere die der Übersetzung, des Nachdrucks, des Vortrags, der Entnahme von Abbildungen und Tabellen, der Funksendung,
der Mikroverfilmung oder der Vervielfältigung auf anderen Wegen und der Speicherung in Datenverarbei-
tungsanlagen, bleiben, auch bei nur auszugsweiser Verwertung, vorbehalten. Eine Vervielfältigung dieses
Werkes oder von Teilen dieses Werkes ist auch im Einzelfall nur in den Grenzen der gesetzlichen Bestim-
mungen des Urheberrechtsgesetzes der Bundesrepublik Deutschland vom 9. September 1965 in der jeweils
geltenden Fassung zulässig. Sie ist grundsätzlich vergütungspflichtig. Zuwiderhandlungen unterliegen den
Strafbestimmungen des Urheberrechtsgesetzes.

Die Wiedergabe von Gebrauchsnamen, Handelsnamen, Warenbezeichnungen usw. in diesem Werk berech-
tigt auch ohne besondere Kennzeichnung nicht zu der Annahme, daß solche Namen im Sinne der Waren-
zeichen- und Markenschutz-Gesetzgebung als frei zu betrachten wären und daher von jedermann benutzt
werden dürften.

© Springer-Verlag Berlin Heidelberg 1990
Printed in Germany

Druck und Einband: Weihert-Druck GmbH, Darmstadt
2145/3140-543210 – Gedruckt auf säurefreiem Papier

Für unsere Eltern

Vorwort

Der Einsatz von Datenbanksystemen in nahezu allen Unternehmensbereichen ist in den letzten Jahren sprunghaft angestiegen und wird auch in Zukunft weiter zunehmen. Dies zeigt sich nicht zuletzt in der Vielzahl der kommerziell angebotenen Datenbanksysteme für Rechner aller Größenordnungen. Um jedoch ein Datenbanksystem für eine gegebene Aufgabe gut einsetzen zu können, sind fundierte Kenntnisse über das zugrundeliegende Datenmodell und den Datenbankentwurf notwendig.

Dieses Buch stellt den Einsatz von Datenbanksystemen in praktischen Anwendungen vor und vermittelt die für den Praktiker notwendigen Grundkenntnisse über die zwei wesentlichsten Datenmodelle und den Datenbankentwurf. Das erste Kapitel behandelt das Netzwerk-Datenmodell anhand eines Beispiels aus der Luftfahrt und unter Einsatz eines kommerziell erhältlichen Datenbanksystems. Im zweiten Kapitel wird das relationale Datenmodell mit einem Beispiel aus der Geographie und unter Verwendung der relationalen Standardsprache SQL vorgestellt. Das dritte Kapitel enthält einen Leitfaden zur Durchführung des Datenbankentwurfs, wobei wir hier als Beispiel eine Datenbasis für Olympische Spiele aufbauen.

Unser Hauptziel bei der Erstellung dieses Buches war es, einen kontinuierlichen Bezug zur Praxis, zum realen Einsatz von Datenbanksystemen herzustellen. Dafür war es insbesondere wichtig, daß die verwendeten Beispieldatenbasen in Komplexität und Größe solchen, die in der betrieblichen Praxis eingesetzt werden, durchaus gleichkommen. Der Leser soll damit in die Lage versetzt werden, sich gewisse handwerkliche Fähigkeiten anzueignen, die sich unmittelbar in die Praxis umsetzen lassen. Daher verzichten wir auf formale Beschreibungen der vorgestellten Datenmodelle, auf Syntaxdiagramme von Anfragesprachen und auf manche weniger wichtige Details.

Jedem Kapitel ist ein Abschnitt mit Aufgaben angefügt, die dem Leser die Möglichkeit geben sollen, das zuvor Beschriebene selbständig anzuwenden. Zum Teil handelt es sich dabei um Aufgaben, die am Schreibtisch mit Papier und Bleistift gelöst werden können, zum Teil sind es Programmieraufgaben, die das Experimentieren mit den behandelten Beispieldatenbasen erfordern. Für einen Teil der Aufgaben sind im Anhang des Buches Lösungen angegeben.

Das Buch ist aus unserer Arbeit am Institut für Programmstrukturen und Datenorganisation der Universität Karlsruhe hervorgegangen. Verschiedene Personen haben uns in unserem Vorhaben unterstützt, denen wir an dieser Stelle danken wollen. Herrn Prof. Dr. Peter C. Lockemann, der uns zu diesem Buch inspirierte, danken wir auch dafür, daß wir in seiner Arbeitsgruppe an der Universität Karlsruhe an diesem Werk arbeiten konnten. Seine Erfahrung mit Veröffentlichungen und seine Anmerkungen zu dem Manuskript waren für uns darüber hinaus sehr wertvoll. Unseren Kollegen, Frau Dipl.-Inform. Mechtild Wallrath und Herrn Alfons Kemper, Ph.D., danken wir für die vielen hilfreichen Hinweise zu unserem Manuskript, die sehr zu seiner Abrundung beigetragen haben. Des weiteren sind wir unseren studentischen Mitarbeitern, den Herren Klaus Künkele, Thomas Leutner, Rainer Neske und Joachim Schmid, für ihren unermüdlichen Einsatz bei der Erstellung und Wartung der Beispieldatenbasen zu großem Dank verpflichtet; Frau Michaela Werner leistete uns bei der Erstellung einiger Zeichnungen für dieses Buch wertvolle Hilfe, für die wir sehr dankbar sind. Schließlich danken wir unseren Vorgängern, Frau Dipl.-Inform. Jutta Mülle und Herrn Dr. Willi Gotthard, die es uns ermöglichten, mit unseren Arbeiten auf einem gut funktionierenden Praktikum aufzusetzen.

Der Deutschen Lufthansa AG, Köln danken wir für die Abbildungen im Anhang E und die freundliche Genehmigung, den Namen *LUFTHANSA* für unsere Netzwerk-Datenbasis zu verwenden. Für die Zusendung von Informationsmaterialien zum Entwurf der Datenbasis TERRA gilt unser Dank den Botschaften der folgenden Staaten (in alphabetischer Reihenfolge): Ägypten, Algerien, Antigua und Barbuda, Argentinien, Australien, Bahamas, Belgien, Belize, Botswana, Brasilien, Brunei, Chile, Volksrepublik China, Dänemark, Dschibouti, El Salvador, Elfenbeinküste, Finnland, Frankreich, Ghana, Grenada, Griechenland, Großbritanien, Guatemala, Honduras, Indien, Indonesien, Iran, Irland, Island, Israel, Japan, Jordanien, Jugoslawien, Kamerun, Kanada, Kap Verde, Katar, Republik Korea, Madagaskar, Malawi, Malaysia, Malta, Mauretanien, Mexiko, Monaco, Neuseeland, Nicaragua, Niederlande, Niger, Norwegen, Österreich, Oman, Ost-Karibische Staaten, Papua Neuguinea, Philippinen, Portugal, Saudi Arabien, Schweden, Schweiz, Senegal, Simbabwe, Singapur, Südafrika, Sowjetunion, Swasiland, Syrien, Togo, Tonga, Trinidad und Tobago, Tschechoslowakei, Türkei, Tunesien, Uganda, Ungarn, Uruguay, Venezuela, Vereinigte Staaten von Amerika, Westsamoa und Zypern.

Nicht zuletzt gilt unser Dank auch dem Springer-Verlag, insbesondere Herrn Dr. Hans Wössner für die freundliche Unterstützung bei der Verwirklichung des Buches.

Die in den einzelnen Kapiteln verwendeten Beispieldatenbasen (*LUFTHANSA* und *TERRA*) werden an der Universität Karlsruhe seit geraumer Zeit in Lehrveranstaltungen eingesetzt. Sie können zur ausschließlichen Verwendung in der Lehre unter folgender Anschrift bezogen werden:

Institut für Programmstrukturen und Datenorganisation
Universität Karlsruhe
Postfach 6980
D-7500 Karlsruhe
E-Mail: ipd@ira.uka.de

Als mögliche Dateiformate stehen VAX- und SUN-kompatible Streamer- oder Magnetbänder zur Verfügung; sonstige Formate auf Anfrage. Was die Realisierung der Datenbasis TERRA betrifft, so wurde durch die ausschließliche Verwendung von Standard-SQL eine möglichst problemlose Portierung sichergestellt.

Anregungen zu Verbesserungen und Korrekturhinweise nehmen wir gerne entgegen.

Dieses Buch sollte sowohl für den Anwender von Datenbanksystemen in der Praxis als auch für Studierende der Fachrichtung Informatik oder anderer Fachrichtungen, in denen es um den Einsatz moderner Informationssysteme geht, nützlich sein. Wir hoffen, daß das Buch viele Freunde an Universitäten, Fachhochschulen und außeruniversitären Bildungseinrichtungen sowie im Anwendungsbereich gewinnt.

Wenn es zur Entwicklung weiterer Beispieldatenbasen und zum Austausch solcher Datenbasen im Ausbildungsbereich führt, hat es einen zusätzlichen Zweck erfüllt.

Karlsruhe, im März 1990   Martin Dürr
                                                      Klaus Radermacher

Inhaltsverzeichnis

Kapitel 1

Das Netzwerkmodell

1.1 Einleitung

Im vorliegenden Kapitel beschreiben wir den Einsatz eines Netzwerkdatenbank-
systems (Netzwerk-DBS). Wir werden dieses anhand eines praktischen Beispiels
tun, in dem wir uns mit der Welt der Luftfahrt befassen. Im zweiten Abschnitt
wird die grundsätzliche Architektur eines Netzwerk-DBS beschrieben. Daran
anschließend erfolgt die Einführung der zwei für das Netzwerkmodell grundlegenden Datenstrukturen, *Record-Typ* (Satztyp) und *Set-Typ* (Mengentyp). Wir
wenden uns außerdem der Frage zu, wie diese Konstrukte zur Modellierung verwendet werden können und welche Probleme dabei auftreten. Im vierten Teil
dieses Kapitels werden wir dann unsere Diskurswelt genau beschreiben und eine
Modellierung in einem ER-Diagramm vornehmen. Daraus entwickeln wir dann
ein Bachman-Diagramm, das die Netzwerkstruktur der Anwendung beschreibt.
Danach werden wir die Befehle zur Manipulation von Netzwerk-DBS einführen
und anhand von Beispielen erläutern. Eine kurze Beschreibung der Einbindung
dieser Befehle in die Programmiersprache Pascal schließt dieses Kapitel ab.

Einige Aspekte des Netzwerkmodells sind in erster Linie für den Datenbank-
entwerfer von Bedeutung. Da dieses Buch den Datenbankentwurf in einem eigenen Kapitel behandelt, gehen wir auch dort auf das Netzwerkmodell ein. Manche Sachverhalte des Modells sind nun sowohl für den Anwender wie für den
Entwerfer relevant, was bei der Beschreibung des Modells zu unschönen Redundanzen führt. Um diese Redundanzen zu umgehen, entschlossen wir uns, an
einigen Stellen in diesem ersten Kapitel Verweise auf das Kapitel über Datenbankentwurf vorzunehmen, die der Leser, der zunächst nur die grundlegenden
Eigenschaften des Netzwerkmodells kennenlernen will, einfach ignorieren sollte.
Denjenigen Lesern, die sich intensiv mit der Modellierung und dem Entwurf von
Netzwerkdatenbasen befassen wollen, werden diese Verweise jedoch aufzeigen, bei
welchen Sachverhalten ein direkter Zusammenhang zu Entscheidungen besteht,
die während des Datenbankentwurfs getroffen werden müssen.

1.2   Die Historie und Architektur von DBTG-Systemen

Das Netzwerkmodell geht auf Arbeiten der *Data Base Task Group* (DBTG) des CODASYL[1] COBOL Komitees zurück. Die Ergebnisse dieser Gruppe wurden im Jahr 1971 erstmals veröffentlicht und enthielten Vorschläge für eine *Schema Data Description Language* (Schema-DDL), eine *Subschema Data Description Language* (Subschema-DDL) und eine *Data Manipulation Language* (DML). Obwohl insbesondere die DDL zur Definition von Subschemata und die DML ursprünglich auf die Verwendung von COBOL zugeschnitten waren, sind in den letzten Jahren jedoch einige Datenbanksysteme auf der Grundlage des Netzwerkmodells entwickelt worden, die mit einer Reihe verschiedener Programmiersprachen benutzt werden können. Des weiteren wurden die im Jahre 1971 veröffentlichten Vorschläge mehrfach erweitert und sind heute ein international anerkannter Standard [COD], [Oll81]. Das Datenbanksystem VAX DBMS der Firma Digital Equipment Corporation (DEC), das in diesem Buch als Beispiel für ein Netzwerkdatenbanksystem dienen wird, entspricht, nach Angaben von DEC, diesem Standard auf der Grundlage der ANSI Arbeitspapiere von 1981.

Die grundsätzliche Architektur eines DBTG-Datenbanksystems ist in Abb. 1.1 dargestellt.

Man sieht, daß die Architektur in verschiedene horizontale Schichten eingeteilt werden kann. Wir betrachten zunächst die logischen Beziehungen zwischen den verschiedenen Komponenten, die in der Abbildung durch die gestrichelten Pfeile dargestellt sind.

Auf der obersten Ebene befinden sich die verschiedenen Anwenderprogramme, die die Datenbasis benutzen. Jede Anwendung hat einen privaten Bereich, die *User Work Area* (UWA), über den die Kommunikation mit den Subschemata abgewickelt wird. Die UWA enthält eine Variable für jeden Record-Typ, der im Subschema enthalten ist. Über diese Variable können Daten aus der Datenbasis im Anwenderprogramm manipuliert werden. Im Normalfall werden mehrere Anwendungen innerhalb des gleichen Subschemas ablaufen, es kann aber auch eine Anwendung auf verschiedene Subschemata zugreifen. Unter dem Begriff Anwendung wird hier übrigens auch das interaktive Arbeiten mit einer Datenbank verstanden, da auch in diesem Fall eine UWA existiert, ohne daß jedoch der Benutzer Variablen darin explizit verwendet. Zur Programmierung der Anwendungen werden die DML und gegebenenfalls eine weitere höhere Programmiersprache (Pascal, COBOL, PL/1, etc.) verwendet.

Die verschiedenen Subschemata sind mittels der Subschema-DDL erstellt worden und korrespondieren allesamt mit dem eigentlichen Datenbankschema (nachfolgend Schema genannt), aus dem sie abgeleitet wurden. Ein Subschema ist eine Teilmenge des Datenbankschemas, es kann jedoch auch mit diesem identisch sein.

---

[1]COnference on DAta SYstems Languages

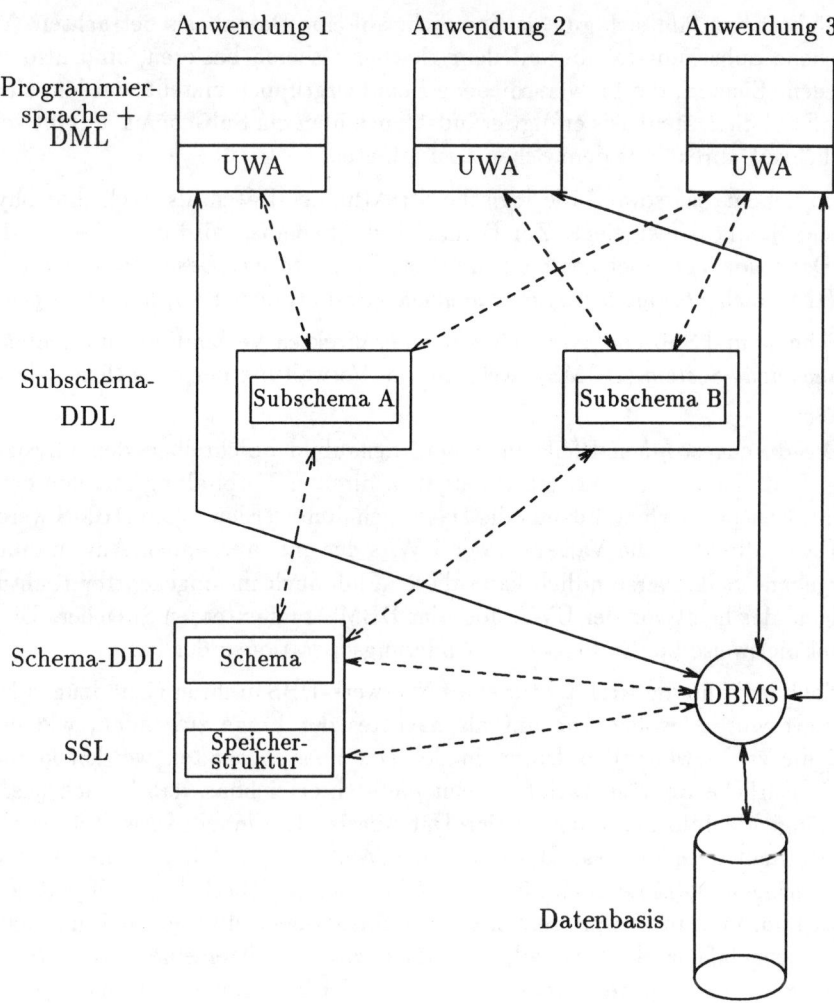

Abb. 1.1. Architektur eines DBTG-Systems

Ein Subschema läßt sich gut als eine Sicht auf eine Datenbasis betrachten. Verschiedene Subschemata, die auf dem gleichen Schema basieren, sind also verschiedene Sichten, die für verschiedene Benutzergruppen erstellt wurden. Jeder Zugriff auf die Datenbasis erfolgt grundsätzlich über ein Subschema, es gibt keine Möglichkeit, direkt mit dem Schema zu arbeiten.

Im Schema ist sowohl die logische Struktur der Daten als auch ihre physikalische Struktur festgelegt. Zur Definition des Schemas wird die Schema-DDL, zur Definition der Speicherstrukturen die *Data Storage Description Language* (DSDL) (auch *Storage Structure Language* genannt, kurz SSL) herangezogen.

Schema und Subschemata stehen in einer direkten Verbindung zum *Database Management System* (DBMS), welchem die Verwaltung der eigentlichen Daten obliegt.

Die durchgezogenen Pfeile in diesem Schaubild beschreiben den physikalischen Fluß der Daten. Das DBMS steht in direkter Verbindung mit den externen Massenspeichern, auf denen die Daten gehalten werden. Vom DBMS werden die Daten direkt in die Variablen der UWAs der entsprechenden Anwendungen übergeben. Selbstverständlich kann dieser Fluß auch in umgekehrter Richtung erfolgen, das heißt von der UWA über das DBMS zum externen Speicher. Dieses ist beispielsweise bei Einfüge- oder Änderungsoperationen der Fall.

Nachdem nun die Architektur eines Netzwerk-DBS in ihren Grundzügen kurz erläutert wurde, wollen wir uns als nächstes der Frage zuwenden, wie denn wohl die zu verwaltenden Daten in der Datenbasis gehalten werden können. Eine natürliche Repräsentation scheint dadurch erreichbar, daß logisch zusammenhängende Informationen in der Datenbasis als Einheit verwaltet werden. Möchte man beispielsweise Daten aus der Welt der Luftfahrt in die Datenbasis einbringen, so bietet sich als eine solche Einheit sicherlich ein Objekt *Flugzeugtyp* an, in dem alle interessierenden Informationen über einen Flugzeugtyp zusammengefaßt sind. Eine solche Einheit wird im allgemeinen als *Datensatz* bezeichnet. Ein weiterer Aspekt, den man bei Überlegungen zu einer geeigneten Datenhaltung berücksichtigen muß, wird durch die Tatsache ausgedrückt, daß die zu verwaltenden Datensätze häufig in vielfältigen Beziehungen zueinander stehen, die in der Datenbasis widergespiegelt sein sollen. Im Netzwerkmodell findet sich nun exakt diese Form der Repräsentation der Daten wieder; die oben angesprochene Zusammenfassung von Informationen zu Einheiten wird über *Record-Typen*, das Darstellen von Beziehungen mittels *Set-Typen* realisiert. Im folgenden Abschnitt gehen wir auf diese Konstrukte näher ein.

1.3 Schema-Definition

1.3.1 Record-Typen (logische Struktur)

In Record-Typen werden die verschiedenen Daten einer Datenbasis abgelegt. Dazu muß zunächst jeder Record-Typ entsprechend definiert werden. Da wir uns im weiteren Verlauf dieses Kapitels mit einem Beispiel aus der Luftfahrt befassen, soll hier zur Demonstration die Definition des Record-Typs *Flugzeugtyp* gegeben werden.

```
RECORD NAME IS Flugzeugtyp
WITHIN Planung
UNIQUE Code
ITEM Code IS CHARACTER 3
ITEM Name IS CHARACTER 25
ITEM Ftyp_First IS UNSIGNED LONGWORD
ITEM Business IS UNSIGNED LONGWORD
ITEM Tourist IS UNSINGNED LONGWORD
ITEM CockpitCrew IS UNSIGNED LONGWORD
    CHECK IS (CockpitCrew EQ "2" OR CockpitCrew EQ "3")
ITEM CabinCrew IS UNSIGNED LONGWORD
    CHECK IS (CabinCrew GT "0" AND CabinCrew LE "22")
```

Als erstes muß immer der Name des Record-Typs vereinbart werden. Im Anschluß daran kann eine *Within*-Klausel erfolgen, die angibt, in welcher *Area* Records dieses Typs abgelegt werden sollen. Der Speicherplatz, in dem Daten einer Datenbasis abgelegt werden, kann in verschiedene physikalische Bereiche unterteilt werden, die man als Areas bezeichnet. Die Verwendung verschiedener Areas für eine Datenbasis kann sich aus verschiedenen Gründen anbieten (logische Trennung der Daten, Sicherheitsaspekte, verbesserte Wartungsmöglichkeit, bessere Performanz bei gleichzeitig ablaufenden Transaktionen,...). Wir werden im Kapitel über Datenbankentwurf näher darauf eingehen (Abschn. 3.3.2). An dieser Stelle möchten wir lediglich festhalten, daß unsere Beispieldatenbasis LUFTHANSA in die beiden Areas *Planung* und *Durchführung* aufgeteilt ist. In der Area Planung befinden sich Daten, die mehr oder weniger statisch sind, also Informationen über Flughäfen, Flüge, Flugzeugtypen, Personal, etc. In der Area Durchführung werden die eher dynamischen Daten gehalten, das sind Buchungszahlen, Passagierdaten, Einteilung von Besatzungen, etc.

Die *Unique*-Klausel bewirkt, daß ein Wert für das Datenfeld Code nur einmal auftreten darf, das heißt, alle Records dieses Typs, die in der Datenbasis existieren, müssen sich in der Ausprägung von Code unterscheiden. Diese Konsistenzbedingung wird jedesmal überprüft, wenn ein neuer Record dieses Typs in die Datenbasis eingefügt wird.

Im Anschluß daran werden die einzelnen Komponenten (Items) des Record-Typs zusammen mit den jeweiligen Datentypen aufgelistet. In diesem Beispiel handelt es sich dabei um einen identifizierenden Code für jeden Flugzeugtyp, den Namen des Fluggerätes, die Anzahl der Sitzplätze in den drei verschiedenen Klassen (First-Class, Business-Class und Tourist-Class), sowie die Größe der Cockpit- und Kabinenbesatzung.

Bei einigen der Komponenten sind optionale *Check*-Klauseln definiert, die weitere Konsistenzbedingungen enthalten. Für die Komponente CockpitCrew, die die Größe der Cockpit-Besatzung des Flugzeugtyps enthält, können nur die Werte 2 und 3 angegeben werden; jeder Versuch, etwas anderes zu spezifizieren, wird vom System zurückgewiesen.

Entscheidungen über solche Check-Klauseln setzen voraus, daß der Entwerfer die vorgegebene Diskurswelt genau kennt und auch mögliche zukünftige Entwicklungen in Betracht zieht. Sollte es beispielsweise in absehbarer Zeit einen Flugzeugtyp geben, der von nur noch einem Piloten geflogen wird, so kann dieses Flugzeug nicht in diesem Record-Typ abgespeichert werden, da verlangt wird, daß der Wert für CockpitCrew mindestens 2 beträgt.

Als Check-Klauseln können übrigens beliebige logische Ausdrücke verwendet werden, die sich aus den üblichen algebraischen Operatoren *LT* (kleiner), *LE* (kleiner gleich), *EQ* (gleich), *GE* (größer gleich), *GT* (größer) und *NOT* (nicht) bilden lassen.

Neben den hier verwendeten Konstrukten der DDL existiert auch noch eine *Default*-Klausel, die bewirkt, daß bestimmte Komponenten einer Ausprägung vorgegebene Werte enthalten, wenn beim Einfügen der Ausprägung keine Angaben für diese Komponenten gemacht werden. Des weiteren existiert eine *Occurs n times*-Klausel, die bewirkt, daß bestimmte Datenfelder n-mal wiederholt werden. Dieses ist insbesondere dann nützlich, wenn das gleiche Item mehrfach vorhanden ist, ohne daß es jeweils einen eigenen Namen bekommen soll. Eine solche Modellierung kann bei der Verwaltung von Adressen nützlich sein.

1.3.2   Set-Typen (logische Struktur)

Set-Typen werden in einem Netzwerk-DBS benötigt, um Beziehungen zwischen Record-Typen auszudrücken. Beziehungen ergeben sich fast immer direkt aus der Anwendung, da die verschiedenen zu verwaltenden Daten gewöhnlich nicht isoliert betrachtet werden. Datenbanksysteme zeichnen sich gegenüber reinen Dateiverwaltungssystemen dadurch aus, daß sie in der Lage sind, diese Beziehungen zu realisieren. Eine Beziehung besteht beispielsweise zwischen den Record-Typen *Airport* und *Flugabschnitt*; zu jedem Flughafen gehören ein oder mehrere Flugabschnitte, die an diesem Flughafen beginnen. Jeder Set-Typ stellt eine Beziehung zwischen genau zwei Record-Typen dar, einem *Owner*-Record und einem *Member*-Record. Eine Set-Ausprägung (Set-Occurrence) besteht demzufolge auch immer aus *einer* Record-Ausprägung des Owner-Typs und einer (eventuell leeren) *Menge* von Record-Ausprägungen des Member-Typs. Alle diese Record-Ausprägungen sind miteinander verkettet[2].

1 owner

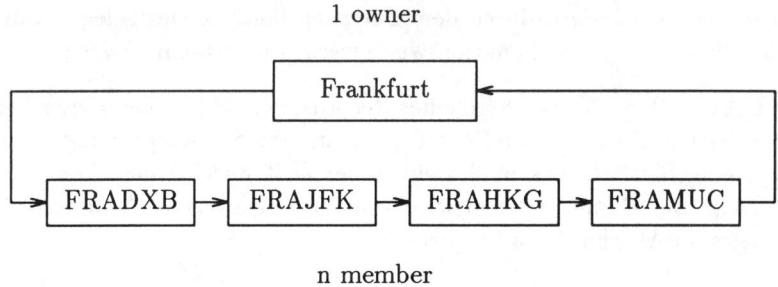

n member

Abb. 1.2. Ausprägung eines Sets des Typs von_Airport

In Abb. 1.2 ist eine mögliche Set-Ausprägung des oben beschriebenen Set-Typs dargestellt. Frankfurt ist unter anderem Ausgangspunkt für die Flugabschnitte Frankfurt → Dubai, Frankfurt → New York, Frankfurt → Hongkong und Frankfurt → München, die jeweils durch Konkatenation der Flughafen-Codes eindeutig gekennzeichnet sind. Der Übersichtlichkeit halber geben wir hier bei der Darstellung von Set-Ausprägungen nur eine Teilmenge aller Pointer-Strukturen an, die die einzelnen Records miteinander verketten. Zum effizienten Auffinden der einzelnen Records existieren eine Reihe weiterer Verzeigerungen zwischen den Records, die wir an dieser Stelle jedoch nicht weiter betrachten wollen. Im Kapitel über Datenbankentwurf werden wir auf die vollständige Verkettung innerhalb einer Set-Ausprägung genauer eingehen (s. Seite 126).

Die Definition dieses Set-Typs sieht folgendermaßen aus:

SET NAME IS von_Airport
OWNER IS Airport
MEMBER IS Flugabschnitt
INSERTION IS AUTOMATIC
RETENTION IS FIXED
ORDER IS LAST

Genau wie bei der Definition eines Record-Typs wird zunächst der Name des Set-Typs angegeben. Im Anschluß daran erfolgt die Angabe des Owner-Records und des Member-Records. Hinzu kommt dann noch die Angabe der *Insertion-*, *Retention*- und *Order*-Klauseln, auf die wir nachfolgend genauer eingehen werden.

Die Insertion-Klausel gibt an, wie ein Record, der neu in die Datenbank eingefügt wird, in eine Set-Ausprägung dieses Set-Typs eingefügt wird. Es gibt zwei Möglichkeiten:

---

[2]Wir werden ab sofort nur noch die Begriffe Record und Set verwenden, wenn aus dem Sinn eindeutig hervorgeht, ob damit ein Record-Typ (Set-Typ) oder eine Record-Ausprägung (Set-Ausprägung) gemeint ist.

AUTOMATIC: Beim Abspeichern eines Records, der als Member dieses Set-Typs vereinbart ist, wird dieser Record automatisch in (irgend)eine Set-Ausprägung dieses Set-Typs eingefügt. Welche Set-Ausprägung dazu herangezogen wird, wird durch den *Currency-Indikator* festgelegt. Currency-Indikatoren und deren Funktionsweise werden im Abschn. 1.7.1 beschrieben.

MANUAL: Beim Abspeichern eines Records, der als Member dieses Set-Typs vereinbart ist, wird dieser Record nicht in eine Set-Ausprägung dieses Set-Typs eingefügt. Dieses muß vielmehr explizit durch einen *Connect*-Befehl erfolgen. Der Connect-Befehl wird wie alle Befehle zum Verändern der Datenbasis im Abschn. 1.7.3 beschrieben.

Die Retention-Klausel gibt an, ob und unter welchen Bedingungen ein Record, der Member einer Set-Ausprägung dieses Set-Typs ist, aus dieser Set-Ausprägung entfernt werden kann.

FIXED: Ein Member-Record ist, nachdem er in eine Set-Ausprägung eingefügt wurde, *lebenslänglich* in diese Set-Ausprägung eingebunden. Es gibt keine Möglichkeit, den Record aus dieser Set-Ausprägung zu entfernen, es sei denn, der Record wird vollständig aus der Datenbasis gelöscht.

MANDATORY: Ein Member-Record muß, nachdem er in eine Set-Ausprägung eingefügt wurde, zu jeder Zeit in irgendeine Set-Ausprägung dieses Set-Typs eingebunden sein. Es ist jedoch möglich, einen Member-Record aus einer Set-Ausprägung zu entfernen und gleichzeitig in eine andere Set-Ausprägung des gleichen Set-Typs einzufügen. Dieses wird durch den *Reconnect*-Befehl bewerkstelligt (Abschn. 1.7.3).

OPTIONAL: Ein Member-Record kann, nachdem er in eine Set-Ausprägung eingefügt wurde, aus einer Set-Occurrence entfernt werden und anschließend *frei* in der Datenbasis existieren, d.h. er braucht bezüglich dieses Set-Typs nicht in eine Set-Ausprägung eingebunden zu sein.

In Abb. 1.3 sind die Auswirkungen der Retention-Klausel auf zwei Set-Ausprägungen des Set-Typs hat_Passagier graphisch dargestellt. Hat_Passagier stellt die Beziehung zwischen einer Flugnummer und Passagieren dar, die diesen Flug gebucht haben. Ist die Retention-Klausel FIXED, so gibt es keine Möglichkeit, einen Passagier, der einer der beiden Set-Ausprägungen zugeordnet ist, in die andere Set-Ausprägung zu bringen. Die Zuordnung zu den Set-Ausprägungen, wie sie in Teil a.) dieser Abbildung dargestellt ist, kann ausschließlich durch Einfügen neuer Passagier-Records in bzw. Löschen existierender Passagier-Records aus der Datenbasis beeinflußt werden.

Ist die Retention-Klausel hingegen MANDATORY, so können Passagier-Records aus einer Set-Occurrence gelöscht und in eine andere Set-Ausprägung

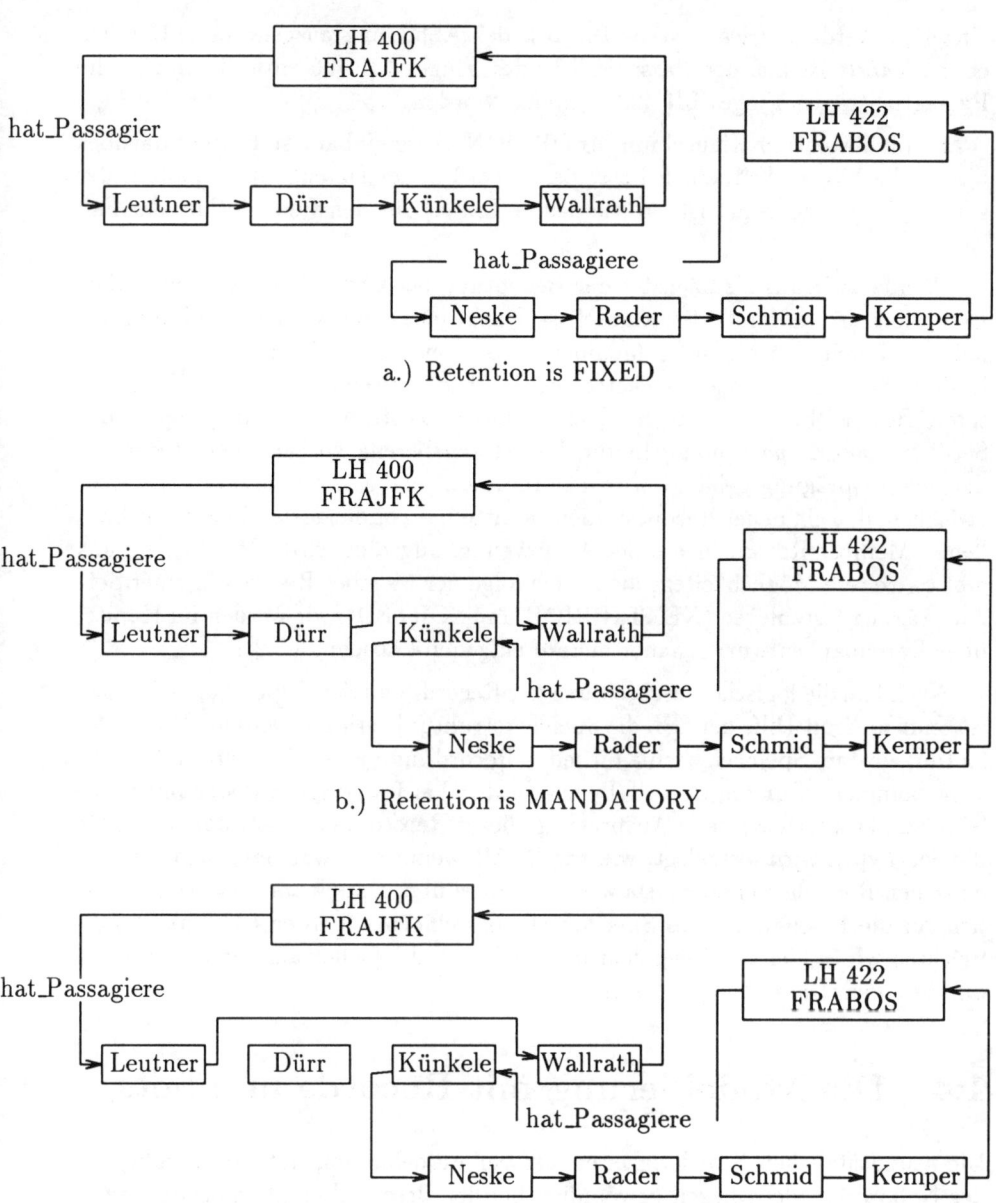

a.) Retention is FIXED

b.) Retention is MANDATORY

c.) Retention is OPTIONAL

Abb. 1.3. Auswirkungen der Retention-Klausel auf Set-Ausprägungen

eingefügt werden. Dieses ist in Teil b.) der Abbildung ausgedrückt. Der Record *Künkele* ist aus der Passagierliste des Fluges LH 400 entfernt und in die Passagierliste des Fluges LH 422 eingefügt worden.

Ist die Retention-Klausel nur als OPTIONAL vereinbart, so besteht darüber hinaus die Möglichkeit, einen Passagier-Record in der Datenbank zu halten, der keinem Flug zugeordnet ist, so wie das in Teil c.) für den Record *Dürr* der Fall ist.

Wenden wir uns als nächstes der Bedeutung der Order-Klausel in einer Set-Definition zu. In der Order-Klausel wird angegeben, an welche Position innerhalb der bereits existierenden Member-Records ein neuer Record beim Einfügen in diese Set-Ausprägung eingekettet wird.[3] Die Verwendung von LAST in unserem Beispiel bewirkt, daß ein neuer Member-Record in einer Ausprägung des Set-Typs *von_Airport* immer hinter den letzten bereits vorhandenen Record in der Set-Ausprägung gehängt wird. Durch die Angabe von FIRST könnte man erreichen, daß ein neuer Record immer unmittelbar vor den ersten bereits vorhandenen Member-Record in die Set-Ausprägung eingefügt wird. Darüber hinaus gibt es weitere Möglichkeiten, die Reihenfolge der Member-Records in einer Set-Ausprägung festzulegen (NEXT, PRIOR und SORTED); wir werden im Kapitel über Datenbankentwurf genauer hierauf eingehen (Abschn. 3.3.2).

Nachdem die logische Beschreibung der Record- und Set-Typen abgeschlossen ist, muß nun mit Hilfe der SSL die Speicherstruktur bestimmt werden. Um dieses zu tun, wird im Speicherschema für jeden Record- und jeden Set-Typ ein Eintrag vorgenommen. Für die Record-Typen wird dabei festgelegt, wie der physische Speicherplatz für eine neue Ausprägung dieses Record-Typs bestimmt wird, für die Set-Typen wird festgelegt, wie das DBMS beim Retrieval versuchen soll, die einzelnen Records zu finden. Da wir im Kapitel über Datenbankentwurf ausführlich auf die Erzeugung eines Speicherschemas eingehen werden (Abschn. 3.3.3), möchten wir es hier bei dieser sehr informellen und lediglich auf den Sachverhalt hinweisenden Darstellung belassen.

1.4   Die Modellierung mit Records und Sets

Die grundsätzlichen Schwierigkeiten bei der Modellierung mit den Strukturen des Netzwerkmodells liegen gewöhnlich bei der Beschreibung komplexer Beziehungen. Dieses liegt darin begründet, daß Set-Typen in einem Netzwerk-DBS grundsätzlich nur 1:n-Beziehungen darstellen können. Die aus der Anwendung vorgegebenen Beziehungen zwischen den realen oder abstrakten Objekten sind aber oftmals nicht von dieser Form. So gehören beispielsweise zu einer Flugnummer nicht nur eine Menge von Flugabschnitten, sondern ein Flugabschnitt kann

---

[3]Mit Position bezeichnen wir hier lediglich die logische Position, die die Records innerhalb einer Set-Ausprägung zueinander haben. Die physikalische Position eines Records, also die Stelle, an der er auf dem Datenträger steht, wird beim erstmaligen Abspeichern eines Records aus den Angaben im SSL-Teil der DDL für den jeweiligen Record-Typ bestimmt.

auch zu verschiedenen Flugnummern gehören, es liegt also eine m:n-Beziehung vor. Dieser Fall ist in Abb. 1.4 graphisch dargestellt.

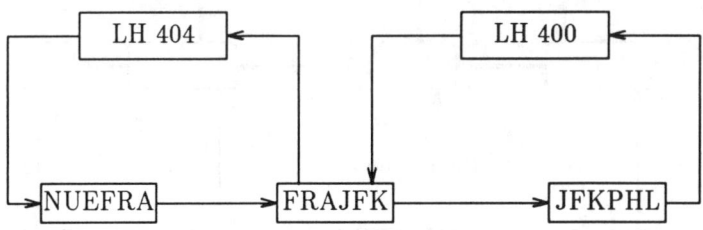

Abb. 1.4. Nicht-zulässige Realisierung einer m:n-Beziehung

Die Flugnummer LH 404 hat die Flugabschnitte Nürnberg → Frankfurt und Frankfurt → New York. LH 400 besteht aus den Abschnitten Frankfurt → New York und New York → Philadelphia. Da im Netzwerkmodell jeder Member-Record bezüglich eines Set-Typs nur *einen* Owner haben kann, ist eine Konstruktion wie in Abb. 1.4 nicht möglich, denn der Owner von FRAJFK ist nicht eindeutig.

Das nächste Problem mit einem Netzwerk-DBS tritt dann auf, wenn eine mehrstellige Beziehung modelliert werden muß, da ein Set-Typ grundsätzlich eine binäre Relation darstellt. Um Flüge in unserer Diskurswelt adäquat modellieren zu können, müssen beispielsweise Flugnummer, Flugabschnitt, Abflugzeit, Ankunftzeit und Flugzeugtyp miteinander in eine Beziehung gebracht werden. Dieses ist innerhalb eines Set-Typs nicht möglich.

Das dritte Problem, das sich bei der Modellierung mit Set-Typen stellt, rührt daher, daß der Owner-Record-Typ und der Member-Record-Typ eines Set-Typs immer verschieden sein müssen. Dadurch werden rekursive Beziehungen ausgeschlossen. Die in der Realität durchaus vorstellbare Relation ist_Vorgesetzter (ein Pilot ist Vorgesetzter von anderen Piloten) kann somit nicht modelliert werden.

Glücklicherweise gibt es jedoch eine (vergleichsweise einfache) Möglichkeit, alle diese Unzulänglichkeiten des Set-Typ-Konstruktes zu beheben: Man führt einen zusätzlichen Record-Typ ein, der als Verbindungsglied zwischen den in der Beziehung beteiligten Objekten fungiert. Diese Record-Typen werden deswegen auch allgemein als *Kett*-Records bezeichnet. (Darüber hinaus sind auch die Begriffe *Link*- und *Junction*-Record gebräuchlich.) Eine Beziehung wird im Anschluß daran immer in mehrere Set-Typen aufgespalten. Der Kett-Record ist dann jeweils Member-Record dieser Set-Typen, die in die Beziehung eingehenden Objekte werden entsprechend als Owner der Set-Typen vereinbart. In Abb. 1.5 ist dargestellt, wie die Aufspaltung der m:n-Beziehung zwischen Flugnummer und Flugabschnitt mit Hilfe von Kett-Records und den zwei Set-Typen hat_Flugabschnitt und in_Flugnummer realisiert wird.

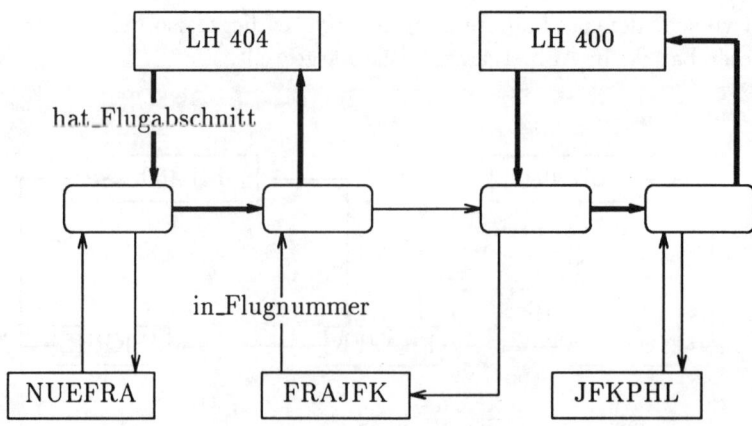

Abb. 1.5. Modellierung der m:n-Beziehung durch Kett-Records

Der Flugabschnitt FRAJFK ist Owner von zwei Kett-Records im Set-Typ *in_Flugnummer*. Der Flug LH 404 ist Owner von zwei Kett-Records im Set-Typ *hat_Flugabschnitt*, einer davon ist einziger Member-Record des Flugabschnitts NUEFRA im Set-Typ *in_Flugnummer*, der andere ist einer der beiden Kett-Records, die zu FRAJFK gehören. Um nun herauszufinden, welche Flugabschnitte zu einer Flugnummer gehören, muß man ausgehend von der Flugnummer die gesamte Set-Ausprägung des Set-Typs *hat_Flugabschnitt* durchlaufen und für jeden darin enthaltenen Kett-Record den Owner bezüglich des Set-Typs *in_Flugnummer* aufsuchen.

In Abb. 1.6 und Abb. 1.7 ist dargestellt, wie sich mehrstellige bzw. rekursive Beziehungen mit Hilfe von Kett-Records darstellen lassen.

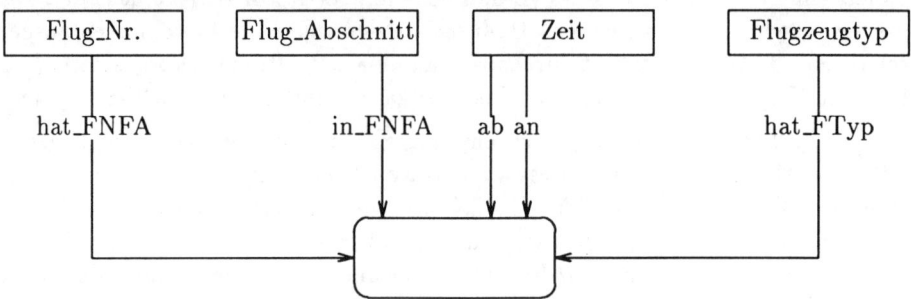

Abb. 1.6. Modellierung einer mehrstelligen Beziehung mit einem Kett-Record

Für eine n-stellige Beziehung werden n Set-Typen definiert, für die der Kett-Record-Typ jeweils als Member-Record vereinbart wird.

Für eine rekursive Beziehung werden zwei Set-Typen eingeführt (in diesem Fall ist_Vorgesetzter und ist_Untergebener), für die der Kett-Record lediglich als

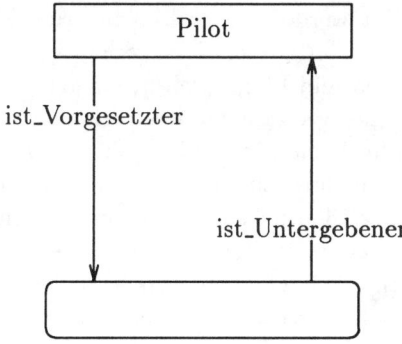

Abb. 1.7. Modellierung einer rekursiven Beziehung durch einen Kett-Record

Bindeglied fungiert. Dadurch wird die gewünschte Semantik korrekt modelliert, man umgeht jedoch die Einschränkung, daß Owner- und Member-Record-Typ nicht vom gleichen Typ sein dürfen. Wir wollen nicht versäumen, darauf hinzuweisen, daß die Einführung des Kett-Records in diesem Fall dazu führt, daß die 1:n-Eigenschaft der Beziehung verloren geht. Sollte gerade sie für die Semantik der rekursiven Beziehung wichtig sein, so muß sie über externe Konsistenzbedingungen sichergestellt werden.

Es zeigt sich also, daß mit Hilfe von Kett-Records auch im Netzwerkmodell sehr komplexe Beziehungen dargestellt werden können, obwohl das zugrundeliegende Set-Konstrukt des Modells nur 1:n-Beziehungen erlaubt. Dieses ist jedoch nur durch einen zusätzlichen Aufwand an Speicherplatz (die Kett-Records müssen selbstverständlich physikalisch gespeichert werden) und zusätzlichen Aufwand beim Navigieren innerhalb der Datenbasis zu erreichen.

1.5 Unsere Diskurswelt Luftfahrt

In diesem Abschnitt möchten wir den Entwurf der Datenbank LUFTHANSA, die für unsere Diskurswelt Luftfahrt entwickelt wurde, nachvollziehen. Dem Leser, der sich in der Luftfahrt ein wenig auskennt, wird auffallen, daß wir für unsere Beispieldatenbasis eine recht willkürliche Auswahl von modellierten Objekten getroffen haben. Des weiteren haben wir Objekte unterschiedlichsten Typs in einem gemeinsamen Schema integriert, was man in einer realen Anwendung sicherlich nicht tun würde. (So verwalten wir beispielsweise Informationen über Passagiere, Piloten und Flugbegleiter, Flugzeugtypen und Flüge alle in einer Datenbasis.) Selbstverständlich enthält unsere Beispieldatenbasis auch keine realistische Menge an Daten. Damit der Leser zumindest eine kleine Vorstellung von der Dimension realer Anwendungen in diesem Bereich bekommt, seien hier kurz einige Zahlen genannt. Große Fluggesellschaften transportieren oftmals mehr als 100000 Passagiere täglich. Wenn man bedenkt, daß Buchungen häufig Wochen im voraus getätigt werden, so müssen mehrere Millionen Reservierungen verwaltet werden können. Andererseits beschäftigen solche Fluggesellschaften mehrere Tausend Piloten und Flugbegleiter, für die monatlich Einsatzpläne unter Berücksichtigung einer Vielzahl von Restriktionen zu erstellen sind. Ebensolche Umlaufpläne sind für Hunderte von Flugzeugen zu erstellen, wobei hier unter anderem das Problem von durchzuführenden Wartungsarbeiten mitzuberücksichtigen ist. Diese Zahlen verdeutlichen, daß wir in unserem Beispiel nur einen sehr kleinen und willkürlich ausgewählten Teil dieser hochgradig komplexen Diskurswelt darstellen können. Wir glauben jedoch, daß unsere Auswahl trotz ihrer vielfach stark vereinfachten Sachverhalte ein sehr interessantes Beispiel bietet und auf viele Probleme, die im Zusammenhang mit einer Netzwerkmodellierung auftreten können, hinweist. Der Leser möge dies bei der Betrachtung des hier vorgestellten Schemas berücksichtigen. Um groben Mißverständnissen vorzubeugen, haben wir des weiteren an manchen Stellen auf die in unserem Beispiel nicht optimale Modellierung hingewiesen.

Zur Beschreibung der Semantik der in unserer Modellierung enthaltenen Objekte benutzen wir *Entity-Relationship-Diagramme*; dies ist die für den Datenbankentwurf weitverbreiteste Technik für semantische Modellierung. Im Kapitel über Datenbankentwurf in diesem Buch werden wir die Technik des Modellierens mit ER-Diagrammen genau beschreiben (Abschn. 3.2.1), an dieser Stelle wollen wir jedoch annehmen, daß der Leser mit der graphischen Darstellung dieser Diagramme vertraut ist.

Wir werden unsere Diskurswelt zunächst anhand dreier Teildiagramme erläutern, aus denen dann das globale ER-Diagramm zusammengesetzt wird.

In Abb. 1.8 sind die Objekte *Airport, Flugabschnitt, Flugnummer, Abflug-* und *Ankunftszeit* mit ihren Attributen sowie einigen Beziehungen dargestellt.

Betrachten wir nun zunächst einmal die auftretenden Entity-Typen. *Airport* dient dazu, die in der Datenbasis zu verwaltenden Flughäfen aufzunehmen. Jeder Verkehrsflughafen, der im Linienverkehr angeflogen wird, hat ein international eindeutiges Kürzel, mit dem er identifiziert werden kann. Dieses Kürzel besteht aus einer Kombination von drei Buchstaben und läßt in vielen Fällen auf den Namen des Flughafens (JFK: John F. Kennedy Flughafen in New York) oder die Stadt, in der sich der Flughafen befindet (FRA: Frankfurt) schließen. Da allerdings aus diesem Kürzel nicht immer ersichtlich wird, wo sich der Flughafen befindet, muß in diesem Entity-Typ noch die entsprechende Stadt angegeben werden. Die Transitzeit ist eine flughafenspezifische Größe, die angibt, wieviel Zeit zum Umsteigen auf diesem Flughafen benötigt wird. Sie kann zwischen 20 Minuten und dreieinhalb Stunden liegen, und wir wollen sie in Minuten angeben. Das Attribut TimeZone gibt die Zeitzone an, in der der Flughafen liegt. Diese Größe ist zur Bestimmung von Flugzeiten unerläßlich, da Abflug- und Ankunftszeiten grundsätzlich in der Lokalzeit angegeben sind. Die Erde ist in 24 Zonen des Weltzeitsystems eingeteilt. Die Zeitzone wird relativ zur 0-Zeit (Greenwich Mean Time, kurz: GMT) angegeben. Die Bundesrepublik Deutschland ist der

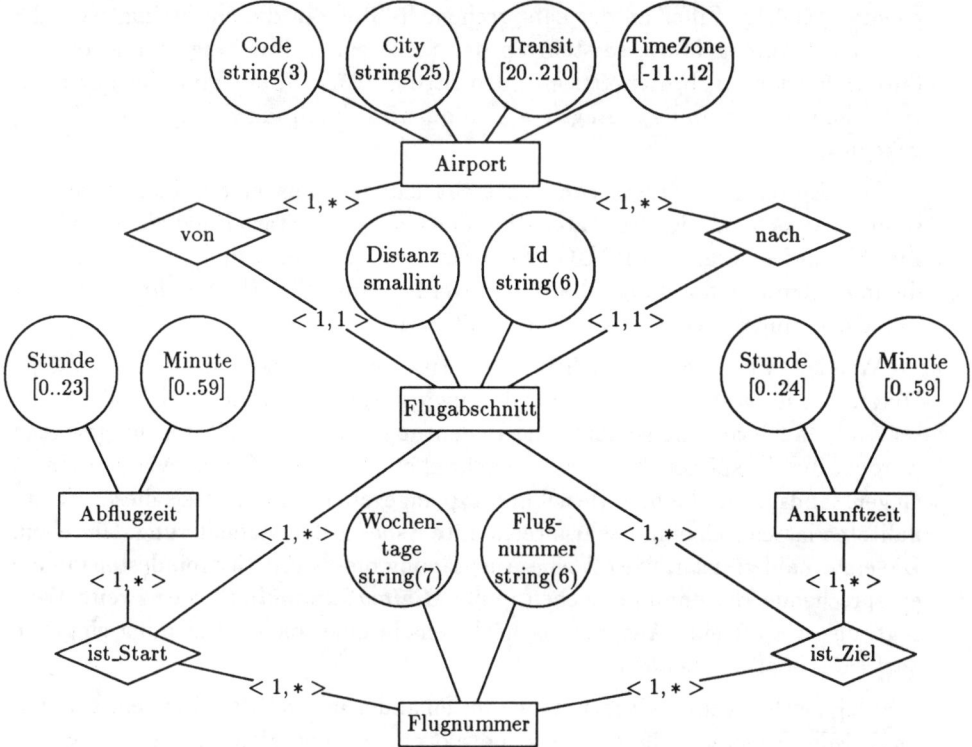

Abb. 1.8. ER-Modellierung von Flughäfen, Flugabschnitten, Flugnummern und Zeiten

GMT beispielsweise um eine Stunde voraus, alle deutschen Flughäfen liegen deshalb in der Zeitzone +1. Die amerikanische Ostküste liegt sechs Stunden hinter der mitteleuropäischen Zeit; die Flughäfen von Boston, New York, Philadelphia, etc. liegen demnach in der Zeitzone -5.

Die Entity-Typen *Ankunftszeit* und *Abflugzeit* sind nur der graphischen Darstellung wegen getrennt, sie beschreiben den gleichen Gegenstandstyp und könnten zusammengefaßt sein. Sie geben eine Zeit in Stunden und Minuten an, die Wertebereiche sind selbsterklärend.

Der Gegenstandstyp *Flugnummer* dient der Beschreibung von Flugnummern. Eine Flugnummer besteht bei uns aus einer maximal sechsstelligen Zeichenkette (z.B. LH 422, LH1329, etc.) sowie aus einer Angabe darüber, an welchen Wochentagen der Flug mit dieser Nummer durchgeführt wird. Diese Information wird in einer siebenstelligen Zeichenkette abgelegt. An jeder Stelle kann entweder ein Minuszeichen stehen oder aber die Ziffer, die die Position dieser Stelle innerhalb der Zeichenkette angibt. Diese Ziffern werden dann aufsteigend mit Wochentagen identifiziert, 1 entspricht Montag, 2 ist Dienstag, usf. Wird ein Flug an einem bestimmten Wochentag durchgeführt, so steht die zu diesem Wochentag gehörige Ziffer an der entsprechenden Stelle in diesem String, wird der Flug nicht durchgeführt, so steht an der Stelle ein -. Ein Flug, der jeden Tag durchgeführt wird, bekommt somit den String *1234567*, ein Flug der nur montags, donnerstags und samstags stattfindet, wird durch die Zeichenkette *1--4-6-* gekennzeichnet.

Der Entity-Typ *Flugabschnitt* besteht lediglich aus einem Identifikationsstring, der sich aus der Konkatenation der Codes des Start-Flughafens und des Ziel-Flughafens ergibt (FRABOS für Frankfurt - Boston), und der Entfernung, die in diesem Flugabschnitt überbrückt werden muß. Ein Flugabschnitt ist jeder Teil eines Fluges, der nonstop durchgeführt wird.

Wenden wir uns als nächstes den Beziehungen zu, die in diesem ER-Diagramm dargestellt sind. Anhand einiger ausgewählter Beispiele soll an dieser Stelle auch auf die semantische Bedeutung der Kardinalitäten hingewiesen werden, die, in spitzen Klammern geschrieben, an jeder Kante zwischen einem Gegenstandstyp und einem Beziehungstyp angegeben sind. Mittels dieser Kardinalitäten lassen sich einige sehr interessante Aspekte der Modellierung darstellen. Die erste Zahl gibt an, wie oft eine Ausprägung dieses Entities mindestens in die entsprechende Beziehung eingehen muß (*Minimalkardinalität*), der zweite Wert sagt aus, wie oft eine Ausprägung höchstens in eine solche Beziehung eingehen darf (*Maximalkardinalität*).[4]

Flugabschnitt und Airport stehen miteinander in zwei Beziehungen, *von* und *nach*; jeder Flugabschnitt startet von exakt einem Flughafen und fliegt zu genau einem anderen, ein Flughafen ist gleichzeitig Ausgangs- und Zielpunkt vieler verschiedener Flugabschnitte.[5] Flugnummer, Flugabschnitt sowie entweder Abflugs- oder Ankunftszeit stehen in einem Zusammenhang und gehen in die zwei Beziehungen *ist_Start* und *ist_Ziel* ein. Flugabschnitt geht in diese Beziehung mit einer Minimalkardinalität 1 ein, die Maximalkardinalität ist mit * angegeben. Ein bestimmter Flugabschnitt muß also mindestens einmal in die Beziehungen *ist_Start* und *ist_Ziel* eingehen, andernfalls darf er nicht in der Datenbasis existieren. Im Grunde genommen bedeutet dieses nur, daß ein Flugabschnitt nur dann in unseren Daten vorkommen kann, wenn es mindestens eine Flugnummer gibt, mit der dieser Abschnitt geflogen wird. Andererseits kann ein Flugabschnitt Teil von beliebig vielen Flugnummern sein, da die Maximalkardinalität ja nicht beschränkt wurde. Dieses entspricht auch durchaus der Realität, denn wir hatten ja bereits festgestellt, daß der Abschnitt FRAJFK in mehreren Flugnummern vorkommt.

Betrachten wir als nächstes das zweite Teildiagramm, Abb. 1.9, in dem zum Ausdruck gebracht wird, welche Rolle Flugzeugtypen und Personal in unserer Diskurswelt spielen.

---

[4]Eine genauere und formalere Beschreibung der Kardinalitäten findet sich im Kapitel über Datenbankentwurf.

[5]Die Tatsache, daß Start- und Zielflughafen eines Flugabschnittes verschieden sind, läßt sich hier nicht erfassen. Diese *Konsistenzbedingung* muß somit anderweitig sichergestellt werden.

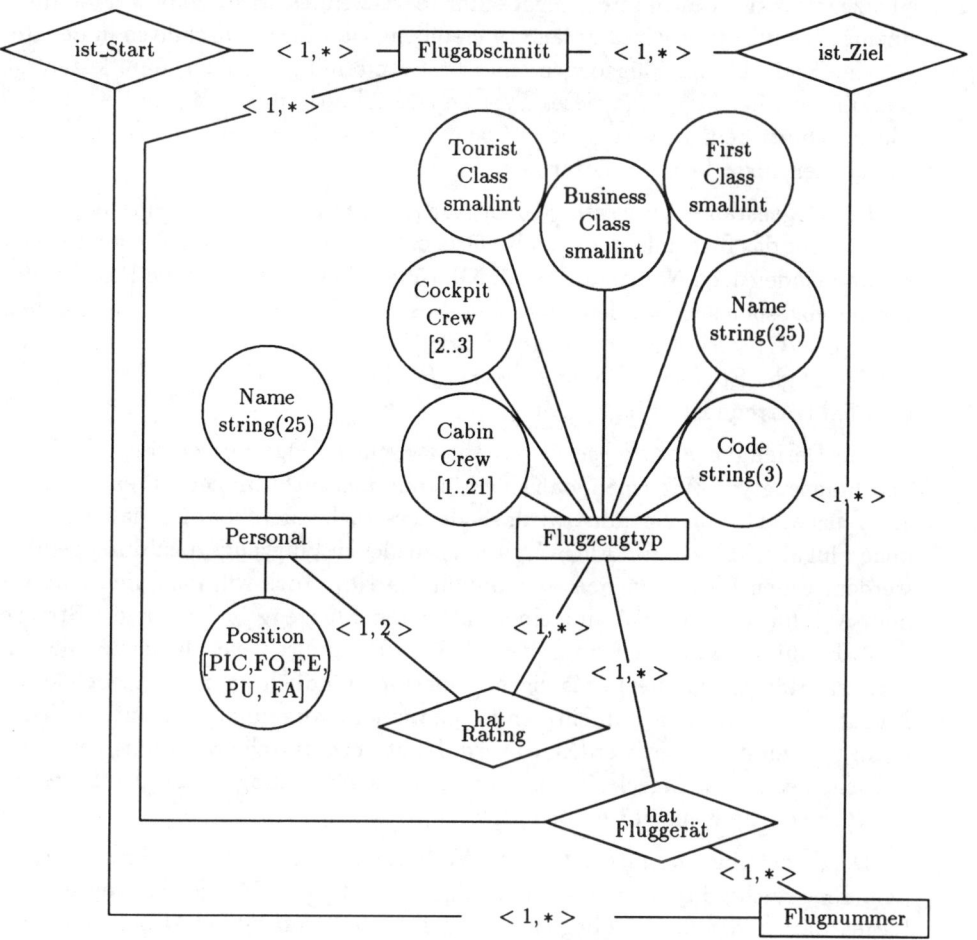

Abb. 1.9. ER-Modellierung von Flugzeugtypen und Personal

Der Entity-Typ *Flugzeugtyp* wird verwendet, um die Daten der verschiedenen Flugzeugtypen aufzunehmen. Jeder Flugzeugtyp hat einen eindeutigen Namen (z.B. Boeing 747 Mixed), der einfacheren Referenz wegen führen wir aber noch einen ebenfalls identifizierenden dreibuchstabigen Code ein (z.B. 74M). Für jeden Flugzeugtyp wird weiterhin angegeben, wieviele Sitzplätze er in den drei Klassen First Class, Business Class und Tourist Class bietet. Weitere Attribute geben die Größe der Cockpit Crew und der Cabin Crew an. Besteht die Cockpitbesatzung aus zwei Personen, so sind dieses ein Flugkapitän und ein erster Offizier (Copilot), bei drei Personen kommt noch ein Flugingenieur hinzu. Die Kabinenbesatzung besteht grundsätzlich aus einem Purser (Kabinenchef) und so vielen Flugbeglei- tern, bis die Gesamtanzahl erreicht ist. Diese Informationen sind notwendig, um Einsatzpläne für das fliegende Personal zusammenzustellen. Wir möchten da- rauf hinweisen, daß in einer realen Anwendung die Information darüber, welcher

Flugzeugtyp für bestimmte Flugabschnitte verwendet wird, selbstverständlich
unzureichend ist, um Einsatzpläne zu erstellen. Da Fluggesellschaften in der Regel eine Vielzahl von Flugzeugen eines bestimmten Typs haben, muß festgelegt
sein, mit welcher Maschine dieses Typs an einem bestimmten Tag ein bestimmter
Flugabschnitt bedient wird. Dieser Sachverhalt wurde von uns aus Gründen der
Einfachheit nicht berücksichtigt.

Der Gegenstandstyp *Personal* dient zur Aufnahme von Personendaten, wobei
wir hier nur das fliegende Personal berücksichtigen. Der Einfachheit halber gehen
wir von eindeutigen Namen aus, so daß darüber hinaus nur noch die Position der
Person abgespeichert werden muß. Für Position können fünf Werte angegeben
werden: *PIC* für Pilot in Command (Flugkapitän), *FO* für First Officer (Copilot),
FE für Flight Engineer (Flugingenieur), *PU* für Purser (Kabinenchef) und *FA*
für Flight Attendant (Flugbegleiter).

Die Beziehung *hat_Fluggerät* besteht zwischen Flugnummer, Flugabschnitt
und Flugzeugtyp. Wir sehen, daß eine Flugnummer nicht immer mit einem einzigen Flugzeugtyp durchgeführt wird, sondern es auch vorstellbar ist, daß verschiedene Flugabschnitte eines Fluges mit verschiedenen Flugzeugtypen durchgeführt
werden. Einen Flug München → Frankfurt → New York will man vielleicht auf
dem Abschnitt MUCFRA mit einem kleineren Flugzeug bedienen, die Strecke
FRAJFK hingegen mit einem größeren, da in Frankfurt viele Fluggäste, die von
anderen Städten kommen, zusteigen. Selbstverständlich kann auch der gleiche
Flugabschnitt, wenn er in mehreren Flugnummern vorkommt, mit unterschiedli-
chem Fluggerät bedient werden, es wird damit der Tatsache Rechnung getragen,
daß eine bestimmte Strecke in Abhängigkeit des Wochentages oder der Tageszeit
unterschiedliche Kapazitäten benötigt.

Die Beziehung *hat_Rating* dient der Verbindung von Personal und Flugzeugtypen. Eine solche Beziehung ist notwendig, da nicht jeder Pilot jeden Flugzeugtyp
fliegen darf und auch Flugbegleiter immer nur ein *Rating* für Maschinen eines
bestimmten Typs haben. Interessant sind an dieser Stelle insbesondere die Kardinalitäten zwischen *Personal* und *hat_Rating*. Die Minimalkardinalität von 1
ergibt sich daraus, daß jeder Pilot und jeder Flugbegleiter mindestens eine Be-
rechtigung für einen der existierenden Flugzeugtypen haben muß; anderenfalls
ist es sicherlich nicht sinnvoll, ihn in der Datenbasis zu halten. Die Maximalkardinalität 2 besagt nun, daß ein Personaleintrag höchstens zweimal in die Beziehung *hat_Rating* eingehen darf, ein Pilot oder Flugbegleiter also höchstens auf
zwei verschiedenen Flugzeugmustern fliegen darf. Diese Kombination von Kardinalitäten resultiert daraus, daß Piloten und Flugingenieure (Cockpit-Personal)
immer nur auf exakt einem Flugzeugtyp fliegen, das Kabinenpersonal hingegen
immer ein Rating für zwei verschiedene Typen besitzt. Wir sehen also, daß die
Einschränkung in Wirklichkeit viel strenger ist, als es mit Kardinalitäten in dieser Modellierung ausgedrückt werden kann. Dieses ist ein weiteres Beispiel dafür,
daß es durchaus semantische Bedingungen gibt, die mit den Möglichkeiten des
ER-Modells nicht oder nur unzureichend ausgedrückt werden können. Ihre Ein-

haltung obliegt demzufolge dem Benutzer, der später Anwendungsprogramme mit der Datenbasis erstellt.[6]

In unserem letzten Teildiagramm, Abb. 1.10, betrachten wir nun die Daten, die die Durchführung einzelner Flüge betreffen, dies sind Buchungszahlen, zugeteilte Besatzungen und Reservierungen für Passagiere.

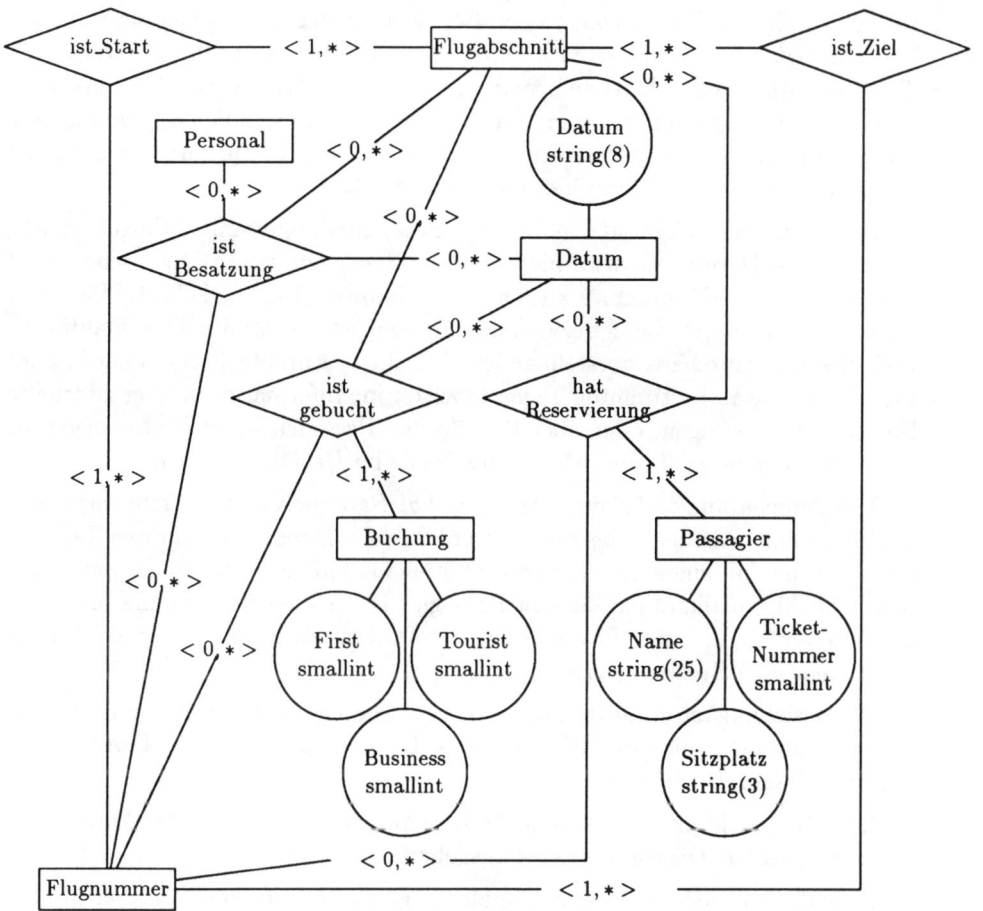

Abb. 1.10. ER-Modellierung von Passagieren, Buchungen und Besatzungen

Der Entity-Typ *Datum* dient lediglich zur Aufnahme von Datumsangaben, die als achtbuchstabige Zeichenketten abgelegt werden.

---

[6]In dieser Modellierung hätte man selbstverständlich dazu übergehen können, Cockpit- und Kabinenpersonal als getrennte Entities zu behandeln. Man hätte dann eine Beziehung Cockpit-Rating und Kabinen-Rating eingeführt und die Kardinalitäten <1,1> bzw. <2,2> verwendet, um genau diese Bedingung im Schema unterzubringen. Wir haben dieses jedoch aus didaktischen Gründen nicht getan, um auf die Probleme aufmerksam zu machen, die bei einer solchen Modellierung zu berücksichtigen sind.

Der Gegenstandstyp *Passagier* dient zur Verwaltung der Informationen über Passagiere. Jedem Passagier ist eine eindeutige Ticket-Nummer zugeordnet, wodurch sich Passagiere mit gleichem Namen unterscheiden lassen.[7] Neben dem Namen und der Ticket-Nummer wird noch die Nummer des Sitzplatzes, der dem Passagier zugeordnet ist, in der Datenbasis verwaltet.

Informationen über die Buchungssituation eines bestimmten Flugabschnitts werden im Entity-Typ *Buchung* verwaltet. Man findet dort Zahlen über die gebuchten Plätze in den einzelnen Klassen. Es soll nicht verschwiegen werden, daß dieses eigentlich redundante Information ist, da diese Zahlen aus den Passagierdaten gewonnen werden könnten. Da es jedoch sehr aufwendig ist, jedesmal alle Passagiere durchsuchen zu müssen, um für einen Flug die Buchungssituation zu erfragen, werden diese Daten hier nochmals gehalten.[8]

Die Beziehung *ist_Besatzung* besteht zwischen Flugnummer, Flugabschnitt, Personal und Datum. Es wird hierdurch die Besatzung eines Flugabschnitts einer bestimmten Flugnummer an einem bestimmten Tag modelliert. Bei allen Entity-Typen, die in diese Beziehung eingehen, ist die Minimalkardinalität jeweils 0, da es durchaus vorstellbar ist, daß für bestimmte Flugnummern oder Flugabschnitte an bestimmten Tagen (noch) keine Informationen über zugeteilte Besatzungen vorliegen, oder aber für einzelne Personen keine Einteilungen als Besatzung vorliegen, da sie sich für eine Weile im Urlaub befinden.

Vollkommen analog ist die Beziehung *hat_Reservierung* zu verstehen, wobei hier jedoch die Passagiere betrachtet werden, die an einem bestimmten Tag eine Reservierung für einen (oder mehrere) Flugabschnitte einer Flugnummer haben. Die Minimalkardinalität von Passagier ist in dieser Beziehung jedoch 1, da selbstverständlich nur Passagiere in der Datenbasis gehalten werden, für die mindestens eine Buchung vorliegt.

Die Beziehung *ist_gebucht* ist den zwei zuvor beschriebenen Beziehungen ebenfalls sehr ähnlich, mit ihrer Hilfe wird die Buchungssituation der Flüge an bestimmten Tagen modelliert.

In Abb. 1.11 ist nun das komplette konzeptuelle Schema unserer Anwendung in Form eines ER-Diagramms wiedergegeben.

Abschließend möchten wir nochmals einige Bemerkungen zu unserer Modellierung machen. Wir erwähnten bereits, daß man unsere Anwendung an der einen oder anderen Stelle geschickter modellieren könnte, insbesondere wenn man gewisse Erweiterungen des ER-Modells zuläßt, die heutzutage durchaus gebräuchlich sind. Eine solche Erweiterung erlaubt es beispielsweise auch, Beziehungstypen mit Attributen zu versehen. Mit dieser Technik könnte der Gegenstands-

---

[7]Hat ein Passagier Reservierungen für verschiedene Flüge in verschiedenen Tickets, so ist die gleiche Person mehrfach in der Datenbasis vorhanden. Diese Redundanz müssen wir in diesem Fall hinnehmen.

[8]In unserer Beispieldatenbasis benötigen wir diese zusätzliche Buchungsinformation auch, weil es uns unmöglich ist, für reale Buchungszahlen eine entsprechende Menge an Passagierdaten zu sammeln.

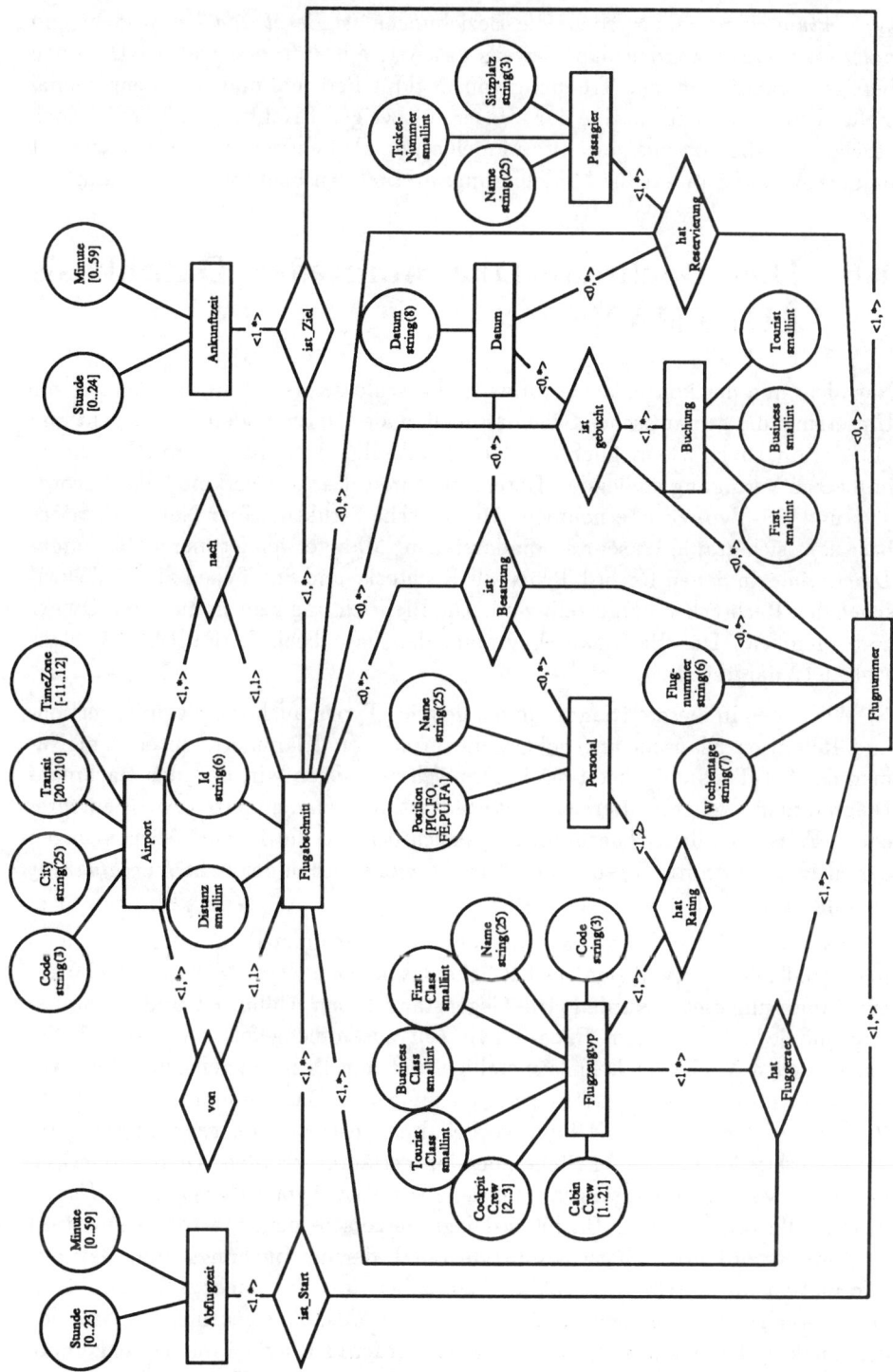

Abb. 1.11. ER-Diagramm der Datenbasis LUFTHANSA

typ *Datum* eingespart werden, die Beziehungen *ist_Besatzung*, *ist_gebucht* und
hat_Reservierung würden dann jeweils das Attribut *Datum* erhalten. Die oben
bereits erwähnte logische Trennung von Cockpit-Personal und Kabinenpersonal
stellt ebenso eine Alternative dar. Unsere bisherigen Erfahrungen haben jedoch
gezeigt, daß die von uns gewählte Modellierung als Lehrbeispiel gut geeignet ist
und als Ausgangspunkt für Modellierungsalternativen benutzt werden kann.

1.6   Das Bachman-Diagramm der Datenbasis LUFTHANSA

Nachdem nun der konzeptuelle Entwurf abgeschlossen ist, steht als nächstes die
Umsetzung des semantischen Schemas in ein reales Datenmodell an. Es geht nun
also darum, soviel wie möglich von der semantischen Information im ER-Schema
in die zur Verfügung stehenden Datenstrukturen des Netzwerkmodells, Record-
Typ und Set-Typ, zu übernehmen. Die logische Struktur einer Netzwerkdatenbasis läßt sich graphisch sehr schön darstellen. Man verwendet hierzu *Bachman-
Diagramme*, in denen Record-Typen als Rechtecke und Set-Typen als Pfeile zwischen den Rechtecken dargestellt sind. Die Pfeilrichtung geht immer vom Owner
zum Member. Das Bachman-Diagramm der Datenbasis LUFTHANSA ist in
Abb. 1.12 dargestellt.

Wir haben in diesem Diagramm bei den Set-Typen auch jeweils die Insertion-
und Retention-Klauseln angegeben, die in spitzen Klammern unter dem Namen des Set-Typs aufgelistet sind. Des weiteren sehen wir, daß das Bachman-
Diagramm in zwei große Bereiche unterteilt ist, die den definierten Areas entsprechen. Es ist aus dem Diagramm also ersichtlich, ob die Record-Ausprägungen
der einzelnen Record-Typen in der Area *Planung* oder in der Area *Durchführung*
abgespeichert sind.

Beim Vergleich des ER-Diagramms und des Bachman-Diagramms sieht man
sofort, daß alle Entity-Typen des ER-Schemas in einen Record-Typ im Bachman-
Diagramm umgesetzt wurden. Die Gegenstandstypen Abflugzeit und Ankunftszeit sind jedoch zu einem Record-Typ Zeit zusammengefaßt worden. Da im
semantischen Modell mehrmals n-stellige und m:n-Beziehungen auftraten, war
es ebenso nötig, einige Kett-Records einzuführen. Das Auffinden dieser Link-
Records sei dem Leser als Übung vorbehalten. Ein weiterer sehr interessanter
Aspekt soll jedoch an dieser Stelle noch kurz erläutert werden. Dem aufmerksa-
men Leser wird nicht entgangen sein, daß die Entity-Typen *Buchung* und *Datum*
nicht als Record-Typen im Bachman-Diagramm erscheinen. Stattdessen existiert
ein Kett-Record *FAI* (FlugAbschnittsInstanz), der die Buchungs- und Datums-
information als Attribute enthält. Wir haben uns hier einer allgemein üblichen Vorgehensweise bedient, daß man auch Records, die eigentlich aus Gründen
der Logik in die Datenbasis aufgenommen wurden, zusätzlich mit Datenkompo-
nenten versieht, wenn man dadurch einen anderen Record-Typ einsparen kann.

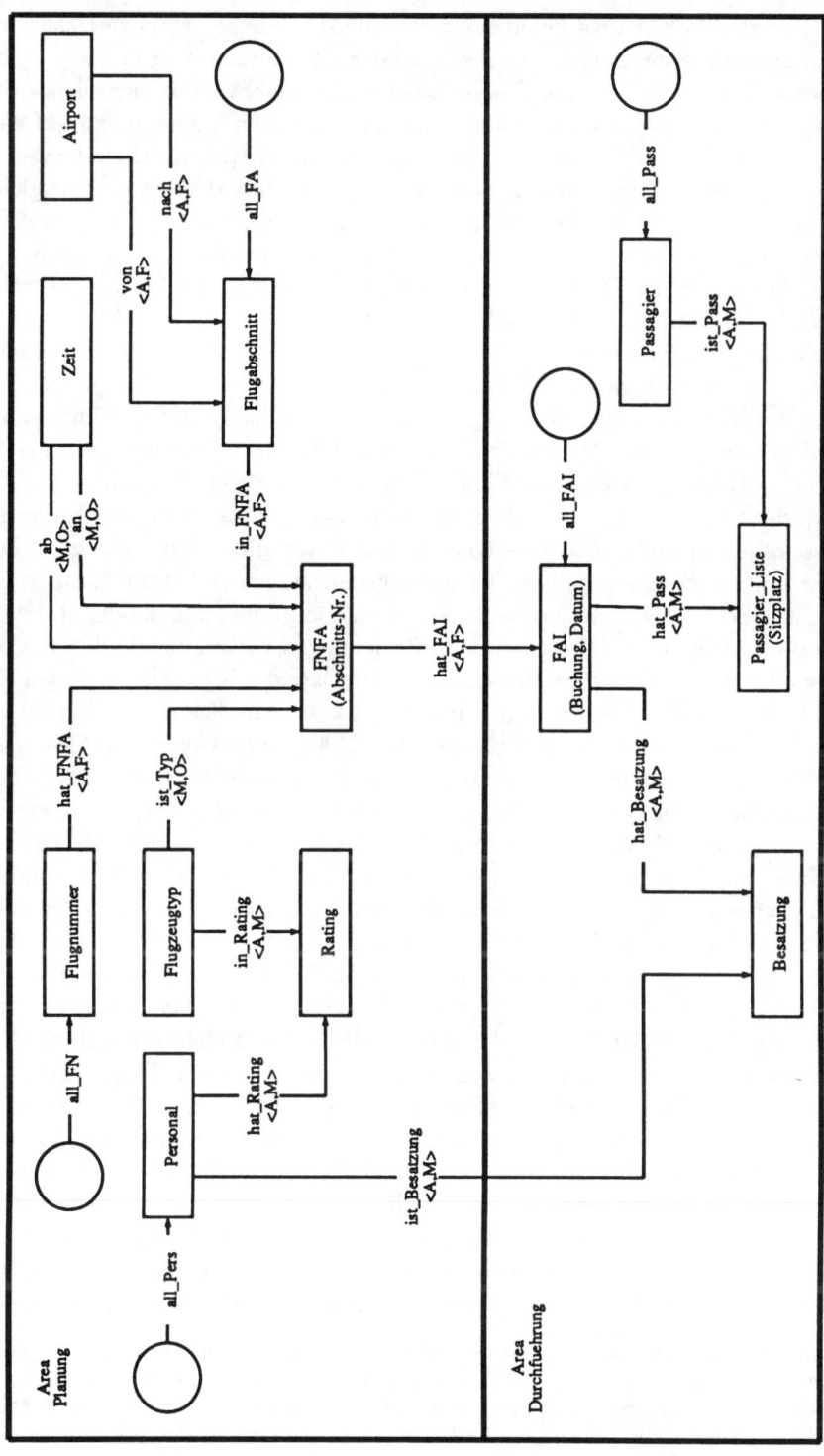

Abb. 1.12. Bachman-Diagramm der Datenbasis LUFTHANSA

Der Record-Typ FAI wird benutzt, um die m:n-Beziehung zwischen Datum und
FNFA zu realisieren, es existiert also für jeden Flugabschnitt jeder Flugnummer
für jeden Tag, an dem diese Flugnummer durchgeführt wird, ein solcher FAI-
Record. Da sich Informationen über eine Buchung auch immer genau auf einen
Flugabschnitt einer Flugnummer an einem bestimmten Tag beziehen, liegt es somit nahe, diese Information in genau diesen Records mit abzulegen.[9] Die gleiche
Idee begründet die Tatsache, daß die Sitzplatzinformation eines Passagiers nicht
im Passagier-Record enthalten ist, sondern in den Kett-Record *Passagier_Liste*
übernommen wurde. Da für jeden Passagier für jeden gebuchten Flugabschnitt
ein solcher Record existieren muß, ist diese Information an dieser Stelle gut untergebracht, insbesondere da sich somit die Möglichkeit bietet, einem Passagier
für verschiedene Flugabschnitte eines Fluges unterschiedliche Sitzplätze zuzu-
ordnen. Dieses ist in der Realität durchaus vorstellbar. FNFA (FlugNummer
FlugAbschnitt) ist ein Record-Typ, der eingeführt wurde, um die komplexe Beziehung zwischen Flugnummer, Flugabschnitt, Flugzeugtyp sowie Ankunfts- und
Abflugzeit zu modellieren. Es bleibt uns nun noch, die Insertion- und Retention-
Klauseln einiger Set-Typen zu erläutern. Die Frage, die sich der Datenbankent-
werfer bei der Festlegung dieser Klauseln grundsätzlich stellen muß, ist, welche
der durch Set-Typen realisierten Beziehungen eher dynamischen oder statischen
Charakter haben und ob bestimmte, in Beziehungen vorkommende Records zeit-
weilig auch ohne eine solche Beziehung in der Datenbasis existieren dürfen. Die
Beziehung zwischen Flugabschnitt und Airport ist sicherlich eine sehr statische,
außerdem sollen die Flugabschnitte stets den Abflug- und Ankunftflughäfen zugeordnet sein. Das automatische Einfügen eines Flugabschnitt-Records, der neu in
der Datenbasis abgelegt wird, in die entsprechenden Set-Ausprägungen *von* und
nach empfiehlt sich daher ebenso wie die feste Zuordnung zu diesen Flughäfen.
Records vom Typ *Rating* werden ebenfalls automatisch in beide sie betreffende
Set-Typen eingefügt; da sie ausschließlich zur Realisierung einer m:n-Beziehung
dienen und selbst keine Daten beinhalten, wäre es unsinnig, sie in der Datenbasis
zu halten, ohne daß sie in den entsprechenden Beziehungen enthalten wären. Hier
ist die Retention-Klausel jedoch mit MANDATORY angegeben, wodurch Änderungen erlaubt werden. Es ist durchaus realistisch anzunehmen, daß ein Pilot
nach einigen Jahren an einer Umschulung für einen anderen Flugzeugtyp teilnimmt, so daß der entsprechende Rating-Record in eine andere Set-Ausprägung
des Typs *in_Rating* eingehängt werden muß. Betrachten wir zum Abschluß noch
die Set-Typen *ab* und *an*, für die die Member-Records FNFA als <M,O> vereinbart sind. Warum ist dies an dieser Stelle sinnvoll? Erlauben wir damit nicht,
daß FNFA-Records frei in der Datenbasis existieren, obwohl diese keine Daten
beinhalten und nur zur logischen Verbindung eingeführt worden sind? Zunächst
einmal können FNFA-Records keineswegs frei in der Datenbasis existieren, denn

---

[9]Wir hatten bei der Beschreibung des ER-Diagramms bereits erwähnt, daß es möglich gewesen
wäre, bei der Verwendung eines erweiterten ER-Models auf den Entity-Typ Datum zu verzichten und diese Information als Attribut verschiedenen Beziehungen hinzuzufügen. Genau
diese Vorgehensweise wurde nun bei der Umsetzung in das Netzwerkschema realisiert, denn
der Record-Typ FAI wurde ja eingeführt, um eine Beziehung auszudrücken.

jeder FNFA-Record ist immer in eine Ausprägung der Set-Typen *hat_FNFA* und *in_FNFA* eingebunden. Aufgrund der Klauseln MANUAL und OPTIONAL bietet sich bei der Beziehung zur Abflug- und Ankunftszeit jedoch die Möglichkeit, Flüge und Flugabschnitte in der Datenbasis zu haben, ohne die Zeiten festlegen zu müssen. Dieses kann dann zu einem beliebigen späteren Zeitpunkt nachgeholt werden, ebenso können einmal festgelegte Zeiten wieder geändert werden. Entsprechend sind auch die Insertion- und Retention-Klausel bei der Beziehung zum Flugzeugtyp zu verstehen; dieser muß nicht mit dem Einfügen des FNFA-Records festgelegt werden, sondern kann später bestimmt werden. Es zeigt sich also, daß das geschickte Verwenden der Insertion- und Retention-Klauseln einerseits die Konsistenz einer Datenbasis unterstützen, andererseits aber auch viel zur Flexibilität beitragen kann.

Ein weiterer Aspekt, der im Bachman-Diagramm durch Kreise dargestellt ist, wurde nicht aus dem ER-Schema abgeleitet. Diese Kreise repräsentieren die Owner von *System-owned Sets*, spezielle Set-Typen, von denen es jeweils nur eine Ausprägung gibt. Diese Sets sind besonders als Einstiegspunkte zum Navigieren geeignet, da für die Member-Records in diesen Set-Typen eine Hash-Funktion zum schnellen Auffinden definiert ist. Da von solchen Sets immer nur jeweils eine Ausprägung existiert, werden sie auch als *singuläre Sets* bezeichnet. Die Verwendung solcher Set-Typen wird im Kapitel über Datenbankentwurf genauer erläutert werden.

Abschließend bleibt noch anzumerken, daß ein Teil der Semantik, die im ER-Schema ausgedrückt werden konnte, bei der Umsetzung in das Bachman-Diagramm auf der Strecke geblieben ist. Dies betrifft insbesondere die Kardinalitäten, so ist beispielsweise nicht gewährleistet, daß jeder Flugabschnitt in mindestens einer Flugnummer vorkommt. Es bleibt somit der Verantwortung der späteren Anwendungsprogrammierer vorbehalten, daß solche Konsistenzbedingungen, die im semantischen Schema aufgestellt wurden, auch in der Datenbasis erfüllt sind.

1.7 Die Datenmanipulationssprache DML

In diesem Abschnitt werden wir die Möglichkeiten des Zugriffs auf eine Netzwerkdatenbasis erläutern. Wir werden dazu zunächst das Prinzip der *Currency-Indikatoren* erklären, dessen Verständnis zur Navigation in einer Datenbasis eine unbedingte Voraussetzung ist. Im Anschluß daran werden wir die Befehle der DML, die sich ausschließlich mit dem *Retrieval* (Lesen) befassen, kennenlernen, und abschließend die Befehle zum *Update* (Verändern) erläutern. Wir möchten betonen, daß wir darauf verzichten, bei der Beschreibung der DML formale Syntax-Diagramme anzugeben, da diese in den Veröffentlichungen der DBTG und den Handbüchern von Netzwerk-DBS hinreichend oft publiziert wurden. Des weiteren erheben wir in dieser Beschreibung der DML nicht den Anspruch, daß alle Einzelheiten bis ins Detail dargestellt werden. Vielmehr legen wir

Wert darauf, daß der Leser ein grundsätzliches Verständnis für das Arbeiten mit Netzwerk-DBS bekommt und hinterher in der Lage sein wird, Anwendungsprogramme selbstständig zu erstellen.

Wir beschränken uns darauf, die einzelnen Befehle genau zu beschreiben und anhand vieler Beispiele zu erläutern. Der Leser bekommt dadurch sehr schnell ein Verständnis für das Manipulieren von DBTG-Datenbasen, insbesondere wenn er die Gelegenheit hat, die Befehle an einem DBS selbst auszuprobieren.

1.7.1   Currency-Indikatoren

Currency-Indikatoren sind systeminterne Zeiger, die auf genau eine Record-Ausprägung der Netzwerkdatenbasis zeigen können. Currency-Indikatoren sind notwendig, um innerhalb eines Anwendungsprogrammes festzuhalten, auf welche Records zuletzt zugegriffen wurde. Diese Information ist für das korrekte *Navigieren* innerhalb der Datenbasis von großer Wichtigkeit. Für jedes Anwendungsprogramm werden diese Informationen durch das DBMS automatisch verwaltet, und der Anwendungsprogrammierer kann die Currency-Indikatoren nur indirekt beeinflussen. Für jede Anwendung gibt es einen *current of run unit* sowie einen *current of realm* für *jeden* Realm, einen *current of record* für *jeden* Record-Typ und einen *current of set* für *jeden* Set-Typ. Realms sind das logische Äquivalent der physischen Areas im Schema. In der Definition des Subschemas werden die Areas mit den Realms assoziiert. Dabei können mehrere Areas in einem Realm zusammengefaßt werden oder aber auch überhaupt nicht berücksichtigt werden. In unserem Beispiel sind die beiden Areas im zugrundeliegenden Subschema 1:1 auf Realms abgebildet worden, so daß wir je einen Currency-Indikator für die Realms Planung und Durchführung haben.[10]

In einer Anwendung, die auf einem Subschema läuft, welches das gesamte Schema der Datenbasis LUFTHANSA umfaßt, existieren somit folgende Currency-Indikatoren:

current of run unit	current of Planung	current of Durchführung
current of Airport	current of Flugnummer	current of Flugzeugtyp
current of Personal	current of Zeit	current of Passagier
current of FNFA	current of Rating	current of Flugabschnitt
current of FAI	current of Besatzung	current of Passagier_Liste
current of all_FN	current of all_Pers	current all_FA
current of all_FAI	current of all_Pass	current of ist_Pass
current of ab	current of an	current of hat_FNFA
current of von	current of nach	current of ist_Typ

---

[10]Aus Gründen der Einfachheit werden wir den *current of Realm* beim Beschreiben der Navigationsbefehle in diesem Buch manchmal nicht berücksichtigen, da die Bedeutung dieses Currency-Indikators zum Verständnis des Navigierens praktisch keine Rolle spielt.

current of in_FNFA   current of hat_Rating   current of ist_Besatzung
current of in_Rating   current of hat_FAI   current of hat_Besatzung
current of hat_Pass

Physikalisch betrachtet enthält ein Currency-Indikator entweder einen
Database-Key oder einen *Null-Value* (Null-Wert). Der Database-Key (DB-Key)
eines Records gibt die physikalische Adresse dieses Records im Speicher an, jeder
DB-Key identifiziert somit genau einen Record in der Datenbasis. Die Currency-
Indikatoren des Run-Units und der Realms können auf Records jedes beliebigen
Record-Typs zeigen. Der Currency-Indikator eines Record-Typs kann nur auf
Record-Ausprägungen des entsprechenden Typs zeigen. Der Currency-Indikator
eines Set-Typs kann entweder auf einen Record des Owner-Typs dieses Sets oder
einen Record des Member-Typs dieses Sets zeigen. Den Record, der zu einem gegebenen Zeitpunkt durch den *current of run unit* referenziert wird, möchten wir
fortan als den *aktuellen Record* bezeichnen. Dieser Record ist insofern von besonderer Bedeutung, als sich eine Vielzahl der Manipulationsbefehle stets auf ihn
beziehen. Currency-Indikatoren können vom Benutzer nicht explizit verändert
werden, sie werden immer durch Befehle, mit denen in der Datenbasis navigiert
wird, automatisch beeinflußt. Aus diesem Grund werden wir uns jetzt diesen
Befehlen zur Navigation zuwenden.

1.7.2   Die Retrieval-Operatoren der DML

Das FIND-Statement und das FETCH-Statement

Der zentrale Befehl zum Navigieren in einer Netzwerkdatenbasis ist der Find-
Befehl. Der Find-Befehl macht irgendeinen Record der gesamten Datenbasis zum
aktuellen Record. Ein dem Find-Befehl sehr ähnlicher Befehl ist der Fetch-Befehl,
der ebenfalls einen Record zum aktuellen Record macht, der aber zusätzlich
noch die Dateninhalte dieses Records in die UWA (siehe Abb. 1.1) bringt. Beim
interaktiven Arbeiten mit dem System werden diese Dateninhalte sofort auf dem
Bildschirm ausgegeben. Die Syntax des Find- und des Fetch-Befehls ist nahezu
identisch. Wir verwenden daher in den folgenden Beispielen immer den Fetch-
Befehl, da der Leser die Beispiele dann sofort nachvollziehen kann, wenn ihm
ein Datenbanksystem mit der Datenbasis LUFTHANSA zur Verfügung steht.
Auf die wenigen Unterschiede zwischen Find- und Fetch-Befehl werden wir im
Einzelfall explizit hinweisen.[11]

FETCH FIRST Airport

Durch diesen Befehl wird der erste Record des Typs Airport zum aktuellen Record, das heißt, daß der *current of run unit* nach der Ausführung des Befehls
auf diesen Record zeigt. Die Daten des nun aktuellen Records werden in die
UWA übertragen. Dieser Befehl bewirkt aber außerdem noch, daß auch der *cur-*

---

[11]Wir empfehlen dem Leser, die nachfolgenden Beispiele anhand des Bachman-Diagramms auf
Seite 23 nachzuvollziehen.

rent of record des Typs Airport, der current of set der Set-Typen von und nach
und der current of realm des Realms Planung auf diesen Record zeigen. Wenn
wir an dieser Stelle vom ersten Record des Typs Airport sprechen, so möchten
wir damit in keinerlei Weise eine bestimmte Sortierreihenfolge unterstellen. Es
handelt sich hierbei lediglich um den ersten Record dieses Typs, den das Datenbanksystem beim linearen Durchsuchen aller Records findet. Um zum nächsten
Airport-Record zu gelangen, können wir nun folgenden Befehl absetzen:

FETCH NEXT Airport

Wiederum werden die Daten des neuen Airport-Records in die UWA übertragen,
und der current of run unit, der current of realm von Planung, der current of
record von Airport sowie der current of set der Set-Typen von und nach zeigen auf
den jetzt aktuellen Record. Der aufmerksame Leser wird bereits jetzt bemerken,
daß grundsätzlich so viele Currency-Indikatoren wie möglich auf den aktuellen
Record zeigen. Dieses ist tatsächlich richtig. Der current of run unit und der
current of realm können ja auf Records jeden beliebigen Typs zeigen und werden
daher immer auf den aktuellen Record gesetzt. Der current of record des Record-
Typs Airport kann zwar nur auf Ausprägungen dieses Typs zeigen, wird jedoch
immer dann auf den aktuellen Record gesetzt, wenn dieser vom entsprechenden
Typ ist. Der current of set eines Set-Typs, der auf Ausprägungen des Owner-
und des Member-Typs dieses Sets zeigen kann, wird immer auf den aktuellen
Record gesetzt, wenn dieser von einem dieser zwei Typen ist.

Es ist nun sicherlich möglich, alle Flughäfen nacheinander zum aktuellen Record zu machen und sich die Dateninhalte anzuschauen, bis man zum gewünschten Record kommt. Andererseits ist dies ein recht mühsames Geschäft, insbesondere wenn man nicht weiß, ob der gesuchte Record überhaupt in der Datenbasis
enthalten ist, oder wenn die Anzahl dieser Records sehr groß ist. Deshalb hat
man die Möglichkeit, einen Find-Befehl genauer zu qualifizieren:

FETCH FIRST Airport WHERE City EQ "Frankfurt"

Dieser Befehl macht den ersten Record zum aktuellen Record, der im Datenfeld
City den Eintrag Frankfurt enthält. Als nächstes wollen wir nun feststellen,
ob in der Datenbasis ein Flugabschnitt enthalten ist, der seinen Ausgangspunkt
in Frankfurt hat. Dazu müssen wir diejenige Set-Ausprägung des Typs von
betrachten, die als Owner den Airport-Record Frankfurt hat. Durch unseren
letzten Fetch-Befehl zeigt der current of von gerade auf diesen Owner, so daß
wir den entsprechenden Befehl direkt absetzen können:

FETCH FIRST Flugabschnitt WITHIN von

Durch diesen Befehl wird der erste Member-Record in dieser Set-Ausprägung zum
aktuellen Record, ebenso zeigen der current of run unit, der current of realm, der
current of record des Typs Flugabschnitt und der current of set der Set-Typen
von, nach, all_FA und in_FNFA auf diesen Record. Der current of Airport wurde
durch diesen Befehl nicht geändert, er zeigt nach wie vor auf Frankfurt. Um nun
weitere Flugabschnitte, die aus Frankfurt abfliegen, nacheinander zum aktuellen

Record zu machen, kann wieder der Befehl FIND NEXT verwendet werden, wobei die Einschränkung auf diese eine Set-Ausprägung beibehalten werden muß, da andernfalls alle Records dieses Typs in die Auswahl miteinbezogen würden:

FETCH NEXT Flugabschnitt WITHIN von

Diesen Befehl kann man nun mehrmals wiederholen, nach und nach werden alle Flugabschnitte ab Frankfurt zum aktuellen Record gemacht, bis man am Ende der Set-Ausprägung angekommen ist, was vom DBS mit einem deutlichen *End of Collection* mitgeteilt wird.

Es mag nun aber auch interessant sein, nicht nur zu wissen, daß bestimmte Flugabschnitte aus Frankfurt abfliegen, sondern auch in Erfahrung zu bringen, wohin sie führen. Dazu muß man vom Flugabschnitt wieder zurück zu einem Airport navigieren, diesmal jedoch zu demjenigen, der Owner bezüglich des Sets *nach* ist:

FETCH OWNER WITHIN nach

Dieser Befehl macht den Owner der aktuellen Ausprägung des angegebenen Set-Typs zum aktuellen Record, des weiteren zeigen natürlich auch der *current of nach* und der *current of Airport* auf diesen Record.

In gewissen Situationen ist es auch nützlich, eine Menge von Records in einer Liste zusammenzufassen, mit der man dann später weiterarbeiten kann. Diese Listen heißen in Netzwerk-DBS *Keeplists* und beinhalten lediglich eine beliebige Menge von DB-Keys. Der Find-Befehl (und nur dieser, der Fetch-Befehl kann hier nicht verwendet werden) erlaubt es nun, eine Menge von Records in eine Keep-Liste zu bringen.[12] Um beispielsweise alle diejenigen Flugabschnitte, die vom momentan aktuellen Record, der ja vom Typ Airport ist, wegfliegen, in die Keep-Liste 1 zu bringen, muß der nachfolgende Befehl abgesetzt werden:

FIND ALL 1 WITHIN von

Wir sehen, daß eine Keep-Liste einfach durch eine natürliche Zahl referenziert wird. Currency-Indikatoren werden durch diesen Find-Befehl übrigens gar nicht verändert, auch der aktuelle Record bleibt der gleiche wie vorher. Selbstverständlich kann man nun auch einen einzelnen Record in einer Keep-Liste zum aktuellen Record machen:

FIND FIRST WITHIN 1
FIND LAST WITHIN 1
FIND 2 WITHIN 1
FIND -2 WITHIN 1

Alle diese Befehle machen einen Record der Keep-Liste 1 zum aktuellen Record, den ersten, den letzten, den zweiten, den vorletzten. Sollte die Keep-Liste 1 nur einen Record beinhalten, so führen die letzten zwei Befehle wiederum zur Meldung *End of Collection*. Nachdem wir nun einige Flugabschnitte betrachtet haben, wollen wir zu dem Flughafen zurücknavigieren, den wir zuletzt betrach-

---

[12]Dieses ist der einzige Find-Befehl, der sich nicht nur auf einen einzelnen Record, sondern auch auf eine Menge von Records beziehen kann.

teten. Da der *current of record* eines Record-Typs immer nur auf Ausprägungen dieses Typs zeigen kann, ist der *current of Airport* durch das Navigieren zu den Flugabschnitten niemals verändert worden. Wir können den zuletzt betrachteten Airport-Record somit durch einen einzigen Befehl wieder zum aktuellen Record machen:

FETCH CURRENT Airport

Nachdem wir nun durch die Beispiele ein wenig Gefühl für das Navigieren in einer Datenbasis bekommen haben, wollen wir als nächstes die verschiedenen Formate des Find- (Fetch-)Befehls etwas genauer beschreiben.

1. FIND <position>

   (a) FIND FIRST

   (b) FIND LAST

   (c) FIND NEXT

   (d) FIND PRIOR

   (e) FIND <integer>

   (f) FIND RELATIVE <integer>

   Dieser Befehl macht einen Record aus der Datenbasis zum aktuellen Record, dessen logische Position angegeben werden muß. Es kann eine absolute oder relative Position angegeben werden, die dann irgendeinen Record aller im Subschema erreichbaren Records spezifiziert. FIRST bezeichnet den ersten Record, LAST den letzten. Mit NEXT erreicht man den unmittelbaren Nachfolger, mit PRIOR den unmittelbaren Vorgänger des aktuellen Records. Durch Angabe einer Zahl wird der Record erreicht, dessen Position dieser Zahl entspricht; ist die Zahl positiv, so wird die Position vom Anfang der Datenbasis ermittelt, ist sie negativ, wird vom Ende der Datenbasis ausgegangen. Durch Angabe von RELATIVE wird die Position ausgehend vom aktuellen Record ermittelt. Wie aus den vorhergehenden Beispielen ersichtlich, wird dieser Befehl meist zusammen mit einer Einschränkung auf einen bestimmten Record-Typ oder eine Set-Ausprägung verwendet. Wird eine solche Einschränkung nicht angegeben, so werden bei der Auswertung des Befehls alle im Subschema erreichbaren Records berücksichtigt. Ein FIND NEXT ohne weiteren Zusatz liefert dann den physikalisch nächstliegenden Record als neuen aktuellen Record, unabhängig von dessen Typ und Set-Zugehörigkeit. Ein Fehler tritt auf, wenn aufgrund der gemachten Angaben kein Record gefunden wird.

2. FIND CURRENT

   Dieser Befehl macht einen Record, dessen DB-Key in einem Currency-Indikator enthalten sein muß, zum aktuellen Record. Auch diese Form des Find-Befehls wird in den meisten Fällen mit einer Einschränkung auf einen Record- oder Set-Typ verwendet. Ist dieses nicht der Fall, so bezieht sich der Befehl auf den *current of run unit*. Ein Fehler tritt auf, wenn durch den Currency-Indikator kein Record identifiziert wird.

3. FIND OWNER WITHIN <Set-name>

Dieser Befehl macht einen Record, der Owner der aktuellen Set-Ausprägung des im Befehl angegebenen Set-Typs ist, zum aktuellen Record. Die aktuelle Set-Ausprägung des Sets wird durch den Currency-Indikator dieses Set-Typs bestimmt. Bei dem Set darf es sich nicht um einen singulären Set-Typ handeln. Ein Fehler tritt auf, wenn der Currency-Indikator des spezifizierten Sets einen Null-Wert beinhaltet.

4. FIND ALL <keeplist>

Durch diesen Befehl werden die DB-Keys eines oder mehrerer Records in einer Keep-Liste gespeichert. Von diesem Befehl existiert keine Version des Fetch-Befehls. Dieser Befehl verändert keine Currency-Indikatoren und wird ebenfalls meistens mit einer Einschränkung auf einen Record-Typ oder eine Set-Ausprägung verwendet.

5. FIND <position> WITHIN <keeplist>

   (a) FIND FIRST WITHIN <keeplist>

   (b) FIND LAST WITHIN <keeplist>

   (c) FIND <integer> WITHIN <keeplist>

Dieser Befehl macht einen Record aus einer Keeplist zum aktuellen Record. FIRST liefert den ersten Record in einer Keep-Liste, LAST den letzten. Mit <integer> kann eine beliebige Position innerhalb der Keep-Liste referenziert werden. Wird eine positive Zahl angegeben, so wird die Position bezüglich des Anfangs der Keep-Liste bestimmt, bei einer negativen Zahl vom Ende her. +1 ist somit gleichzusetzen mit FIRST, -1 mit LAST. Ein Fehler tritt auf, wenn als Position 0 angegeben wird oder die Keep-Liste weniger Einträge enthält als durch den Betrag von <integer> angegeben.

6. FIND DB-Key

Dieser Befehl macht einen Record, dessen DB-Key vom Anwender spezifiziert wurde, zum aktuellen Record. Ein Fehler tritt auf, wenn es keinen Record-Eintrag mit dem angegebenen DB-Key gibt.

Wir haben schon gesehen, daß die Find- (Fetch-)Befehle durch zusätzliche Angaben eingeschränkt werden können. Wir wollen diese Möglichkeiten hier nochmals kurz zusammenfassen.

Einschränkung auf Record-Typen und Set-Ausprägungen: Bei   den Befehlen FIND <position>, FIND CURRENT und FIND ALL <keeplist> können die zur Auswahl anstehenden Records auf einen bestimmten Record-Typ und/oder eine bestimmte Ausprägung eines Set-Typs eingeschränkt werden. Dazu muß der Name des Record-Typs, auf den sich der Befehl beziehen soll, unmittelbar an den Befehl angehängt werden. Um eine Einschränkung auf eine Set-Ausprägung zu erreichen, muß der Zusatz WITHIN <set-name> verwendet werden. Der *current of set* dieses Set-Typs bestimmt dann, auf welche Set-Ausprägung sich dieser Befehl bezieht.

Einschränkung bezüglich der Dateninhalte der Records: Um die Auswahl von Records aufgrund ihrer Datenwerte zu ermöglichen, können bei den Befehlen FIND <position> und FIND ALL <keeplist> eine Using-Klausel und/oder Where-Klausel spezifiziert werden. Die Using-Klausel bewirkt, daß ein Record nur dann als Ergebnis eines Find-Befehls geliefert wird, wenn die Dateninhalte des Records und der UWA (siehe Abschn. 1.2) in allen spezifizierten Datenfeldern übereinstimmen. Durch die Where-Klausel werden zusätzliche Kriterien zur Auswahl der Records herangezogen. Diese Kriterien beziehen sich ausschließlich auf die Dateninhalte. Dazu stehen die Operatoren LT (kleiner als), LE (kleiner gleich), EQ (gleich), NE (ungleich), GT (größer als), GE (größer gleich), sowie MATCHES und CONTAINS, mit denen Zeichenketten verglichen werden können, zur Verfügung. Diese Operatoren können zu beliebigen logischen Ausdrücken mittels den Konnektoren AND (und), OR (oder) und NOT (nicht) zusammengefaßt werden.

Darüber hinaus gibt es Zusätze zum Find- (Fetch-)Befehl, die einerseits das Verhalten der Currency-Indikatoren beeinflussen können, und andererseits den aktuellen Record mit einer Lesesperre versehen.

Einschränkung des Veränderns von Currency-Indikatoren: Bei   allen Formaten des Find-Befehls kann eine *Retaining*-Klausel angegeben werden, durch die das Verändern bestimmter Currency-Indikatoren verhindert wird.

RETAINING ALL: Außer dem *current of run unit* werden durch den Befehl keine Currency-Indikatoren verändert.

RETAINING ALL EXCEPT <Set-List>:   Außer dem *current of run unit* werden durch den Find-Befehl nur die Currency-Indikatoren modifiziert, deren Set-Typen aufgelistet sind.

RETAINING REALM: Der *current of realm* aller Realms wird nicht modifiziert.

RETAINING RECORD: Der *current of record* aller Record-Typen wird nicht modifiziert.

RETAINING SET: Der *current of set* aller Set-Typen wird nicht modifiziert.

RETAINING <Set-List>:   Der *current of set* für die Sets, deren Set-Typen aufgelistet sind, wird nicht verändert.

Die Verwendung der Retaining-Klausel ist manchmal unumgänglich, wie wir in einem späteren Beispiel noch sehen werden. Sie wird in den oben aufgelisteten Formaten einfach an den Find- (Fetch-)Befehl angehängt. Die Retaining-

Klausel kann auch bei anderen Befehlen der DML verwendet werden, wir werden an gegebener Stelle darauf hinweisen.

Setzen einer Lesesperre: Durch Angabe einer For Update-Klausel kann bei allen Find- (Fetch-)Befehlen erreicht werden, daß der gelieferte Record mit einer Lesesperre versehen wird. Um diesen Zusatz angeben zu können, muß die laufende Transaktion im Update-Modus (siehe Seite 46) gestartet worden sein.

Damit möchten wir unsere Betrachtungen des Find-Befehls zunächst einmal abschließen. Wir sind nun in der Lage, jeden beliebigen Record in der Datenbasis zu erreichen, solange er im benutzten Subschema enthalten ist.

Sicherlich ist es jedoch auch notwendig, die Daten eines Records, der mit dem Find-Befehl zum aktuellen Record gemacht wurde, in die UWA zu übergeben. Dazu gibt es den Get-Befehl.

Das GET-Statement

Der Get-Befehl bringt die Inhalte der Datenfelder des Records, der durch den *current of run unit* spezifiziert wird, in die UWA. Beim interaktiven Arbeiten werden die Daten sofort ausgegeben, innerhalb eines ablaufenden Programms werden sie in spezielle Variablen geschrieben (Abschn. 1.8). Es gibt zwei Formate:

1. GET

2. GET <Item-List>

Die einfachste Form des Get-Befehls ist schlicht und einfach GET. Dieses hat zur Folge, daß alle Komponenten des Record-Typs in die UWA gebracht werden; sollen nur bestimmte Teile des Records gelesen werden, so können diese angegeben werde: GET <item-list>. Soll sichergestellt werden, daß der *current of run unit* auf einen bestimmten Record-Typ zeigt, so kann dieses im Get-Befehl durch Angabe eines Record-Typs überprüft werden. Die Angabe eines Record-Typs im Get-Befehl kann jedoch nicht dazu benutzt werden, einen Record-Typ auszuwählen, der Get-Befehl bezieht sich immer auf den *current of run unit*.

Um also die Daten eines Flugzeugtyps in die UWA zu bringen, muß, nachdem sichergestellt wurde, daß der aktuelle Record vom Typ Flugzeugtyp ist, der Befehl

GET Flugzeugtyp

abgesetzt werden. Wollen wir nur ausgewählte Datenfelder dieses Records (z.B. die Anzahl der Sitzplätze in den einzelnen Klassen) in die UWA bringen, so sollte der Get-Befehl wie folgt aussehen:

GET Ftyp_First Business Tourist OF Flugzeugtyp

Bevor wir nun weitere Befehle der DML beschreiben, möchten wir zunächst
einmal ein Beispiel geben, das eine reale Anwendung in unserer Luftfahrt-
Datenbasis darstellt. Die zu lösende Aufgabe ist folgendermaßen formuliert: *Gib
alle Flugabschnitte sowie deren Abflug- und Ankunftzeiten des Fluges LH 791
aus.* Aus Gründen der Übersichtlichkeit ist in Abb. 1.13 der zur Lösung dieser
Aufgabe notwendige Teil des Bachman-Diagramms nochmals dargestellt.

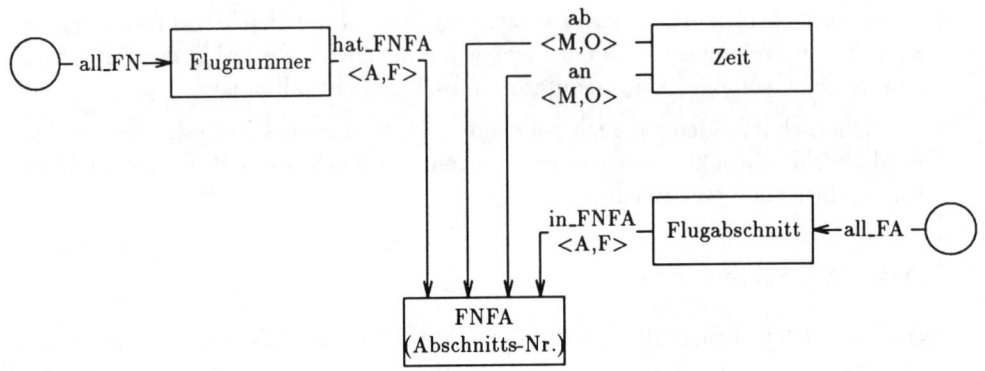

Abb. 1.13. Ausschnitt des Bachman-Diagramms

Ein Blick auf das Bachman-Diagramm zeigt uns, daß wir, um diese Aufgabe
zu lösen, Informationen aus den Record-Typen Flugnummer, Flugabschnitt und
Zeit benötigen. Um die Beziehungen zwischen den korrekten Records nachvollziehen zu können, benötigen wir des weiteren den Kett-Record-Typ *FNFA*. Da
wir genau wissen, mit welcher Flugnummer wir es zu tun haben, liegt es nahe,
zunächst zu diesem Record zu navigieren:

FIND FIRST Flugnummer WITHIN all_FN WHERE Nummer EQ "LH 791"

Unter der Annahme, daß wirklich ein Flug mit dieser Nummer in der Datenbasis
existiert, macht dieser Befehl den entsprechenden Record zum aktuellen Record
und setzt neben dem *current of run unit* auch den *current of Planung*, den *current
of Flugnummer*, den *current of all_FN* und den *current of hat_FNFA* auf diesen
Record. Wir wissen, daß die Beziehung zu den Flugabschnitten über den Set-
Typ *hat_FNFA* realisiert ist. Für jeden Flugabschnitt ist in der Set-Ausprägung
dieses Typs, von der der Record LH 791 Owner ist, ein Record vom Typ FNFA
enthalten.

Navigieren wir als nächstes zum ersten *FNFA*-Record in dieser Set-
Ausprägung:

FIND FIRST FNFA WITHIN hat_FNFA

Der aktuelle Record ist jetzt dieser *FNFA*-Record; der *current of run unit*, der
current of Planung, der *current of FNFA* und die Currency-Indikatoren für alle
Set-Typen, bei denen *FNFA* als Member-Typ vereinbart ist, werden auf diesen

Record gesetzt. Die Informationen darüber, um welchen Flugabschnitt es sich bei diesem *FNFA*-Record handelt und wie die Abflug- und Ankunftszeit sind, sind aus den zugehörigen Owner-Records der entsprechenden Set-Ausprägungen zu nehmen. Um also diese Informationen zu erhalten, bietet sich folgende Sequenz von Anweisungen an:

FETCH OWNER WITHIN ab
FETCH OWNER WITHIN in_FNFA
FETCH OWNER WITHIN an

Die Verwendung des Fetch- an Stelle des Find-Befehls bewirkt, daß die Daten der entsprechenden Owner-Records in die UWA gebracht werden. Falls diese Befehle in einer interaktiven Sitzung abgesetzt werden, so werden sie auf dem Bildschirm ausgegeben:

Stunde = 15
Minute = 0   {15:00 Uhr}

Distanz = 705   {705 km}
Id = SYDMEL   {Sydney -> Melbourne}

Stunde = 15
Minute = 0   {15:00 Uhr}

Das Ergebnis ist sicherlich nicht das erwartete, denn selbstverständlich wird der Flugabschnitt zwischen Sydney und Melbourne nicht zeitlos zurückgelegt; wir haben lediglich bei der Angabe der Befehle etwas Unachtsamkeit walten lassen. Betrachten wir die drei letzten Befehle nochmals einer nach dem anderen, wobei wir besonderes Augenmerk auf die betroffenen Currency-Indikatoren richten.

Durch den ersten Befehl, FETCH OWNER WITHIN ab, werden der *current of run unit*, der *current of Planung*, der *current of Zeit*, der *current of ab* und auch der *current of an* auf den aktuellen Record gesetzt. Dieses ist der Record, der die Zeit 15:00 Uhr enthält, die Abflugzeit aus Sydney. Der zweite Befehl FETCH OWNER WITHIN in_FNFA setzt den *current of run unit*, den *current of Planung*, den *current of Flugabschnitt* und den *current of in_FNFA* auf den Record, der den Flugabschnitt SYDMEL enthält. Als nächstes möchte man nun die Ankunftszeit in Melbourne bestimmen und versucht den Owner der Set-Ausprägung *an* zu erreichen, in der der aktuelle *FNFA*-Record als Member enthalten ist. Dazu wird der dritte Befehl, FETCH OWNER WITHIN an, verwendet. Es muß jedoch bedacht werden, daß der *current of an* nicht mehr auf den aktuellen *FNFA*-Record zeigt (wie es vor dem Absetzen des ersten der drei Befehle der Fall war), sondern durch den ersten Befehl auf den Record gesetzt wurde, der die Abflugzeit enthält. Dieses liegt daran, daß nach Ausführung eines FETCH OWNER-Befehls der Currency-Indikator aller Set-Typen, von denen der aktuelle Record als Owner-Typ definiert ist, auf den aktuellen Record zeigen. Verlangen wir nun nach dem Owner der aktuellen Set-Ausprägung des Set-Typs *an*, so erhalten wir als Ergebnis selbstverständlich genau den Record, auf dem der Currency-Indikator gerade steht. Um ein korrektes Ergebnis zu erzielen, muß

also gesichert sein, daß sich der Currency-Indikator vor dem Absetzen des dritten
Befehls noch auf den aktuellen *FNFA*-Record zeigt. Die korrekte Befehlssequenz
lautet somit:

FETCH OWNER WITHIN ab RETAINING an
FETCH OWNER WITHIN in_FNFA
FETCH OWNER WITHIN an

Durch die Angabe der Retaining-Klausel erhalten wir also das gewünschte Ergebnis, die Ankunftzeit in Melbourne ist 16:25 Uhr.

Bis jetzt haben wir jedoch lediglich einen Teil der gestellten Aufgabe erfüllt,
denn wir sollen diese Informationen ja für alle Flugabschnitte des Fluges LH 791
bereitstellen. Um nun den nächsten Flugabschnitt entsprechend zu bearbeiten, müssen wir uns den nächsten *FNFA*-Record innerhalb der aktuellen Set-
Ausprägung *hat_FNFA* greifen und dann die drei Befehle, die uns die entsprechenden Informationen liefern, erneut absetzen:

FIND NEXT FNFA WITHIN hat_FNFA
FETCH OWNER WITHIN ab RETAINING an
FETCH OWNER WITHIN in_FNFA
FETCH OWNER WITHIN an

Diese Befehlssequenz wiederholen wir solange, bis wir alle *FNFA*-Records in dieser Set-Ausprägung durchlaufen haben. Dieses ist dann der Fall, wenn der Befehl
FIND NEXT FNFA WITHIN hat_FNFA nicht mehr ausgeführt werden kann,
sondern stattdessen mit der Fehlermeldung END OF COLLECTION zurück-
kommt.

Der Leser wird nun vollkommen zu Recht denken, daß es wohl ein sehr mühsames Geschäft ist, exakt die gleichen Befehle immer und immer wieder eingeben
zu müssen, um alle Records einer Set-Ausprägung oder sogar einer noch viel
größeren Menge zu bearbeiten. Nun, dem ist glücklicherweise nicht so. Selbstverständlich gibt es die Möglichkeit, innerhalb von Programmen mit Schleifen
zu arbeiten, in denen die Befehle dann entsprechend oft ausgeführt werden. Wir
werden in Abschn. 1.8 ausführlich darauf eingehen.[13]

Nach diesem Beispiel wollen wir nun die weiteren Befehle, die zum Retrieval
zur Verfügung stehen, beschreiben und Beispiele zur Verwendung angeben.

Das KEEP-Statement

Der Keep-Befehl dient dazu, einen einzelnen DB-Key in eine Keep-Liste zu schreiben. Die Verwendung von Keep-Listen hatten wir bei der Beschreibung des
Find-Befehls bereits kurz erläutert. Eine Keep-Liste kann beliebig viele Einträge

---

[13]Manche Netzwerk-DBS bieten auch beim interaktiven Arbeiten die Möglichkeit, Schleifen zu
verwenden. Bei VAX DBMS gibt es beispielsweise den LOOP-Befehl. Wir werden darauf
jedoch nicht genauer eingehen, da diese Befehle sehr systemabhängig sind. Der Leser, dem
ein DBS zum Arbeiten zur Verfügung steht, wird in den Handbüchern entsprechende Hinweise
finden.

beinhalten. Neue DB-Keys, die in eine Keep-Liste aufgenommen werden, werden immer an das Ende der Keep-Liste angehängt. Es ist also nicht möglich, einen DB-Key an eine bestimmte Stelle innerhalb der Keep-Liste zu schreiben. Während beim FIND ALL <keeplist>-Befehl eine Menge von DB-Keys in eine Keep-Liste geschrieben wurde, bezieht sich der hier beschriebene Befehl stets auf nur einen einzigen Record. Es gibt zwei Formate:

1. KEEP CURRENT USING <keeplist>

   Dieser Befehl wird meistens in Zusammenhang mit einer Einschränkung auf einen bestimmten Record-Typ oder eine bestimmte Set-Ausprägung verwendet. Ist dieses nicht der Fall, so wird der *current of run unit* in die angegebene Keep-Liste geschrieben.

2. KEEP <position-expression> WITHIN <keeplist-1> USING <keeplist-2>

   Durch diesen Befehl wird ein DB-Key aus einer Keep-Liste in eine andere Keep-Liste kopiert.

Um also den Record, der durch den *current of Flugzeugtyp* referenziert wird, in die Keep-Liste 3 aufzunehmen, muß folgender Befehl ausgeführt werden:

KEEP CURRENT Flugzeugtyp USING 3

Soll der vorletzte Eintrag der Keep-Liste 2 in die Keep-Liste 5 kopiert werden, so können wir dieses folgendermaßen erreichen:

KEEP -2 WITHIN 2 USING 5

Das FREE-Statement

Durch den Free-Befehl werden entweder Einträge in Keep-Listen gelöscht oder Currency-Indikatoren auf *null* gesetzt.[14] Soll der Befehl zum Löschen von Einträgen in Keep-Listen verwendet werden, so muß angegeben werden, ob nur einzelne Einträge oder aber alle Einträge gelöscht werden sollen. Sollen beispielsweise alle Einträge der Keep-Liste 1 gelöscht werden, so wird dieses durch folgenden Befehl erledigt:

FREE ALL FROM 1

Soll hingegen nur der dritte Eintrag aus der Keep-Liste 1 gelöscht werden, so sieht der Befehl folgendermaßen aus:

FREE 3 WITHIN 1

Ebenso muß unterschieden werden, wenn der Befehl dazu genutzt wird, um Currency-Indikatoren auf *null* zu setzen. Durch die nachfolgenden Befehle werden einmal alle Currency-Indikatoren angesprochen, beim zweiten Befehl nur ein einziger:

---

[14]Das *Nullsetzen* eines Currency-Indikators ist dann von Vorteil, wenn man verhindern möchte, daß die nachfolgende Operation von vorausgegangenen Operationen beeinflußt wird, deren Ergebnisse ja zu einem gewissen Grad durch die Werte der Currency-Indikatoren repräsentiert werden.

FREE ALL CURRENT
FREE CURRENT WITHIN hat_FNFA

Die verschiedenen Formate des Free-Befehls seien abschließend kurz zusammen-gefaßt:

1. FREE ALL

   (a) FREE ALL FROM <keeplist>

   (b) FREE ALL CURRENT

   Dieser Befehl leert entweder eine Keep-Liste oder setzt alle Currency Indika-toren auf *null*. Wird weder eine Keep-Liste noch CURRENT angegeben, so werden alle Keep-Listen geleert, ohne Currency-Indikatoren zu verändern.

2. FREE CURRENT

   Dieser Befehl setzt den *current of run unit* auf *null*. Es ist möglich, einen *current of realm*, *current of record* oder *current of set* auf *null* zu setzen, wenn in dem Befehl eine entsprechende Within-Klausel angegeben wird:

3. FREE <position> WITHIN <keeplist>

   Durch diesen Befehl wird ein einzelner Eintrag aus einer Keep-Liste gelöscht. Dadurch verändert sich die Position aller Einträge in dieser Keep-Liste, die hinter dem gelöschten Eintrag standen.

Das IF-Statement

Mit If-Tests ist es möglich, verschiedene Zustände in der Datenbasis zu unter-scheiden, um unterschiedliche Anweisungen in Abhängigkeit dieser Zustände aus-zuführen. Möchte man beispielsweise wissen, ob es irgendwelche Flüge gibt, die um 0:00 Uhr Ortszeit irgendwo abfliegen, so kann dieses über einen solchen Test abgefragt werden. Wir verwenden dazu den IF EMPTY-Test, der überprüft, ob Set-Ausprägungen, von denen der aktuelle Record Owner ist, leer ist:

FIND FIRST Zeit WHERE Stunde EQ 0 and Minute EQ 0
IF ab EMPTY THEN... ELSE...

Auch beim interaktiven Arbeiten können dem If-Befehl ein Then-Teil und ein Else-Teil angefügt werden, deren Abarbeitung von dem Ergebnis des Tests abhängt.

Aus programmiertechnischer Sicht ist es manchmal interessant zu überprüfen, ob ein Currency-Indikator auf einen Record zeigt oder *null* enthält. Auch dieses kann über einen If-Test abgefragt werden, um spätere Anweisungen in Abhängig-keit dieser Tatsache auszuführen:

IF CURRENT WITHIN hat_FNFA IS NULL THEN... ELSE ...

If-Tests können ebenso dazu verwendet werden, zu überprüfen, ob zwei DB-Keys identisch sind oder ob ein DB-Key in einer Keep-Liste einhalten ist:

IF 3 WITHIN 2 IS ALSO -1 WITHIN 3 THEN... ELSE...

IF CURRENT IS WITHIN 1

Der erste dieser zwei Befehle überprüft, ob der dritte Record in der Keep-Liste 2 derselbe ist wie der letzte Record in der Keep-Liste 3. Der zweite Befehl überprüft, ob der Record, der durch den *current of run unit* referenziert wird, in der Keep-Liste 1 enthalten ist.

Nach dieser recht informellen Einführung des If-Befehls wollen wir nun die verschiedenen Formen dieser Test ein wenig systematischer beschreiben.

1. IF ALSO

   Dieser Test wird zu *wahr* ausgewertet, wenn zwei DB-Keys identisch sind.

   (a) IF CURRENT IS ALSO CURRENT

   (b) IF CURRENT IS ALSO <position> WITHIN <keeplist>

   (c) IF <position> WITHIN <keeplist> IS ALSO CURRENT

   (d) IF <position> WITHIN <keeplist> IS ALSO <position> WITHIN <keeplist>

   Die Angabe von CURRENT ohne weiteren Zusatz bezieht sich stets auf den *current of run unit*. Es ist möglich, einen *current of realm, current of record* oder *current of set* anzusprechen, wenn in dem Befehl eine entsprechende Within-Klausel angegeben wird. Ein Fehler tritt auf, wenn einer der spezifizierten Currency-Indikatoren *null* enthält.

2. IF <Set-list> EMPTY

   Dieser Test wird zu *wahr* ausgewertet, wenn alle Ausprägungen der angegebenen Sets, von denen der aktuelle Record Owner sein muß, leer sind. Werden keine Set-Typen angegeben, so werden zur Auswertung alle Set-Typen des Subschemas herangezogen, in denen der aktuelle Record als Owner vereinbart ist. Ein Fehler tritt auf, wenn der *current of run unit null* enthält oder einen Record-Typ, der nicht Owner der angegebenen Set-Typen ist.

3. IF <Set-list> MEMBER

   Dieser Test wird zu *wahr* ausgewertet, wenn der aktuelle Record als Member in den Ausprägungen der angegebenen Sets vorkommt. Werden mehrere Set-Typen angegeben, so reicht es, wenn der aktuelle Record in mindestens einem dieser Sets als Member vorkommt. Ein Fehler tritt auf, wenn der *current of run unit null* enthält.

4. IF CURRENT IS NULL

   Dieser Test wird zu *wahr* ausgewertet, wenn der spezifizierte DB-Key *null* enthält. Soll sich dieser Befehl nicht auf den *current of run unit* beziehen, so kann mittels einer Within-Klausel ein Record-Typ oder Set-Typ angegeben werden.

5. IF <Set-list> OWNER

Dieser Test wird zu *wahr* ausgewertet, wenn der *current of run unit* Owner
von mindestens einer Set-Ausprägung der angegebenen Set-Typen ist. Ein
Record gilt auch dann als Owner einer Set-Ausprägung, wenn diese zum
gegenwärtigen Zeitpunkt leer ist. Ein Fehler tritt auf, wenn der *current of
run unit null* enthält.

6. IF <Set-list> TENANT

Dieser Test wird zu *wahr* ausgewertet, wenn der *current of run unit* entweder
Owner oder Member von mindestens einem der angegebenen Set-Typen ist.
Das Ergebnis ist das gleiche, wenn die Tests IF OWNER und IF MEMBER
disjunktiv durchgeführt werden. Ein Fehler tritt auf, wenn der *current of run
unit null* enthält.

7. IF WITHIN

Dieser Test überprüft, ob ein DB-Key in einer Keep-Liste enthalten ist.

(a) IF CURRENT IS WITHIN <keeplist>

(b) IF <position> WITHIN <keeplist> IS WITHIN <keeplist>

Auch hier kann ein Record-Typ oder Set-Typ angegeben werden, wenn sich
der Befehl nicht auf den *current of run unit* beziehen soll.

Damit ist die Beschreibung der Retrieval-Befehle der DML abgeschlossen.
Wenden wir uns nun der zweiten Gruppe von DML-Anweisungen zu, mit denen
es möglich ist, Datenbasen zu verändern.

1.7.3   Die Update-Operatoren der DML

Die Update-Befehle lassen sich in zwei große Gruppen einteilen. Zum einen sind
dieses die Befehle, die Records in die Datenbasis hinzufügen oder aus der Datenbasis löschen oder deren Datenfelder verändern, zum anderen sind es die Befehle,
mit denen die Zugehörigkeit von Records zu bestimmten Set-Ausprägungen beeinflußt werden kann. Zur ersten Gruppe gehören die Befehle MODIFY, ERASE
und STORE, zur zweiten Gruppe zählen die Befehle CONNECT, DISCONNECT
und RECONNECT.

Das MODIFY-Statement

Dieser Befehl verändert Datenfelder des Records, der durch den *current of run
unit* spezifiziert wird. Beim interaktiven Arbeiten erfragt das System die neuen
Daten, die dann vom Benutzer spezifiziert werden müssen. Innerhalb eines Pro-
grammes werden die neuen Daten aus der entsprechenden Variable in der UWA
entnommen. Es können sowohl der gesamte Record als auch nur einzelne Komponenten eines Records modifiziert werden.

Nehmen wir einmal an, daß der Flug Frankfurt → New York, New York → Philadelphia (LH 400) eine andere Flugnummer bekommt und ab sofort täglich durchgeführt wird. Um diese Änderung durchzuführen, muß man zunächst zum entsprechenden Record navigieren und dann den Modify-Befehl verwenden:

FIND FIRST Flugnummer WHERE Nummer EQ "LH 400" FOR UPDATE
MODIFY Flugnummer

Beim interaktiven Arbeiten fragt das System an dieser Stelle nach den neuen Datenwerten; innerhalb eines Programms werden die neuen Daten aus der Variable in der UWA genommen.

Eine andere mögliche Anwendung des Modify-Befehls ergibt sich, wenn ein Copilot zum Flugkapitän oder ein Flugbegleiter zum Kabinenchef befördert wird. In diesem Fall ist nur eine Komponente des entsprechenden Records zu ändern:

MODIFY Position OF Personal

Die Angabe des Record-Typs im Modify-Befehl kann übrigens nicht dazu benutzt werden, einen Record-Typ auszuwählen, der Modify-Befehl bezieht sich immer auf den *current of run unit*. Es ist jedoch empfehlenswert, den Record-Typ immer mitanzugeben, da dadurch Programmtexte einfacher zu verstehen sind. Wird durch den Modify-Befehl ein Sortierschlüssel, der für die Anordnung der Member-Records in einer Set-Ausprägung herangezogen wird, verändert, so wird die Position des Records in seiner Set-Ausprägung automatisch an den neuen Datenwert angepaßt. Selbstverständlich darf durch den Modify-Befehl nicht eine eventuelle DUPLICATES ARE NOT ALLOWED Bedingung (siehe Seite 125) verletzt werden. Sollte dieses der Fall sein, kommt es zu einem Fehler. Von der Ausführung eines Modify-Befehls können auch Currency-Indikatoren betroffen sein, deshalb besteht die Möglichkeit, dem Befehl eine Retaining-Klausel anzuhängen. Auf diesbezügliche Einzelheiten wollen wir hier jedoch nicht eingehen.

Wenden wir uns als nächstes dem Befehl zu, mit dem ein Record aus der Datenbasis entfernt werden kann.

Das ERASE-Statement

Der Erase-Befehl entfernt zunächst den Record, der durch den *current of run unit* referenziert wird, aus allen Set-Ausprägungen, in denen er enthalten ist. Anschließend wird der Record selbst aus der Datenbasis gelöscht. Es gibt zwei Formate:

1. ERASE <record-type>

2. ERASE ALL <record-type>

Der Zusatz ALL bewirkt, daß zusätzlich alle Records, die in Set-Ausprägungen enthalten sind, in denen der zu löschende Record Owner ist, aus der Datenbasis gelöscht werden. Wird der Zusatz ALL nicht verwendet, so wird mit den Member-Records des zu löschenden Records folgendermaßen verfahren:

- Alle Member-Records, deren Set-Mitgliedschaft mit FIXED festgelegt ist, werden aus der Datenbasis gelöscht.

- Alle Member-Records, deren Set-Mitgliedschaft mit OPTIONAL festgelegt ist, werden aus den Set-Ausprägungen entfernt, die Records selbst werden jedoch nicht aus der Datenbasis gelöscht.

- Bei Member-Records, deren Set-Mitgliedschaft mit MANDATORY festgelegt ist, tritt ein Fehler auf.

Achtung: Der Erase-Befehl kann sich rekursiv über mehrere Owner-Member-Hierarchiestufen fortpflanzen, wenn der Zusatz ALL verwendet wird oder die Member-Records jeweils als FIXED in den Set-Typen definiert sind.

Wollen wir beispielsweise einen Passagier-Record aus der Datenbasis löschen, so ist es sinnvoll, alle eventuell vorhandenen Sitzplatz-Buchungen dieser Person ebenfalls zu entfernen. Zeigt der *current of run unit* auf den zu löschenden Passagier, so wird die gewünschte Aktion durch folgenden Befehl ausgeführt:

ERASE ALL Passagier

Wie auch beim Modify-Befehl bewirkt hier die Angabe des Record-Typs nicht die Auswahl des Records, auf den der Befehl angewendet wird. Der Erase-Befehl bezieht sich wie alle Update-Befehle immer auf den *current of run unit*. Aus Gründen der besseren Verständlichkeit ist es jedoch ratsam, den Record-Typ mitanzugeben. Wir werden dieses weiterhin in allen Beispielen tun, ohne jedoch zukünftig auf diesen Sachverhalt hinzuweisen.[15]

Der letzte der Befehle in dieser Gruppe bewirkt das Hinzufügen neuer Records in die Datenbasis.

Das STORE-Statement

Dieser Befehl bringt einen neuen Record in die Datenbasis. Der neue Record wird automatisch in Ausprägungen aller Set-Typen eingebunden, in denen er als AUTOMATIC Member vereinbart ist. Die Werte für die Datenfelder des neuen Records werden aus der UWA genommen. Beim interaktiven Arbeiten mit der Datenbasis müssen diese vom Benutzer eingegeben werden. Falls in der UWA für einzelne Komponenten keine Werte enthalten sind, so werden gegebenenfalls die Default-Angaben aus der Schema-Definition übernommen.

---

[15]Genaugenommen bedeutet das Hinzufügen des Record-Typs bei den Update-Befehlen nicht nur bessere Verständlichkeit, sondern auch größere Sicherheit, da eine zusätzliche Prüfung durchgeführt wird. Gibt man den Record-Typ in den Befehlen nämlich nicht an, so wird die Anweisung in jedem Fall ausgeführt, unabhängig davon von welchem Typ der *current of run unit* gerade ist. Die Angabe eines Record-Typs bewirkt hingegen, daß der Befehl nur dann ausgeführt wird, wenn der *current of run unit* dem im Befehl spezifizierten Record-Typ entspricht, andernfalls kommt es zu einem Fehler.

Wollen wir zum Beispiel einen neuen Flugzeugtyp in die Datenbasis aufnehmen, so können wir dieses mit folgendem Befehl erreichen:

STORE Flugzeugtyp

Das Einfügen eines neuen *FNFA*-Records geschieht demzufolge mit dem Befehl

STORE FNFA

Beim Einfügen des *FNFA*-Records wird dieser automatisch in die aktuellen Set-Ausprägungen der Set-Typen *hat_FNFA*, und *in_FNFA* eingefügt. Deshalb ist es Aufgabe des Programmierers, darauf zu achten, daß die Currency-Indikatoren dieser Sets vorher richtig gesetzt wurden. Insbesondere dürfen sie nicht *null* beinhalten, da es dann zu einem Fehler kommt. Der Store-Befehl hat keine Auswirkungen auf die Set-Typen, in denen der abgespeicherte Record zwar als Member-Typ vereinbart ist, jedoch nicht automatisch in eine Set-Ausprägung eingefügt wird. Im obigen Beispiel werden somit die Set-Typen *ab, an* und *ist_Typ* von dem Store-Befehl nicht berührt; um den eingefügten *FNFA*-Record in Ausprägungen dieser Set-Typen einzufügen, muß dieses durch Verwendung eines Connect-Befehls geschehen, der nachfolgend beschrieben wird. Es ist unmittelbar einleuchtend, daß beim Store-Befehl der Record-Typ angegeben werden muß, da dieser Record ja noch nicht durch den *current of run unit* referenziert sein kann. Nachdem der Record eingefügt wurde, ist er automatisch der aktuelle Record, und auch von den anderen Currency-Indikatoren verweisen soviele wie möglich auf diesen neuen Record, solange nicht im Befehl durch die Angabe einer Retaining-Klausel das Verhalten der Currency-Indikatoren anderweitig festgelegt wurde.

Wenden wir uns als nächstes den Befehlen zu, mit denen die Zugehörigkeit eines Records zu einer Set-Ausprägung beeinflußt werden kann.

Das CONNECT-Statement

Durch den Connect-Befehl wird der aktuelle Record in Set-Ausprägungen eines oder mehrerer Set-Typen eingefügt. Die Frage, welche Set-Ausprägung für diesen Record herangezogen wird, wird durch den *current of set* des jeweiligen Set-Typs bestimmt. Ist die Order-Klausel im Schema mit PRIOR oder NEXT festgelegt, so bestimmt der Currency-Indikator des Set-Typs auch die Position innerhalb der Set-Ausprägung, an der der aktuelle Record eingefügt wird. PRIOR bedeutet in diesem Zusammenhang, daß der neue Record unmittelbar vor den aktuellen Record der Set-Ausprägung eingefügt wird; NEXT veranlaßt das Einfügen unmittelbar hinter dem aktuellen Record dieser Set-Ausprägung. Auch für diesen Befehl gibt es wiederum zwei Formate:

1. CONNECT TO ALL

2. CONNECT TO <Set-list>

Die Angabe von ALL bewirkt, daß der aktuelle Record in Set-Ausprägungen aller Set-Typen eingefügt wird, in denen er als Member-Record vereinbart ist und zum gegenwärtigen Zeitpunkt noch nicht enthalten ist. Es ist jedoch auch möglich, bestimmte Set-Typen auszuwählen, in die der aktuelle Record eingefügt werden soll.

Gehen wir einmal davon aus, daß wir gerade einen neuen *FNFA*-Record in die Datenbasis gebracht haben, der ja automatisch nur in die Sets *hat_FNFA* und *in_FNFA* eingefügt wurde. Wir möchten diesen Record jetzt aber auch in Ausprägungen der Sets *ab*, *an* und *ist_Typ* einfügen. Zunächst müssen wir dafür Sorge tragen, daß die Currency-Indikatoren dieser Set-Typen auf die gewünschten Set-Ausprägungen zeigen. Danach setzen wir dann den Befehl

CONNECT FNFA TO ALL

ab. Wollen wir dem Flugabschnitt, der durch diesen *FNFA*-Record repräsentiert wird, zunächst jedoch nur Abflug- und Ankunftszeit zuweisen und die Entscheidung über den eingesetzten Flugzeugtyp noch aufschieben, so kann dieses durch den Befehl

CONNECT FNFA TO ab an

erreicht werden. In jedem Fall werden die Currency-Indikatoren der Set-Typen, in die der aktuelle Record eingebunden wird, auf den aktuellen Record gesetzt, wenn im Befehl nicht durch Angabe einer Retaining-Klausel eine andere Verhaltensweise gefordert wird.

Neben der Möglichkeit, Records in Set-Ausprägungen einzufügen, kann man selbstverständlich auch Records aus Set-Ausprägungen entfernen, wenn dieses durch das Schema gestattet ist.

Das DISCONNECT-Statement

Durch den Disconnect-Befehl wird der aktuelle Record aus Set-Ausprägungen einer oder mehrerer Set-Typen entfernt. Der Record selbst bleibt jedoch in der Datenbasis erhalten. Dieser Befehl kann nur dann ausgeführt werden, wenn der entsprechende Record als OPTIONAL Member des jeweiligen Set-Typs vereinbart ist. Wie beim Connect-Befehl gibt es wieder zwei Formate.

1. DISCONNECT FROM ALL

2. DISCONNECT FROM <Set-list>

Die Bedeutung dieser zwei Formen ist analog der Bedeutung der Formen im Connect-Befehl. Wollen wir also einen *FNFA*-Record aus allen Sets entfernen, in denen er als OPTIONAL vereinbart ist, so müssen wir ihn zunächst zum aktuellen Record machen und dann den Befehl

DISCONNECT FNFA FROM ALL

ausführen. Soll der Record hingegen nur aus der Ausprägung des Sets *ist_Typ* entfernt werden, so wird dieses durch

DISCONNECT FNFA FROM ist_Typ

erreicht.

Der letzte noch zu beschreibende Update-Befehl gestattet das Ändern der Zugehörigkeit zu einer Set-Ausprägung, wobei jedoch der Record, mit dem diese Änderung durchgeführt wird, zu jedem Zeitpunkt in eine Set-Ausprägung des jeweiligen Set-Typs eingebunden ist.

Das RECONNECT-Statement

Durch den Reconnect-Befehl wird ein Record aus einer Set-Ausprägung entfernt und sofort in eine andere Set-Ausprägung des gleichen Set-Typs hinzugefügt. Der Reconnect-Befehl kann nur für Set-Typen verwendet werden, in denen die Member-Records als MANDATORY oder OPTIONAL vereinbart sind. Zur Bestimmung der *neuen* Set-Ausprägung wird der *current of set* dieses Set-Typs herangezogen. (Dadurch ist es möglich, daß die alte und die neue Set-Ausprägung dieselbe sind.) Ist die Order-Klausel im Schema mit PRIOR oder NEXT festgelegt, so bestimmt der Currency-Indikator des Set-Typs auch die Position innerhalb der neuen Set-Ausprägung, an der der aktuelle Record eingefügt wird. Wie erwartet, gibt es auch bei diesem Befehl wieder die Möglichkeit, alle in Frage kommenden Sets anzusprechen oder einzelne Sets gezielt auszuwählen:

1. RECONNECT WITHIN ALL

2. RECONNECT WITHIN <Set-list>

Sollen einem Flugabschnitt einer Flugnummer sowohl neue Abflug- und Ankunftszeiten wie auch ein neuer Flugzeugtyp zugeteilt werden, so müssen wir zunächst die Currency-Indikatoren der Sets *ab*, *an* und *ist_Typ* auf die neuen Zeiten bzw. den neuen Flugzeugtyp setzen, um dann mit dem Befehl

RECONNECT FNFA WITHIN ALL

die Änderung durchzuführen. Soll hingegen nur der Flugzeugtyp geändert werden, so kann man dies durch den Befehl

RECONNECT FNFA WITHIN ist_Typ

bewerkstelligen. Wir sehen, daß auch der Reconnect-Befehl von der Struktur her den zwei vorhergehenden Befehlen sehr ähnlich ist. Dementsprechend kann auch hier wieder eine Retaining-Klausel verwendet werden, um das Verhalten der Currency-Indikatoren zu beeinflussen.

Neben den DML-Befehlen, die sich eindeutig dem Retrieval oder Update zuordnen lassen, gibt es nun noch einige Anweisungen, die dem Binden eines Datenbankschemas und der Transaktionsverwaltung dienen, deren Kenntnis zum

Arbeiten mit einem Netzwerk-DBS ebenfalls notwendig ist. Diesen Befehlen
wollen wir uns im nächsten Abschnitt zuwenden.

1.7.4 Weitere Befehle der DML

Das BIND-Statement

Der Bind-Befehl identifiziert die Datenbasis, mit der in der nachfolgenden
Anwendung gearbeitet werden soll. In Anwenderprogrammen, in denen die
DML-Befehle in andere Programmiersprachen eingebunden werden, wird der
Bind-Befehl manchmal durch einen anderen Befehl substituiert. In Pascal-
Programmen, die auf VAX DBMS Datenbasen zugreifen, wird beispielsweise der
INVOKE-Befehl verwendet (Abschn. 1.8).

Um das Subschema *LH_Subschema* der Datenbasis LUFTHANSA zu binden,
setzen wir folgenden Befehl ab:

BIND LH_Subschema FOR LUFTHANSA

Alle Operationen, die auf einer Datenbasis ausgeführt werden, laufen innerhalb einer spezifischen *Transaktion* ab. Eine Transaktion besteht aus einer Abfolge von DML-Anweisungen und muß vom Benutzer explizit gestartet und beendet werden. Um eine Transaktion zu beginnen, wird in Netzwerk-DBSen der
Ready-Befehl benutzt.

Das READY-Statement

Durch den Ready-Befehl werden ausgewählte Realms zur Benutzung durch die
Anwendung bereitgestellt. Neben der Angabe der Realms müssen im Ready-
Befehl noch der *Allow-* und der *Access-Modus* spezifiziert werden. Formal hat
der Ready-Befehl folgendes Aussehen:

READY <realm-list> USAGE MODE IS <allow-mode> <access-mode>

Werden im Ready-Befehl keine Realms angegeben, so werden alle im Subschema enthaltenen Realms verfügbar gemacht.

Der Allow-Modus gibt an, inwieweit andere Benutzer die gleichen Areas benutzen können, die auch von den Realms dieser Anwendung benötigt werden:

CONCURRENT: Anderen Benutzern wird erlaubt, Realms mit dem Ready-
Befehl verfügbar zu machen, die die gleichen Areas enthalten wie der Realm,
der durch diesen Ready-Befehl verfügbar gemacht wurde. Anwendungen anderer Benutzer dürfen in diesen Areas beliebige DML-Befehle ausführen, also
auch Update-Operationen durchführen.

PROTECTED: Anderen Benutzern wird erlaubt, Realms mit dem Ready-
Befehl verfügbar zu machen, die die gleichen Areas enthalten wie der Realm,
der durch diesen Ready-Befehl verfügbar gemacht wurde. Anwendungen

dieser Benutzer dürfen in diesen Areas jedoch nur Retrieval-Operationen ausführen, Updates sind nicht gestattet.

EXCLUSIVE: Andere Benutzer können keine Realms mit dem Ready-Befehl verfügbar machen, die die gleichen Areas enthalten wie der Realm, der durch diesen Ready-Befehl verfügbar gemacht wurde. Dadurch können andere Anwendungen keinerlei DML-Befehle in diesen Areas ausführen.

Der Access-Modus gibt an, welche Operationen der Benutzer innerhalb dieser Transaktion durchführen möchte:

RETRIEVAL: Innerhalb dieser Transaktion werden ausschließlich Retrieval-Operationen durchgeführt werden.

UPDATE: Innerhalb dieser Transaktion werden sowohl Retrieval- als auch Update-Operationen durchgeführt werden.

Kann einer der angeforderten Realms nicht in der spezifizierten Weise bereitgestellt werden, kommt es zu einem Fehler.

Möchten wir mit der Datenbasis arbeiten und wollen auch anderen Benutzern alle Möglichkeiten zum Arbeiten gestatten und wissen wir weiterhin, daß wir innerhalb unserer Transaktion lediglich lesende Zugriffe auf die Datenbasis durchführen werden, so werden wir die Transaktion mit dem Befehl

READY CONCURRENT RETRIEVAL

beginnen. Wollen wir jedoch neben uns keine weiteren Benutzer auf dem gleichen Realm arbeiten haben und außerdem verändernde Operationen durchführen, so muß die Transaktion mit

READY EXCLUSIVE UPDATE

begonnen werden.

In Tabelle 1.1 ist die Verträglichkeit zweier Transaktionen bezüglich der angeforderten Realms dargestellt. Das Symbol $\sqrt{}$ in der Tabelle gibt an, daß die zwei Modi in der jeweiligen Spalte und Zeile miteinander verträglich sind, daß also Transaktionen in diesen Modi gleichzeitig ablaufen können.

Neben dem Befehl zum Starten einer Transaktion gibt es nun verständlicherweise auch Befehle zum Beenden einer Transaktion. Dabei muß jedoch zwischen zwei verschiedenen Befehlen unterschieden werden.

Das ROLLBACK-Statement

Der Rollback-Befehl beendet eine Transaktion und macht dabei alle Änderungen, die während der Transaktion an der Datenbasis durchgeführt wurden, wieder rückgängig. Nach dem Ausführen des Rollback-Befehls befindet sich die Datenbasis somit in exakt dem Zustand, den sie vor Beginn der Transaktion hatte. Der Rollback-Befehl sollte immer dann benutzt werden, wenn man aus irgendeinem

	Concurrent Retrieval	Protected Retrieval	Exclusive Retrieval	Concurrent Update	Protected Update	Exclusive Update
Concurrent Retrieval	✓	✓		✓	✓	
Protected Retrieval	✓	✓				
Exclusive Retrieval						
Concurrent Update	✓			✓		
Protected Update	✓					
Exclusive Update						

Tab. 1.1. Verträglichkeitstabelle der Access-/Allow-Modi

Grund die in der Transaktion durchgeführten Änderungen nicht in der Datenbasis festschreiben möchte. Durch den Rollback-Befehl werden des weiteren alle Keep-Listen geleert, alle Currency-Indikatoren auf *null* gesetzt und alle gesetzten Sperren freigegeben.

Um also die in der laufenden Transaktion getätigten Operationen allesamt rückgängig zu machen, genügt es, zum Abschluß der Transaktion den Befehl

ROLLBACK

durchzuführen.

Selbstverständlich muß es jedoch auch eine Möglichkeit geben, eine Transaktion zu beenden und die durchgeführten Änderungen in der Datenbasis festzuschreiben.

Das COMMIT-Statement

Der Commit-Befehl beendet eine Transaktion und macht dabei alle Änderungen, die während der Transaktion an der Datenbasis durchgeführt wurden, permanent. Des weiteren werden alle Keep-Listen geleert, alle Currency-Indikatoren auf *null* gesetzt und alle gesetzten Sperren freigegeben. Der Commit-Befehl kann auch mit der Option RETAINING angegeben werden. In diesem Fall werden die Keep-Listen nicht geleert, die Currency-Indikatoren bleiben unverändert, aber die bisher gemachten Änderungen werden permanent festgeschrieben. Durch Angabe der Retaining-Option im Commit-Befehl kann man sich außerdem den nachfolgenden Ready-Befehl sparen, wenn die nächste Transaktion auf den gleichen Realms mit dem gleichen Access-/Allow-Modus ablaufen soll.

Wollen wir also eine Transaktion beenden und die in der Transaktion durchgeführten Änderung permanent machen, so muß lediglich der Befehl

COMMIT

durchgeführt werden.

1.8 Erstellen von Anwender-Programmen

In diesem Abschnitt wollen wir kurz beschreiben, wie die DML-Anweisungen in eine Programmiersprache eingebettet werden und wie in diesem Fall die Kommunikation mit der UWA (Abschn. 1.2) vonstatten geht.[16]

1.8.1 Die Einbindung von DML-Befehlen in Pascal-Programme

Grundsätzlich lassen sich alle interaktiven DML-Befehle auch in Pascal-Programme einbinden, wobei lediglich die If-Befehle einer kleinen Einschränkung unterliegen. Den Befehlen muß zu diesem Zweck das Sonderzeichen # vorangestellt werden, wodurch die entsprechende Programmzeile als DML-Anweisung gekennzeichnet wird.

Statt des Bind-Befehls (Abschn. 1.7.4) muß in einem Anwenderprogramm jedoch der Invoke-Befehl verwendet werden.

Das INVOKE-Statement

Der Invoke-Befehl ersetzt den Bind-Befehl, der dem Leser aus Abschn. 1.7.4 bekannt ist. Der Invoke-Befehl wird lediglich zum Zeitpunkt der Übersetzung des Programms ausgeführt. Dies bedeutet, daß das eigentliche Binden der Datenbasis beim Ablauf des Programms erst dann durchgeführt wird, wenn der erste DML-Befehl nach der Invoke-Anweisung abgearbeitet wird.

Der Invoke-Befehl muß immer als erste DML-Anweisung in einem Programmtext stehen. Wollen wir das Subschema *LH_Subschema* der Datenbasis LUFT-HANSA durch einen Invoke-Befehl einem Anwenderprogramm zugänglich machen, so muß in diesem Programm als erste DML-Anweisung folgender Befehl auftauchen:

    # INVOKE LH_Subschema WITHIN LUFTHANSA
       FOR LUFTHANSA.ROO

---

[16]Wir möchten nicht versäumen, darauf hinzuweisen, daß dieser Abschnitt sehr speziell auf die Programmiersprache Pascal und das Datenbanksystem VAX DBMS zugeschnitten ist. Wir werden deshalb auch nur die wesentlichsten Gesichtspunkte besprechen und nicht auf Einzelheiten eingehen. Wir glauben jedoch, daß dieser Abschnitt auch für Leser interessant ist, die nicht die Möglichkeit haben, mit VAX DBMS und Pascal zu arbeiten, und die Beispiele daher nicht ausprobieren können.

LUFTHANSA.ROO ist der Name des sogenannten *Database Root File*, der innerhalb des Invoke-Befehls ebenfalls angegeben werden muß.

Neben der Verwendung des Invoke- an Stelle des Bind-Befehls gibt es noch einen weiteren Unterschied bei der Einbindung von DML-Befehlen in Pascal-Programme. Dieser betrifft die If-Anweisungen. If-Tests können nicht wie die anderen DML-Anweisungen durch Voranstellen des Sonderzeichens # in ein Pascal-Programm eingebracht werden. Statt dessen kann der If-Befehl aus Pascal verwendet werden, der um die notwendige Funktionalität erweitert wurde. Diese Erweiterung betrifft jedoch lediglich die Befehle IF EMPTY, IF MEMBER, IF OWNER und IF TENANT. Um diese Befehle zu benutzen, muß den Set-Typen, die in diesen Statements verwendet werden, die Zeichenfolge *DBM$P_* vorangestellt werden. Des weiteren wird der Set-Typ erst nach dem Befehl spezifiziert und muß in Klammern eingeschlossen sein. Um beispielsweise den interaktiven DML-Befehl

IF ab EMPTY THEN ... ELSE ...

in einem Pascal-Anwendungsprogramm zu verwenden, muß die Anweisung wie folgt aussehen:

IF EMPTY (DBM$P_ab) THEN ... ELSE ...

Falls in der Anweisung kein Set-Typ angegeben wird, so werden, genau wie beim interaktiven Arbeiten, alle in Frage kommenden Set-Typen des Subschemas zur Auswertung des Befehls herangezogen.

Die Befehle IF ALSO, IF NULL und IF WITHIN können in Pascal-Anwendungen nicht verwendet werden.

Wenden wir uns als nächstes der Frage zu, wie die Kommunikation zwischen dem Anwenderprogramm und der Datenbasis realisiert wird.

1.8.2   Die Kommunikation mit der User Work Area

Die Kommunikation eines Pascal-Programms mit der Datenbasis erfolgt über eine globale Variable mit dem Namen DBMUWA. Diese Variable des Pascal-Datentyps *Verbund* (Record) beinhaltet als Komponenten alle im Subschema vereinbarten Record-Typen der Datenbasis. Die Variable DBMUWA kann wie alle gewöhnlichen Pascal-Variablen mit Daten gefüllt, ihr Inhalt komponentenweise kopiert oder ausgegeben werden. Werden im Programm Get- oder Fetch-Befehle auf der Datenbasis ausgeführt, so werden die entsprechenden Komponenten der Variable DBMUWA mit Werten gefüllt. Bei Store- und Modify-Befehlen werden die Daten, die sich gegenwärtig in den entsprechenden Komponenten von DB-MUWA befinden, in die Datenbank geschrieben. Des weiteren werden die in der Variable DBMUWA enthaltenen Werte bei der Auswertung der Using-Klausel im Find- bzw. Fetch-Befehl herangezogen.

Wird in einem Pascal-Programm der Befehl

GET Flugabschnitt;

benutzt, so befinden sich anschließend die Dateninhalte des aktuellen Records, der vom Typ Flugabschnitt sein muß, in der Variable DB-MUWA, und hier in den Komponenten DBMUWA.Flugabschnitt.ID und DB-MUWA.Flugabschnitt.Distanz.

Wollen wir in unsere Datenbasis einen neuen Flug mit der Flugnummer LH 999 aufnehmen, der täglich durchgeführt wird, so sieht die Eingabe des Flugnummer-Records durch ein Pascal-Programm folgendermaßen aus:

DBMUWA.Flugnummer.Nummer := "LH 999";

DBMUWA.Flugnummer.Wochentag := "1234567";

STORE Flugnummer;

Nachdem wir nun erklärt haben, wie die DML innerhalb von Pascal-Programmen verwendet werden kann, wollen wir uns in diesem Abschnitt abschließend damit befassen, wie Ausnahme- und Fehlersituationen in Programmen festgestellt und behandelt werden können. Es besteht die Möglichkeit, ein Programm so zu übersetzen, daß beim Ablauf des Programms nach jeder DML-Anweisung Status-Informationen vom Datenbankkontrollsystem (Database Control System, DBCS) in die zwei globalen Variablen DML$VALUE und DBM_COND geschrieben werden. DML$VALUE kann die Werte 0, 1 oder 2 enthalten, die folgende Bedeutung haben:

1   Kein Fehler
2   End of Collection
0   Anderer Fehler als End of Collection

Enthält die Variable DML$VALUE den Wert 0, so wird zusätzlich in die Variable DBM_COND ein Fehler-Code geschrieben, der mittels einer speziellen Funktion ausgewertet werden kann. Auf die Vielzahl der verschiedenen Fehler-Codes wollen wir hier nicht weiter eingehen. An Stelle der Werte 0, 1 und 2 können innerhalb des Programms auch die vordefinierten Konstanten DMLK_ERROR, DMLK_SUCCESS und DML$K_END verwendet werden. Für die Programmierung am bedeutsamsten ist sicherlich die Überprüfung eines *End of Collection*-Zustandes, da sich damit Set-Ausprägungen unbekannter Länge sehr einfach sequentiell abarbeiten lassen.

Das folgende Programmstück zeigt beispielhaft die Verwendung der Variable DML$VALUE. Es sollen die Daten aller in der Datenbasis vorhandenen Flugzeugtypen ausgegeben werden.

```
# FIND FIRST Flugzeugtyp;
while DML$VALUE <> DML$K_END do begin
 # GET;
 writeln('Name: ',DBMUWA.Flugzeugtyp.Name);
 writeln('Code: ',DBMUWA.Flugzeugtyp.Code);
 writeln('Sitzplaetze Tourist-Class: ',DBMUWA.Flugzeugtyp.Tourist);
 writeln('Sitzplaetze Business-Class: ',DBMUWA.Flugzeugtyp.Business);
 writeln('Sitzplaetze First-Class: ',DBMUWA.Flugzeugtyp.Ftyp_First);
 writeln('Cockpit-Besatzung: ',DBMUWA.Flugzeugtyp.CockpitCrew);
 writeln('Kabinenbesatzung: ',DBMUWA.Flugzeugtyp.CabinCrew);
 # FIND NEXT Flugzeugtyp;
end;
```

Bisher haben wir nur davon gesprochen, daß der interne Status des DBS nach jedem DML-Befehl an die Kontrollvariablen übergeben wird. Insbesondere bei zeitkritischen Anfragen kann dies jedoch zu nicht mehr tolerierbaren Verzögerungen führen. Es gibt daher auch die Möglichkeit, ganz gezielt nach bestimmten Anweisungen entsprechende Prüfungen durchzuführen. Wir wollen aus Gründen der Einfachheit jedoch nicht näher auf diese Optionen eingehen.

An dieser Stelle möchten wir unsere allgemeinen Betrachtungen zum Netzwerkmodell abschließen. Im Kapitel über Datenbankentwurf werden wir im Abschn. 3.3 nochmals auf dieses Datenmodell eingehen, uns dann jedoch primär den Entwurfsaspekten zuwenden.

1.9   Aufgaben zum Netzwerkmodell

Zum Abschluß dieses Kapitels wollen wir nun einige Übungsaufgaben angeben, deren Bearbeitung das Verständnis des Netzwerkmodells sicherlich vertiefen wird. Sollte dem Leser ein Netzwerk-DBS mit der Datenbasis Lufthansa zur Verfügung stehen, so raten wir dringend, zumindest einen Teil der Programmieraufgaben in Angriff zu nehmen, da das praktische Arbeiten mit einem System durch keine noch so gute Beschreibung ersetzt werden kann. Leser, die diese Arbeiten nicht praktisch durchführen können, sollten versuchen, mit Hilfe des Bachman-Diagramms das zur Lösung der einzelnen Aufgaben notwendige Navigieren in der Datenbasis nachzuvollziehen. Die Aufgaben zum ER-Diagramm und zum Bachman-Diagramm sind teilweise im vorhergehenden Kapitel erörtert worden, der Leser soll sie an dieser Stelle bearbeiten, um sich über die semantische Aussagefähigkeit dieser Darstellungsformen im klaren zu werden.

Im Anhang findet sich zu einer der Programmieraufgaben eine Musterlösung.

1.9.1 Aufgaben zum ER-Diagramm

Der Leser möge die nachfolgenden Fragen beantworten, unter ausschließlicher Zuhilfenahme des ER-Diagramms der Datenbasis LUFTHANSA.

Aufgabe 1.1: Kann ein Pilot ein Rating für verschiedene Flugzeugtypen haben?

Aufgabe 1.2: Können Flugabschnitte der gleichen Flugnummer mit verschiedenen Flugzeugtypen durchgeführt werden?

Aufgabe 1.3: Kann die Ankunftszeit eines Flugabschnittes vor der Abflugzeit liegen?

Aufgabe 1.4: Muß ein Passagier immer eine Buchung für alle Flugabschnitte eines Fluges haben, oder kann er einzelne Flugabschnitte buchen? Wodurch ist das im ER-Diagramm zu erkennen?

Aufgabe 1.5: Haben alle Flugzeugtypen Plätze in der Tourist Class?

1.9.2 Aufgaben zum Bachman-Diagramm

Zur Lösung der nachfolgenden Aufgaben möge der Leser das Bachman-Diagramm der Datenbasis LUFTHANSA verwenden.

Aufgabe 1.6: Identifizieren Sie alle Record-Typen im Bachman-Diagramm, die ausschließlich als *Kett-Records* dienen.

Aufgabe 1.7: Können Flugabschnitt-Record-Typen *frei* in der Datenbasis existieren, oder müssen sie immer Member-Records irgendwelcher Set-Typen sein?

Aufgabe 1.8: Das zentrale Bindeglied zwischen Flugnummer, Flugabschnitt, Flugzeugtyp sowie Abflug- und Ankunftszeit ist der FNFA-Record. Was ist bei der Zuordnung eines FNFA-Records zu einem Flugzeugtyp und zu Abflug- bzw. Ankunftszeit zu beachten?

Aufgabe 1.9: Können FNFA-Records in der Datenbasis existieren, die zu einem gegebenen Zeitpunkt nicht irgendeiner Flugnummer zugeordnet sind?

1.9.3 Programmieraufgaben zum Retrieval

Aufgabe 1.10: Schreiben Sie ein Programm, das ausrechnet, wieviele Plätze in den einzelnen Klassen wöchentlich auf Nonstop-Flügen angeboten werden. Eingabe für dieses Programm ist der Identifikations-String eines Flugabschnitts (z.B.: FRAJFK).

Aufgabe 1.11: Schreiben Sie ein Programm, das für alle Teilstrecken eines Fluges die geplanten Flugzeiten errechnet.

Aufgabe 1.12: Erstellen Sie ein Programm, das folgende statistischen Informationen liefert: Zu einem Wochentag sollen die gesamten Betriebsstunden eines Flugzeugtyps aufsummiert werden. Die Betriebsstunden summieren sich aus den Flugzeiten der Flugabschnitte, die mit dem jeweiligen Flugzeugtyp durchgeführt werden. Dabei werden alle Flugabschnitte eines Fluges dem Wochentag zugerechnet, an dem der erste Flugabschnitt startet.

Aufgabe 1.13: Um die Passagiere während des Fluges bei Laune und auf ihren Plätzen zu halten, werden sie mit Mahlzeiten aller Art verwöhnt. Eine kalte Mahlzeit gibt es auf jedem Flugabschnitt, der länger als 90 Minuten dauert. Dauert ein Flugabschnitt länger als drei Stunden, so gibt es eine warme Mahlzeit, bei mehr als sechs Stunden eine warme und eine kalte Mahlzeit. Erfolgt der Abflug vor 9:00 Uhr morgens oder die Landung vor 10:00 Uhr morgens, so gibt es ein Frühstück (anstatt einer Mahlzeit). Schreiben Sie ein Programm, das für alle Flugabschnitte eines Fluges an einem bestimmten Tag in Abhängigkeit der Passagieranzahl ausrechnet, wieviele Mahlzeiten an Bord mitzuführen sind.

Aufgabe 1.14: Stellen Sie eine Besatzung für den ersten Flugabschnitt von LH 790 für Montag, den 25.01.88 zusammen. Mit welchem Flug kann diese Besatzung schnellstmöglich wieder zurück nach Frankfurt kommen, wenn zwischen Dienstende (Landung) und Dienstbeginn (1 Stunde vor dem Start) mindestens 36 Stunden Pause liegen müssen? Schreiben Sie ein Programm, mit dem Sie grundsätzlich Besatzungen für Flüge zusammenstellen können, wobei die bereits in der Datenbasis vorhandenen Einsätze des fliegenden Personals entsprechend berücksichtigt werden.

Aufgabe 1.15: Eine Person will am Donnerstag, dem 28.01.88, in der Business-Class von Düsseldorf nach Chicago fliegen. Aus terminlichen Gründen will sie Düsseldorf so spät wie möglich verlassen. Welche Verbindung können Sie anbieten? Schreiben Sie ein Programm, das generell Flugverbindungen anbietet, wobei eventuell ausgebuchte Flüge als solche erkannt werden. Sollte ein Direktflug nicht existieren oder bereits ausgebucht sein, so sollen nur Verbindungen angeboten werden, die maximal einen Zwischenstop erfordern. Bei diesen Verbindungen sollten Anschlußflüge so früh wie möglich und am gleichen Tag abfliegen, um so schnell wie möglich zum Zielflughafen zu kommen.

Aufgabe 1.16: Um festzustellen, ob die eingesetzten Flugzeugtypen auf den einzelnen Routen das ideale Fluggerät darstellen, müssen regelmäßig statistische Daten über die Auslastung der Flugzeuge erstellt werden. Schreiben Sie ein Programm, das als Eingabe eine Flugnummer und einen Monat (z.B. 01.88) erhält und dann ausrechnet, zu wieviel Prozent die Flüge dieser Flugnummer in diesem Monat ausgebucht waren. Bei den Buchungszahlen muß selbstverständlich zwischen den verschiedenen Klassen unterschieden werden, und bei Flügen mit mehreren Flugabschnitten sind diese Informationen für jeden Flugabschnitt gesondert zu berechnen. Eine besonders genaue Analyse wird darüber hinaus bei der durchschnittlichen Auslastung auch die verschiedenen Wochentage berücksichtigen.

1.9.4 Programmieraufgaben zum Update

Aufgabe 1.17: Im Rahmen von Umschulungsprogrammen, Neueinstellungen und Pensionierungen verändern sich die Position und das Rating von Besatzungsmitgliedern. Schreiben Sie ein Programm, mit dem man solche Änderungen durchführen kann, und ändern Sie die Datenbasis folgendermaßen:

Kiehl Mr M	scheidet aus dem aktiven Flugdienst aus
Kunz Mr G	wird FO auf 747
Bosch Mr W	wird PIC auf 737
Becker Mr X	fängt als neuer Pilot an und wird FO auf 737
Moser Mrs A	wird FO auf 737
Dollers Mrs S	wird PU auf 737 und D10
Theobaldt Mrs A	wird PU auf 727 und 747
Werner Mr A	scheidet aus dem aktiven Flugdienst aus
Zimbal Mr J	fängt als neuer FA an und erhält Rating für 727 und D10

Aufgabe 1.18: Nehmen Sie die Buchung für den Passagier von Düsseldorf nach Chicago am 28.01.88 vor. Der Name des Passagiers ist *Roland Winkler*, er möchte auf einem Nichtraucherplatz am Fenster sitzen. Welchen Platz können Sie anbieten? Verwenden Sie hierzu die auf Seite 205 abgebildeten Sitzplatzanordnungen der einzelnen Flugzeugtypen. Schreiben Sie ein Programm, das es grundsätzlich erlaubt, Buchungen vorzunehmen, wobei die bereits vergebenen Sitzplätze natürlich nicht ein zweites Mal vergeben werden dürfen.

Aufgabe 1.19: Anläßlich der Olympiade 1992 in Barcelona soll eine zusätzliche Flugverbindung eingerichtet werden. Der Flug LH1992 soll täglich mit einer Boeing 727 von Frankfurt über Basel nach Barcelona durchgeführt werden.

	an	ab
Frankfurt	—	7:55 Uhr
Basel	8:50 Uhr	9:35 Uhr
Barcelona	11:05 Uhr	

Mit diesem Flug wird Basel erstmals in die Datenbasis aufgenommen, daher benötigt man noch folgende Daten:

City:	Basel
Code:	BSL
Transit:	30
Timezone:	1

Für die Flugabschnitte werden folgende Daten angenommen:

FRABSL: 360 km
BSLBCN: 712 km

Schreiben Sie ein Programm, mit dem neue Flugverbindungen in die Datenbasis aufgenommen werden können. Geben Sie dann die oben angegebene Flugverbindung ein.

Aufgabe 1.20:   Es kommt immer wieder vor, daß Passagiere einen fest gebuchten Flug nicht antreten können und eine Umbuchung vornehmen müssen. Damit der Fluggesellschaft daraus kein Schaden entsteht, ist eine Umbuchung nur unter folgenden Bedingungen möglich:

- Es darf in keine niedrigere Klasse gebucht werden als die ursprüngliche Klasse.

- Bei Änderungen der zu fliegenden Strecke darf die neue Strecke nicht kürzer sein als die alte.

- Der Flug, auf den gebucht werden soll, darf nicht ausgebucht sein.

Schreiben Sie ein Programm, das als Eingabe einen Umbuchungswunsch akzeptiert, diesen auf obige Bedingungen überprüft und dann gegebenenfalls diese Umbuchung durchführt.

Kapitel 2

Das relationale Modell

2.1 Einleitung

Das vorliegende Kapitel stellt den zweiten Teil dieser Einführung in den Einsatz von Datenbanksystemen dar. Ähnlich dem ersten Teil stellen wir auch hier wieder eine Diskurswelt vor, in der wir uns bewegen werden. Es ist dieses die Welt der Geographie. Als logisches Datenmodell wird jedoch das relationale Modell zum Einsatz gelangen.

Im ersten Abschnitt werden wir demzufolge zuerst einen kurzen Blick auf dieses relationale Modell werfen. Dazu gehören Betrachtungen über das Datenmodell an sich, mögliche Strukturierungskonzepte, Anfragemöglichkeiten, Speicherplatzbedarf und Zugriffsverhalten.

Im zweiten Teil dieses Kapitels folgt dann eine Beschreibung der Diskurswelt sowie deren Modellierung in einem ER-Diagramm. Diese Modellierung verfolgt zweierlei Ziele:

- Sie dient zur Einführung in den Bereich unserer Diskurswelt und bildet inhaltlich die Basis für die späteren Aufgaben.

- Die detaillierte Beschreibung veranschaulicht die Vorgehensweise bei der Bearbeitung von Entwurfsaufgaben. Dies ist deshalb von besonderer Bedeutung, da der Entwurfsprozeß den Schwerpunkt des nächsten Kapitel bildet.

2.2 Relationale Datenbanksysteme

2.2.1 Das relationale Modell

In jedem System, in dem Daten verwaltet werden, müssen diese eine bestimmte Struktur aufweisen. Diese Struktur, zusammen mit den assoziierten Operationen, wird als *Datenmodell* oder *logisches Modell* bezeichnet. In Netzwerksystemen beispielsweise werden die Datenstrukturen des konzeptuellen Schemas auf Records und Sets abgebildet, die durch navigierende Operatoren manipuliert werden.

Dieser Abschnitt hat nun die Aufgabe ein weiteres Datenmodell vorzustellen, welches von E.F. Codd im Jahr 1970 vorgeschlagen wurde: das relationale Modell [Cod70].

Zur Einführung des relationalen Datenmodells werden wir in diesem Abschnitt sehr pragmatisch vorgehen. Uns sei die Aufgabe gestellt, Beschreibungen von Ländern zu verwalten. Eine Beschreibung bestehe hierbei aus dem Namen des Landes, der Anzahl der Einwohner, der Hauptstadt und einer Abkürzung für den Landesnamen. Listet man einige Länder derart auf, so erhält man bereits etwas, was einer Relation sehr ähnlich ist.

Bundesrepublik Deutschland	61170500	Bonn	D
Schweden	8358000	Stockholm	S
Norwegen	4190000	Oslo	N
Finnland	4925772	Helsinki	SF
Sowjetunion	281170000	Moskau	SU

Wir wollen anhand dieser Tabelle einige der Begriffe des relationalen Modells veranschaulichen:

Tupel: Ein Tupel entspricht einer Zeile innerhalb der obigen Tabelle.

Attribut: Unter einem Attribut verstehen wir ein Feld innerhalb der Beschreibung eines Tupels. Beispiele für Attribute sind somit *Landesname* oder *Einwohner*.

Domain: bezeichnet den Definitionsbereich eines Attributes. So ist der Domain der Einwohnerzahl der Bereich der ganzen Zahlen, der des Landesnamens eine Zeichenkette.

Relation: Die Menge aller Tupel wird als Relation bezeichnet. Im Gegensatz zu einer Menge im üblichen Sinn kann sie Duplikate enthalten. Sie ist per Definition ungeordnet. Eine Relation bezeichnet somit eine *Vielfachmenge*.

Betrachtet man die obigen Definitionen etwas formaler, ergeben sich folgende Beschreibungen:

Domain: $D \in \{\text{STRING}, \text{INTEGER}, \ldots\}$

Relation: $R \subset D_1 \times D_2 \times \cdots \times D_n$

Tupel: $t = (t_1, t_2, \ldots, t_n) \in R$

Attribut: $t_i \in D_i, 1 \leq i \leq n$

Bezogen auf die eingangs erwähnte Beispielrelation "Land" stellt sich dieses folgendermaßen dar:

Attributbezeichner	Name	Einwohner	Hauptstadt	Kürzel
Domain	STRING	INTEGER	STRING	STRING
Tupel	BR Deutschland	61170500	Bonn	D

Mit Hilfe dieses einfachen Konzepts der Relation lassen sich aber nicht nur verschiedene Objekte darstellen, sondern auch Beziehungen zwischen diesen. Hierzu betrachten wir ergänzend zur Länderbeschreibung noch die Beschreibung einzelner Städte. Dieses läßt sich etwa in der folgenden Relation *Stadt* zum Ausdruck bringen:

Attributbezeichner	Name	Einwohner	Landeskürzel
Domain	STRING	INTEGER	STRING
Tupel	Stockholm	663217	S
	Oslo	449337	N
	Moskau	8801000	SU
	Kiew	2540000	SU
	Bonn	292727	D
	München	1290079	D
	Berlin	1860000	D

Die Beziehung zwischen der Relation der Länder und der Relation der Städte wird durch das Attribut *Landeskürzel* in der Relation Stadt modelliert.

Im folgenden Abschnitt werden wir nun eine Anfragesprache kennenlernen, die uns erlaubt, Beziehungen dieser Art nachzuverfolgen, um bestimmte Informationen aus dem Datenbestand zu extrahieren. Wir werden insbesondere sehen, welche Vorteile es bietet, die Konzepte der Objekt- und Beziehungsbeschreibung homogen zu handhaben.

2.2.2 SQL als Beispiel einer deskriptiven Anfragesprache

Relationale Datenbanksysteme sind heutzutage im Bereich der kommerziellen Datenverarbeitung zum Inbegriff des Datenbanksystems schlechthin geworden. Dieses wird unter anderem anhand des großen Produktspektrums deutlich, welches heute am Markt erhältlich ist. Zu dieser weiten Verbreitung hat nicht zuletzt die Einigung verschiedener Hersteller auf eine Standard-Anfragesprache beigetragen: SQL (*structured query language*) [Dat87].

Ursprünglich einer Prototypimplementierung eines relationalen Systems entstammend (*System R* von IBM in San Jose [ABC+76]), etablierte sich SQL aufgrund seiner Vorzüge sehr schnell:

- SQL ist eine deskriptive Anfragesprache. Es wird nicht spezifiziert, *wie* ein Ergebnis bestimmt werden soll, sondern *was* als Ergebnis erwartet wird. Die-

ses erlaubt — im Gegensatz zu prozedural orientierten Sprachen — erheblich
mehr an systemgesteuerter Aktivität, wie Anfrageoptimierung oder Zugriffskontrolle.

- Die deskriptive Natur der Sprache macht sie insbesondere für unerfahrere
  Benutzer (*casual users*) interessant.

- Da im allgemeinen bei Anfragen nicht im voraus Angaben über die Zahl der
  Ergebnistupel gemacht werden kann, arbeitet SQL stets mit Ergebnismengen
  anstatt einzelnen Tupeln.

- In SQL besteht die Möglichkeit, über sogenannte *Subqueries* eine komplexe
  Anfrage in Teilen zu entwickeln.

In den folgenden Schritten werden wir anhand unserer Beispielrelationen
Stadt und *Land* einige der Konzepte von SQL veranschaulichen. Hierzu gehören
im Bereich der DDL (Data Description Language) die Punkte:

- Schemadefinition,

- Schemaänderung,

- Zugriffspfade zur Anfrageoptimierung,

- Generierung von Sichten.

Zur Verarbeitung der Daten betrachten wir im Rahmen der DML (Data Manipulation Language) die Punkte

- Suchen,

- Einfügen,

- Verändern,

- Löschen.

2.2.3   Schemadefinition

Bevor mit einer Relation gearbeitet werden kann — hierzu gehört insbesondere
auch das initiale Einfügen von Daten —, muß die Struktur der Daten vereinbart
werden. Dieses entspricht etwa der Typdeklaration in typisierten Programmiersprachen wie Pascal oder C.

In allgemeiner Form wird eine Relation folgendermaßen definiert[1]:

---

[1]Obwohl SQL seit 1986 als ANSI- und ISO-Standard festgelegt ist, existieren verschiedene
Dialekte. Dieses gilt sowohl für die syntaktischen als auch leistungsbezogenen Aspekte. Wir
werden deshalb bei allen Beispielen soweit wie möglich auf diese speziellen Eigenschaften
verzichten und uns auf den Definitionsstandard beschränken. In Beispielen, in denen dieses
nicht möglich ist, werden wir explizit darauf hinweisen.

```
CREATE TABLE   Relation
               (
               Attributname   Datentyp   Defaultwert,
               ...
               )
```

Als Beispiel für die Verwendung dieses Konstrukts definieren wir die Relation *Land*:

```
CREATE TABLE   Land
               (
               Name        VARCHAR(30)   NOT NULL,
               Einwohner   INTEGER,
               Hauptstadt  VARCHAR(30),
               Kürzel      CHAR(4)       NOT NULL
               )
```

Die Angabe NOT NULL bei der Attributdefinition verbietet das Eintragen von Tupeln, die bei diesen Attributen keine Einträge aufweisen, so zum Beispiel ein Land ohne Namensangabe.

Als mögliche Datentypen können hierbei alle in der Tabelle 3.2 (Seite 147) erwähnten Typen auftreten. Zusätzlich zu diesen Typdefinitionen erlauben einige Systeme die Angabe von Beziehungen zu anderen Relationen. Diese spezielle Form der Konsistenzanforderung an eine relationale Datenbasis bezeichnen wir als *referentielle Integrität*. Im folgenden Abschnitt werden wir uns diesem Punkt genauer zuwenden.

Des weiteren wird oft die Möglichkeit geboten, bestimmte Prüfungen bezüglich der Typzugehörigkeit bei der Definition des Domains zu erfassen. Solche Konstrukte sind der Check-Klausel des Netzwerkmodells (Abschn. 1.3.1) sehr ähnlich.

2.2.4   Retrieval von Daten

In den folgenden Erläuterungen werden wir — wie bei der Schemadefinition — immer anhand von Beispielen vorgehen, die im Verlauf der Erläuterungen zunehmend komplexer werden.

Projektion

In der allgemeinen Form lautet eine Anfrage auf einige Attribute einer Relation ohne einschränkende Bedingungen folgendermaßen:

```
SELECT   Attributliste
FROM     Relation
```

Die Projektion einer Relation auf ihre Attributliste kann man sich auch graphisch veranschaulichen. Sie ist gleichbedeutend mit einer Ausschnittbildung der

Relation in vertikaler Richtung. In Abb. 2.1 ist eine Projektion auf das Attribut A_2 dargestellt.

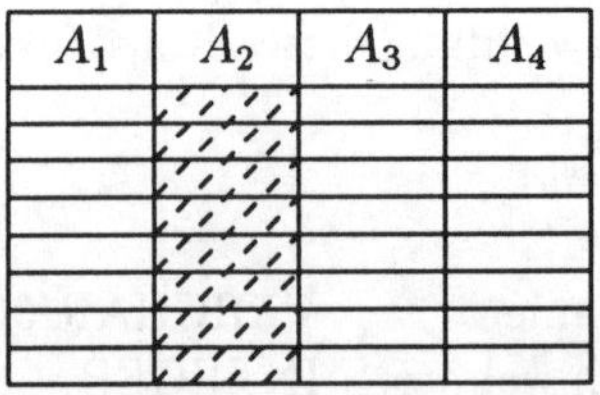

Abb. 2.1. Graphische Darstellung einer Projektion

Anhand unserer Beispieldatenbasis wollen wir einige konkrete Beispiele betrachten:

- Ermitteln Sie Namen und Einwohnerzahlen aller Städte:
    SELECT   Name, Einwohner
    FROM   Stadt

- Welche Namen und Landeskürzel sind in der Relation Stadt abgelegt?
    SELECT   Name, Landeskürzel
    FROM   Stadt

- ... nur die Landeskürzel:
    SELECT   Landeskürzel
    FROM   Stadt

Da zu einem Land in der Relation Stadt mehrere Tupel existieren können, die demselben Land zugeordnet sind, treten bei dieser Anfrage Duplikate in der Ergebnismenge auf. Man kann sich nun die Frage stellen, warum in einer Anfrage nicht automatisch Duplikate eliminiert werden. Hierfür gibt es zumindest zwei wesentliche Gründe:

- Es gibt durchaus Fälle, bei denen Duplikate in der Ergebnismenge beabsichtigt sind. Ein Beispiel hierfür ist die Verwendung von Aggregatfunktionen *SUM, MIN, MAX*, etc. (s. Seite 69), die es erlauben, Duplikate von Tupeln als Gruppe auszuwerten.

- Der Aufwand zur Eliminierung von Duplikaten ist sehr hoch. Bei unsortierter Ausgangsmenge erfordern n Tupel $O(n \log n)$ Rechenschritte. Der Zusatzforderung nach Unterdrückung der Duplikate sollte deshalb nur durch ausdrücklichen Wunsch des Benutzers nachgekommen werden.

Aus diesen Gründen existiert in SQL eine spezielle Klausel zur Beseitigung von Duplikaten. Die eingangs erwähnte Anfrage mit dieser Klausel lautet:

```
SELECT DISTINCT   Landeskürzel
FROM              Stadt
```

An dieser Stelle sei noch auf eine Dualität hingewiesen, die im relationalen Modell sehr häufig auftritt. Beim Betrachten der vorigen Anfrage könnte man geneigt sein, diese Information auch der Relation Land zu entnehmen. Sie spiegelt die Verhältnisse im Attribut Kürzel gerade wider. Die Anfrage

```
SELECT   Kürzel
FROM     Land
```

ermittelt jedoch die Kürzel aller Länder, nicht die Kürzel der den Städten zugeordneten Länder. So tritt in der zuletzt aufgeführten Anfrage zwar das Kürzel *SF* (Finnland) auf, nicht jedoch in den anderen Anfragen. Dieses liegt darin begründet, daß in der Relation Stadt kein Ort eingetragen ist, der in Finnland liegt. Würde man andererseits das Tupel

New York	7071030	USA

in die Relation Stadt einfügen, so wäre die Situation gerade umgekehrt. Als Ergebnistupel der Anfrage bezüglich der Stadtrelation taucht das Kürzel *USA* auf, welches auf keine eingetragene Landbeschreibung verweist.

Diese Unterscheidung wird gemeinhin durch zwei unterschiedliche Begriffe charakterisiert:

Schlüssel: Innerhalb der Relation Land dient das Landeskürzel (neben dem Namen) dazu, ein Tupel eindeutig zu kennzeichnen. Das Attribut dient somit im engeren Sinne nicht als Verweis auf Tupel anderer Relationen.

Fremdschlüssel: Hingegen hat das Attribut *Landeskürzel* in der Relation Stadt den Charakter eines Zeigers. Dieser zeigt auf das entsprechende Tupel in der Relation Land. Existiert dieses Tupel jedoch nicht — wie im obigen Fall der Eintrag für die USA —, so ist dieses gleichbedeutend mit einem Verweis "ins Leere". Das Vorhandensein dieser "Zieladressen" in Form von Tupeln wird als *referentielle Integrität* bezeichnet. Probleme, die damit zusammenhängen, werden uns noch öfter begegnen.

Als letzte Anfrage wollen wir noch eine häufig gebrauchte Kurzform kennenlernen:

- Alle Informationen über die gespeicherten Länder. Anstatt alle Attribute der Relation aufzulisten, kann man hier die Kurzform * verwenden.

```
SELECT   *
FROM     Land
```

Selektion

Während die Projektion die Möglichkeit bietet, Teile eines Tupels auszuwählen, dient die Selektion dazu, ganze Tupel durch Angabe von Prädikaten zu charakterisieren. Die Spezifikation dieser Bedingungen erfolgt in der sogenannten Where-Klausel:

SELECT　*Attributliste*
FROM　　*Relation*
WHERE　*Bedingung*

Die Auswahl der Tupel erfolgt dieses Mal zusätzlich in horizontaler Art und Weise, wie in Abb. 2.2 ausgeführt. Da die Relation in sich ungeordnet ist, werden im allgemeinen keine zusammenhängenden Bereiche ausgewählt. Eine Ausnahme hierzu stellt der Fall der Clusterbildung dar, bei dem eine gezielte sequentielle Anordnung der Datensätze auf dem Hintergrundspeicher als Mittel zur Effizienzsteigerung Anwendung findet. Wir werden auf diesen Punkt in Abschn. 3.4.6 im Rahmen der Berechnung von Anfragebearbeitungszeiten noch einmal zu sprechen kommen.

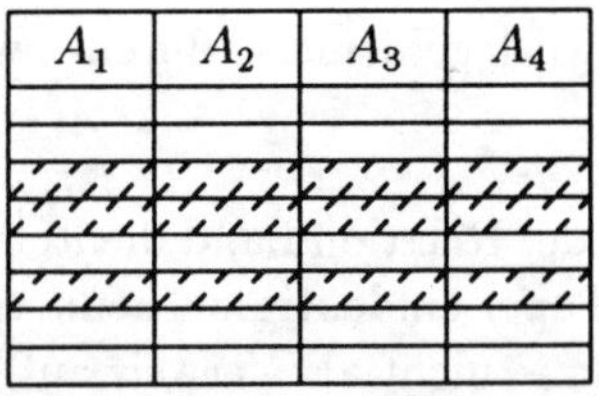

Abb. 2.2. Auswahl von Ergebnistupeln mittels Selektion

Werfen wir auch zur Selektion wieder einen Blick auf ein Beispiel:

- Welche Städte mit mehr als einer Million Einwohnern gibt es?
  SELECT　Name, Einwohner
  FROM　　Stadt
  WHERE　Einwohner > 1000000

Innerhalb des Prädikates sind im allgemeinen folgende Operatoren zugelassen:

Vergleichsoperatoren:

$$<=, <, =, >, >=$$

Negation:

$$\text{NOT}(\cdots)$$

Elementtest:

$$IN(x_1, \ldots, x_n)$$

Anstatt die Einzelelemente explizit aufzuführen, kann auch eine Zielmenge angegeben werden. Dieses gilt beispielsweise für die im nächsten Abschnitt aufgeführte Konstruktion der *Subquery*.

Vergleich von Zeichenketten:

Attributname LIKE *Muster*

Innerhalb des Musters steht das Zeichen "_" für einen beliebigen einzelnen Buchstaben, das Zeichen "%" für eine beliebige Zeichenkette.

Anfrage	passende Zeichenketten
Name LIKE Schmi%	Schmitt, Schmidt, ...
Name LIKE M_er	Meier, Maier, Meyer, ...

Geschachtelte Anfragen (Subqueries, Nested Queries)

Im Gegensatz zur Selektion oder Projektion, bei der sich die Anfrage jeweils nur auf eine Relation bezieht, tauchen hier zum ersten Mal mehrere Relationen in der Anfrage auf:

- Ermittle Namen und Einwohnerzahl aller Hauptstädte:

  Die geforderte Information ist nun auf zwei Relationen verteilt: *Hauptstadt* ist ein Attribut der Relation *Land*, die Einwohnerzahl dieser Stadt jedoch findet sich in der Relation *Stadt*. Wir werden deshalb die Anfrage in zwei Schritten lösen:

  1. Finde alle Hauptstädte:
     SELECT   Hauptstadt
     FROM   Land
     Diese Anfrage liefert als Ergebnis die Relation, die alle Hauptstädte beinhaltet. Wir können diese Ergebnismenge nun als "Eingabe" für die zweite Anfrage verwenden.

  2. Wieviele Einwohner hat eine bestimmte Stadt?
     SELECT   Name, Einwohner
     FROM   Stadt
     WHERE   Name IN *Menge*
     Menge steht hier als Symbol für eine beliebige Ansammlung von Städtenamen. Durch Kombination dieser Anfragen erhalten wir nun die Gesamtlösung:

```
SELECT Name, Einwohner
FROM   Stadt
WHERE  Name IN ( SELECT Hauptstadt
                 FROM    Land)
```

Die zusätzlich eingefügten Klammern sind als syntaktisches Beiwerk zu verstehen.

Als mögliche Operatoren (außer IN) sind die oben erwähnten Vergleichsoperatoren anwendbar. Zusätzlich gibt es die Möglichkeit der Existenzquantifikation (ANY) sowie der Allquantifikation (ALL bzw. EXISTS). Als Beispiel hierzu sei folgende Anfrage erwähnt:

- Finde alle Staaten, zu denen mindestens eine Beschreibung einer Stadt vorhanden ist:

```
SELECT   Name
FROM     Land
WHERE    EXISTS  ( SELECT  *
                   FROM     Stadt
                   WHERE    Landeskürzel = Kürzel)
```

Das Attribut Kürzel wird im obigen Beispiel aus der äußeren SQL-Klausel in die innere importiert. Der Export von Attributen in die umgekehrte Richtung ist nicht möglich. Um gleichnamige Attribute verschiedener Relationen zu unterscheiden, ist es möglich, den Relationsnamen als Qualifikator dem Attributnamen voranzustellen. Die letzte Zeile der obigen Anfrage könnte man somit auch in der Form

```
... WHERE   Stadt.Landeskürzel = Land.Kürzel)
```

formulieren. Obwohl in vielen Fällen diese Form der Formulierung nicht notwendig ist, sollte sie aufgrund der unzweifelhaften Ausdrucksweise bevorzugt werden.

Zur Thematik der geschachtelten Anfrage bleibt noch zu erwähnen, daß bestimmte Formulierungen auf verschiedene Arten möglich sind. So läßt sich der Elementtest (IN) auch durch Kombination eines Operators mit einem Quantor (= ANY) ausdrücken. Die Entscheidung zugunsten einer Alternative sollte in solchen Fällen nach größtmöglicher Anschaulichkeit erfolgen.

Verbindung von Relationen (Join Queries)

Zur Auswertung von Beziehungen zwischen verschiedenen Relationen existiert außer der oben beschriebenen Möglichkeit der geschachtelten Anfrage in SQL noch eine Variante. Anstatt die Ergebnisse auf verschiedenen "Stufen" einer Anfrage zu bestimmen, erscheinen alle betrachteten Relationen auf einer einzigen Ebene. Syntaktisch bedeutet dies, daß diese Relationen alle in der From-Klausel auftauchen. Das hierdurch spezifizierte kartesische Produkt der beteiligten Relationen wird durch eine nachfolgende Selektion auf die Zielmenge beschränkt[2]. Betrachten wir wieder zuerst die allgemeine Formulierung einer Verbindung bevor Beispiele diese konkretisieren:

SELECT   *Attributliste*
FROM $R_1, R_2, \ldots, R_n$
WHERE $R_i.Attributname = R_j.Attributname$
           AND
           $R_k.Attributname = R_l.Attributname$
           AND
           . . .
           AND
           $R_y.Attributname = R_z.Attributname$

Zur Illustration dieser Art der Anfrage betrachten wir die Beispiele aus dem Abschnitt über geschachtelte Anfragen noch einmal:

- Namen und Einwohnerzahl aller Hauptstädte:

  SELECT   Stadt.Name, Stadt.Einwohner
  FROM   Stadt, Land
  WHERE   Stadt.Name = Land.Hauptstadt

Die Where-Klausel dieser Anfrage stellt die eigentliche Verbindung dar. In ihr wird zum Ausdruck gebracht, über welche Attribute mehrere Relationen in Beziehung stehen. Die Information darüber, welche Attribute dieses sind, muß aus der Dokumentation des Entwurfsprozesses kommen. Sie steht im allgemeinen *nicht* im relationalen Schema. Die Typgleichheit zweier Attribute ist bestenfalls eine notwendige, nicht aber hinreichende Voraussetzung für eine mögliche Verbindung. Dieses erkennt man beispielsweise an folgender Anfrage:

SELECT   Stadt.Name
FROM   Stadt, Land
WHERE   Stadt.Name = Land.Kürzel   ← *FEHLER!*

Obwohl diese Anfrage semantisch keinen Sinn ergibt, verbietet das Datenbanksystem Konstrukte dieser Art nicht.

- Finde alle Staaten, zu denen mindestens eine Beschreibung einer Stadt vorhanden ist:

  SELECT DISTINCT   Land.Name
  FROM   Stadt, Land
  WHERE   Stadt.Landeskürzel = Land.Kürzel

Auf den ersten Blick erscheint diese Anfrage eine Lösung zu einer ganz anderen Fragestellung zu sein: Finde zu jeder Stadt in der Datenbasis den Namen

---

[2]Aufgrund der Tatsache, daß SQL eine deskriptive Sprache ist, impliziert eine bestimmte Art der Anfrageformulierung nicht die hierzu korrespondierende Abarbeitungsreihenfolge. Aussagen bezüglich der Effizienz einer formulierten Anfrage sind somit nur bedingt möglich.

des zugehörigen Landes und eliminiere die auftretenden Duplikate. Bei näherer Betrachtung jedoch sind beide Aussagen äquivalent.

Unterschied zwischen geschachtelten Anfragen und Verbindungen

Die obigen Beispiele haben deutlich gemacht, daß Anfragen meist auf verschiedene Art und Weise formuliert werden können, um ein gegebenes Ziel zu erreichen.

Trotz allem besteht ein eklatanter Unterschied zwischen den beiden besprochenen Konstrukten. Dieses wird besonders an der zweiten Anfrage deutlich. In der geschachtelten Formulierung ist im Gegensatz zur Formulierung als Verbindung keine Distinct-Klausel notwendig. Woran liegt das?

Kehren wir noch einmal zurück zur allgemeinen Notation einer geschachtelten Anfrage. Die von einer innen liegenden Schachtel kommenden Ergebnisse werden als Menge zur nächsthöheren Schachtel weitergegeben. Da Mengen per Definition keine Duplikate enthalten, werden solche bei der Übergabe eliminiert. Relationen sind im Gegensatz hierzu keine einfachen Mengen, sondern Vielfachmengen, die auch Duplikate beinhalten können.

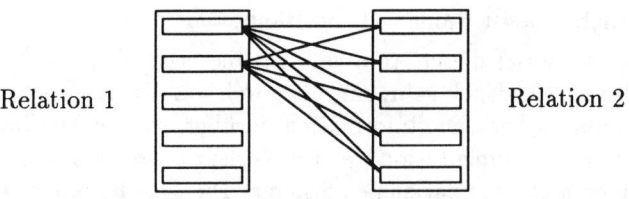

Relation 1   Relation 2

Abb. 2.3. Verbindung zweier Relationen

Bei der Formulierung in der Form der Verbindung hingegen werden keine Duplikate eliminiert. Abb. 2.3 veranschaulicht die Vorgehensweise bei der Ermittlung einer Verbindung. In ihr wird deutlich, daß die Bedingung

... WHERE   Stadt.Landeskürzel = Land.Kürzel

für ein beliebiges Tupel der Relation Land sehr wohl für mehrere Tupel der Relation Stadt erfüllt sein kann. Demzufolge würde in der Ergebnismenge der Wert *Bundesrepublik Deutschland* mehrmals erscheinen: jeweils einmal für die Einträge *Bonn*, *München* und *Berlin*.

Dieser feine Unterschied ist besonders zu Beginn der Arbeiten mit SQL die Quelle vieler subtiler Fehler. Dieses gilt speziell bei der Benutzung von Aggregatfunktionen (Seite 69). Es sollte deshalb genau geprüft werden, ob die in einer geschachtelten Anfrage erzwungene Duplikatunterdrückung auch wirklich gewünscht wird.

Verbindung einer Relation mit sich selbst

Mit dem bisherigen Wissen sind wir nun in der Lage, die Verbindung zweier Relationen zu ermitteln. Was passiert aber, wenn beide Relationen identisch sind? Dieser Fall tritt zum Beispiel in folgender Anfrage auf:

- Gibt es Städte in verschiedenen Ländern, die den gleichen Namen tragen?

Bei dem Versuch, dieses in SQL auszudrücken, scheitern wir bei der Qualifizierung der Attributbezeichner. Bei gleichen Bezeichnern haben wir bisher immer den Namen der Relation als zusätzlichen Qualifikator vorangestellt. Diese Methode versagt jedoch bei der vorliegenden Problemstellung. Was fehlt, ist die Definition einer Variablen, die nicht eine ganze Relation, sondern ein Tupel dieser Relation identifiziert. In SQL ist dieses durch die Vergabe von Relations- oder Aliasnamen möglich. Syntaktisch wird dieses dadurch bewerkstelligt, daß dem Relationsnamen im From-Teil ein Bezeichner nachgestellt wird. Dieser kann danach überall dort eingesetzt werden, wo üblicherweise ein Relationsname steht. Die korrekte Anfrage zum obigen Problem verdeutlicht dies:

```
SELECT   A.Name
FROM     Stadt A, Stadt B
WHERE    A.Name = B.Name
```

Allerdings birgt dieser Ausdruck noch ein Problem in sich. Da die Gleichheit eine Äquivalenzrelation darstellt und somit sowohl reflexiv als auch symmetrisch ist, erscheinen im Ergebnis mehr Tupel als erwartet. Zum einen erscheint jedes Tupel mindestens einmal, da nirgends die Forderung $A \neq B$ ausgeschlossen wurde. Zum anderen gilt natürlich mit $A.Name = B.Name$ auch $B.Name = A.Name$. Somit erscheint jedes Paar zweimal im Ergebnis. Eine mögliche Modifikation der Anfrage wäre beispielsweise

```
SELECT   A.Name
FROM     Stadt A, Stadt B
WHERE    A.Name = B.Name
         AND
         A.Landeskürzel < B.Landeskürzel
```

Aggregatfunktionen

Eine häufig anzutreffende Fragestellung ist die nach der Zahl der Tupel einer Relation oder bestimmten mathematischen Operationen auf einer Ergebnismenge. Für Anwendungen dieser Art bietet SQL das Konzept der sogenannten Aggregatfunktionen an, welches im folgenden beschrieben wird:

- Wieviele Länderbeschreibungen sind in der Datenbasis abgelegt?

```
SELECT   COUNT(*)
FROM     Land
```

Als Ergebnis dieser Anfrage erscheint ein einziges Tupel. Außer der Funktion COUNT, mit deren Hilfe die Anzahl der Tupel einer Relation bestimmt werden kann, existieren noch weitere Aggregatfunktionen. Diese dienen vorrangig zur Verarbeitung numerischer Daten.

Funktion	Bedeutung
COUNT(*Attributname*)	Anzahl der Werte einer Menge
MAX(*Attributname*)	Maximum aller Werte
MIN(*Attributname*)	Minimum
AVG(*Attributname*)	Durchschnitt
SUM(*Attributname*)	Gesamtsumme

Ein Beispiel hierzu wäre folgende Aufgabe:

- Wie hoch ist die Summe der Einwohnerzahlen aller Städte der Bundesrepublik Deutschland?

  SELECT   SUM(Einwohner)
  FROM   Stadt
  WHERE   Landeskürzel = "D"

Ein häufig auftretender Fehler beim Einsatz dieser Aggregatfunktionen ist die Vermischung mit gewöhnlichen Attributen. Betrachten wir etwa folgendes:

- Wie hoch ist der Anteil der Bevölkerung der Einzelstaaten an der gesamten Erdbevölkerung in Prozent?

  SELECT   Name, Einwohner / SUM(Einwohner) * 100   ← *FEHLER!*
  FROM   Land

Der Versuch, die Anfrage von Hand auszuwerten, zeigt sehr schnell, wo das Problem liegt. Als Ausgabe erscheint ein Tupel für jedes Land. Um jedoch die Ausgabe pro Tupel zu bestimmen, ist es zuerst erforderlich, die gesamte Relation einmal zu durchlaufen, um die gesamte Erdbevölkerung zu ermitteln. Immer dann, wenn ein solcher doppelter Durchlauf erforderlich wäre, deutet dieses darauf hin, daß die Anfrage in der Form nicht abgearbeitet werden kann. Zu dieser Regelung gibt es jedoch auch Ausnahmen, die wir auf Seite 71 kennenlernen werden.

Zur Funktion COUNT bleibt noch anzumerken, daß sie auf zwei weitere Arten angewandt werden kann:

COUNT(*) liefert die Anzahl der Tupel in der Ergebnisrelation.

COUNT(DISTINCT *Attributname*) liefert die Anzahl der Tupel, die paarweise verschiedene Werte bezüglich des angegebenen Attributes aufweisen.

So ermittelt

  SELECT   COUNT(*)
  FROM   Stadt

die Anzahl aller Städte, wohingegen

  SELECT   COUNT(DISTINCT Name)
  FROM   Stadt

die Anzahl der Städte mit paarweise verschiedenen Namen bestimmt. Bevor wir uns dem nächstem Abschnitt zuwenden, betrachten wir noch zwei Sonderfälle: leere Relationen und Nullwerte.

Im Fall einer leeren Ergebnisrelation liefert die Funktion COUNT erwartungsgemäß den Zahlwert 0. Da die anderen Funktionen (Summe, Durchschnitt, etc.) für leere Relationen keinen Sinn ergeben, liefern sie undefinierte Werte als Ergebnis zurück. Diese sind verschieden von allen sonstigen darstellbaren Zahlen, insbesondere auch von der 0. Diese Unterscheidung erlaubt die Trennung von leeren Attributausprägungen und gewöhnlichen Ergebnissen.

Nullwerte in Datenbanksystemen sind ein sehr umstrittenes Kapitel. Sie werfen eine ganze Reihe zusätzlicher Probleme auf:

— Welchen Wert haben undefinierte Werte in mathematischen Ausdrücken? Wie ist demgemäß ein Ausdruck der Form 2*SUM(...) zu verstehen, wenn die Summation ein undefiniertes Ergebnis liefert?

— Wie wird ein Attribut mit dem Wert NULL in einer Verbindung gehandhabt?

— Sind Nullwerte paarweise voneinander verschieden?

Diese Probleme liegen unter anderem darin begründet, daß unter dem Begriff des Nullwertes sowohl unbekannte als auch beliebige Werte zusammengefaßt werden. Abhilfe kann hier nur geschaffen werden, indem beide Notationen voneinander getrennt behandelt werden. Dieses führt jedoch auf die Problematik zweier verschiedener Nullwerte, ein Zustand, der vielen Anwendern unerklärlich erscheint und die Anwendung in einfachen Fälle unnötig kompliziert.

Gruppierung einer Relation

Die Aggregatfunktionen des vorigen Abschnitts haben klargemacht, wie eine Menge von Tupeln verarbeitet werden kann. Eine Erweiterung dieses Konzepts stellt die Gruppierung einer Relation dar:

• Wieviele Städte gibt es in den einzelnen Ländern? Diese Aufgabe ließe sich beispielsweise durch folgende Menge von Anfragen lösen:

```
SELECT   Landeskürzel, COUNT (*)
FROM     Stadt
WHERE    Landeskürzel = "D"

SELECT   Landeskürzel, COUNT (*)
FROM     Stadt
WHERE    Landeskürzel = "SU"
```
etc.

Dieser Ansatz erfordert eine Anfrage pro gespeichertem Land. Wünschenswert wäre an dieser Stelle jedoch eine Anfrage, die für jedes Land die assozi-
ierte Menge an Stadttupeln gruppiert. Ein Konstrukt dieser Art ist in SQL
verfügbar: die Group By-Klausel.

```
SELECT      Landeskürzel, COUNT (*)
FROM        Stadt
GROUP BY    Landeskürzel
```

Für jede Ausprägung des in der Group By-Klausel spezifizierten Attributs
wird auf diese Art und Weise eine Gruppe gebildet, auf die die Aggregatfunktion angewandt wird.

Diese Konstruktion erlaubt auch das Mischen von Attributen und Funktionen, welches üblicherweise nicht möglich ist, allerdings mit der Einschränkung, daß alle Attribute der Ausgabe, auf die keine Funktion angewandt wird, in der Group By-Klausel aufgeführt sein müssen.

Soll an die gesamte Gruppe noch eine Bedingung geknüpft werden, so kann
dieses nicht mit der üblichen Where-Klausel spezifiziert werden — diese gilt
für die Ebene der Tupel, nicht die der Gruppen —, sondern hier ist die Angabe
einer Having-Klausel notwendig:

• Finde alle Länder mit mehr als vier Millionenstädten:

```
SELECT      Landeskürzel
FROM        Stadt
WHERE       Einwohner > 1000000    ←  nur Millionenstädte
GROUP BY    Landeskürzel
HAVING      COUNT(*) > 4           ←  Bedingung über die Gruppe
```

Sortierung der Ergebnisrelation

Relationen sind, wie schon des öfteren erwähnt, per Definition ungeordnet. Bei
der Ausgabe von Ergebnissen ist es jedoch oft wünschenswert, eine bestimmte
Reihenfolge festzulegen. Diese läßt sich durch das Hinzufügen einer Order By-
Klausel bewerkstelligen:

• Gib alle Städte der Sowjetunion nach Einwohnerzahl aufsteigend geordnet
  aus:

```
SELECT      Name, Einwohner
FROM        Stadt
WHERE       Landeskürzel = "SU"
ORDER BY    Einwohner ASC
```

ASC steht als Abkürzung für *ascending* (aufsteigend). Eine absteigende Reihenfolge wäre mit *DESC* (*descending*) erreichbar. Als Ordnungskriterium
sind auch Attributkombinationen, über Namen oder Spaltenposition in der
Ausgaberelation, spezifizierbar.

- Ermittle alle Länder nach Anzahl der Städte sortiert. Bei gleicher Anzahl von Städten sortiere alphabetisch nach Ländernamen.

  SELECT   Land.Name, COUNT(*)
  FROM   Stadt, Land
  WHERE   Stadt.Landeskürzel = Land.Kürzel
  GROUP BY   Land.Name
  ORDER BY   2, Land.Name

  Die Zahl 2 legt die zweite Spalte als Ordnungskriterium fest. Eine Formulierung der Art

  ORDER BY COUNT(*), Land.Name

  ist nicht möglich.

Vereinigung von Ergebnisrelationen

In einigen SQL-Dialekten bestehender Systeme existieren weitere Konstrukte zur Vereinfachung von Anfragen. Als Beispiel sei hier der Union-Operator erwähnt, der die Vereinigung mehrerer Ergebnisrelationen erlaubt:

- Ermittle die Namen aller Städte und Länder:

  SELECT   Name
  FROM   Stadt
  UNION
  SELECT   Name
  FROM   Land

Als mengentheoretische Operation eliminiert der Union-Operator Duplikate. Häufigstes Anwendungsgebiet ist die Zerlegung von komplexen Anfragen mit Fallunterscheidungen.

2.2.5 Zugriffspfade

Das vorherige Kapitel hat die Möglichkeiten vorgestellt, die in SQL existieren, um Anfragen an die Datenbasis zu formulieren. Wir haben aber die Effizienz der Anfragen noch nicht diskutiert. Zur Beeinflussung dieser Effizienz werden in Datenbanksystemen Zugriffspfade angelegt. Die Idee, die hinter der Definition eines Zugriffspfades steckt, ist, den Aufwand bei der Suche nach Daten zu den Änderungsoperationen hin zu verlagern. Gerade bei großen Datenbeständen steht oft die Forderung nach einer optimalen Beantwortung von Suchzugriffen im Vordergrund.

Dieser Punkt der Verlagerung des Aufwandes ist von entscheidender Bedeutung. Es ist ein Trugschluß anzunehmen, die Definition eines Zugriffspfades hätte nur positive Effekte in bezug auf die Laufzeit.

Die Anweisung zum Anlegen eines Indexes lautet in allgemeiner Form:

CREATE INDEX   *Indexbezeichner*
ON   *Relationenname(Attributname$_1$, ..., Attributname$_n$)*

Die Definition von Indexen beschleunigt besonders den Zugriff auf sehr große Relationen. Statt sequentiell alle Tupel aufzusuchen, um ein Prädikat zu überprüfen, kann anhand der Zugriffsstruktur eine Vorauswahl der möglichen Kandidaten erfolgen. Um dieses etwas genauer zu untersuchen, definieren wir einen Index auf die Relation Stadt; genauer auf das Attribut Name dieser Relation, da der Einstieg zur Suche eines Tupels meist über dieses Attribut erfolgt:

CREATE INDEX   Städtenamen
ON   Stadt (Name)

Die resultierende Zugriffsstruktur ist meist ein B- oder B*-Baum. Er erlaubt nicht nur einen beschleunigten Zugriff auf einen bestimmten Attributwert, sondern auch auf Wertintervalle (*Wert$_1$* $\leq$ *Attribut* $\leq$ *Wert$_2$*). Dieser effizientere Zugriff auf Tupel einer Relation zieht im übrigen auch eine effizientere Bearbeitung einer Verbindung nach sich.

An dieser Stelle sollte noch ein Punkt hervorgehoben werden, der oft übersehen wird. Die Definition des obigen Indexes beschleunigt zwar den Zugriff auf die Tupel unter Angabe des Attributes *Name*, nicht aber bei Zugriffen über das Attribut *Einwohner*. Eine Anfrage auf alle Millionenstädte müßte deshalb durch sequentielle Suche erledigt werden. Um auch diesen Zugriff zu beschleunigen, wäre es natürlich ebenso möglich, mittels

CREATE INDEX   Städtezahlen
ON   Stadt (Einwohner)

einen zweiten Index über der Relation Land zu definieren. Der dadurch erzielte Vorteil beim Zugriff wird dann allerdings mit einem noch schlechteren Verhalten bei Änderungen erkauft, da diese Änderungen auch in den Zugriffspfaden nachgeführt werden müssen.

Die Definition eines Zugriffspfades hat des weiteren nichts mit der Schlüsseleigenschaft zu tun, ebenfalls ein Umstand der häufig übersehen wird. Die Schlüsseleigenschaft eines Attributes (oder einer Attributkombination) besagt, daß die Kenntnis dieses Wertes Rückschlüsse auf die Werte der anderen Attribute zuläßt. Ein Zugriffspfad hingegen hat ausschließlich mit der Effizienz bei der Anfragebearbeitung zu tun. In SQL werden beide Konzepte nicht sauber voneinander getrennt. Es existiert dort leider nur eine Konstruktion, die beide Eigenschaften miteinander vermengt. Mittels

CREATE UNIQUE INDEX *Indexbezeichner*
ON   *Relationenname (Attributname$_1$, ..., Attributname$_n$)*

wird ein Zugriffspfad definiert, mit Hilfe dessen man erzwingt, daß in einer Relation Eindeutigkeit bezüglich der spezifizierten Attributkombination herrscht.

Abschließend einige Worte zur Anwendung von Zugriffspfaden. Da sie in Anfragen nicht angegeben werden müssen, sondern implizit ausgewertet wer-

den (Anfrageoptimierung), ist für den Anwender die Existenz einer Zugriffsunterstützung sehr transparent. Diese Trennung von Datenspeicherung und Zugriff
wird allgemein als logische Datenunabhängigkeit bezeichnet. Wird sie eingehalten, ist eine Veränderung des Anfrageverhaltens in Richtung auf ein globales
Optimum möglich. Das zu erwartende Anfrageprofil wird untersucht, und an
geeigneter Stelle werden Zugriffspfade angelegt, um häufig auftretende Anfragen
zu unterstützen. Das stark interaktiv geprägte Verhalten von SQL läßt des weiteren zu, während der Laufzeit des Systems Indexe zu definieren und deren Auswirkung anhand der veränderten Laufzeiten zu ermitteln. Diese experimentelle
Vorgehensweise erlaubt im Laufe der Zeit eine Anpassung an das Benutzerprofil.

2.2.6 Einbringen von Daten in Relationen

Neben den Schritten Anforderungsanalyse, Datenbankentwurf und Schemagenerierung gehört zum Datenbanklebenszyklus der Schritt der Datensammlung
gleichberechtigt hinzu. Er entscheidet oft über die praktische Verwertbarkeit
eines zu definierenden Schemas. In diesem Abschnitt wollen wir uns mit dem
Teilgebiet des Eintragens der Daten in ein relationales System beschäftigen.

Einbringen von externen Daten

Der einfachste Fall des Einbringens von Daten in das System ist die Form der
Eingabe am Terminal. Zu Beginn betrachten wir wieder die SQL-Anweisung in
der allgemeinen Form:

INSERT INTO *Relationenname*
                      (Attributname$_1$, ..., Attributname$_n$)
VALUES
                      (Wert$_1$, ..., Wert$_n$)

Es versteht sich von selbst, daß die Liste der angegebenen Attributnamen
eine Teilmenge aller Attribute der Relation sein muß. Die spezifizierten Werte
werden gemäß ihrer Reihenfolge den Attributen zugewiesen. Nicht angegebene
Attribute oder leere Wertangaben an den Attributpositionen werden als Zuweisung von Nullwerten interpretiert. Als Beispiel fügen wir die Länderbeschreibung
der Vereinigten Staaten von Amerika in die Relation Land ein:

INSERT INTO Land
                      (Name, Kürzel)
VALUES
                      ("Vereinigte Staaten von Amerika", "USA")

Dem fehlenden Attribut Einwohner wird bei dieser Eingabe der undefinierte
Wert NULL zugewiesen. Dieses gilt auch für die Hauptstadt.

Aus leicht ersichtlichen Gründen ist diese Methode des Einbringens von Informationen in die Datenbasis nur für kleinere Datenmengen geeignet. Zur Eingabe größerer Datenmengen bieten die meisten Systeme komfortable Werkzeuge (sogenannte *bulkload-facilities*) an. Üblicherweise ermöglichen diese Hilfsmittel einen direkten Zugriff auf die Datenhaltungskomponente unter Umgehung der SQL Schnittstelle. Sie sind damit erheblich effizienter und zeitsparender in der Ausführung. Allerdings erfordern sie meist eine pedantisch genaue Art der Datenformatangabe. Hierzu gehört beispielsweise die Einhaltung bestimmter vorgegebener Zahlenformate.

Zur Datenerfassung im allgemeinen läßt sich noch folgendes ergänzen:

- Datenerfassung ist extrem teuer. Sie gehört zu den aufwendigsten Schritten des gesamten Datenbankentwicklungszyklus. Die Datenbasis stellt somit insgesamt eine nicht zu unterschätzende Investition dar.

- Tippfehler bei der Eingabe führen häufig zu sogenannten "Datenleichen". Dieses ist Information, die aufgrund fehlerhaften Inhaltes nicht oder nur schwer wiedergefunden werden kann. Fehlerhafte Verbindungsattribute machen sich hier besonders unangenehm bemerkbar. Fügt man beispielweise die Beschreibung einer Stadt ein, die als Landeskürzel "UAS" anstatt "USA" besitzt, so wird eine Anfrage, die Tupel aufgrund dieser Verbindung ermittelt, diesen Eintrag nicht wiederfinden. Man kann nun einwenden, daß Fehler dieser Art mittels einfacher Konsistenzprüfungen ausgeschlossen werden können. Wir werden in den Übungsaufgaben sehen, wie aufwendig mitunter solche Konsistenzprüfungen in Datenbanken sein können.

Kopieren von Daten aus anderen Relationen

Sind die Daten erst einmal in das Datenbanksystem eingebracht, gestaltet sich deren weitere Verarbeitung erheblich einfacher und weniger fehleranfällig. Wir betrachten hierzu das Kopieren von Daten aus einer Relation in eine andere:

```
INSERT INTO   Relationenname
              (Attributname,..., Attributname)
SELECT        ...
FROM          ...
WHERE         ...
```

Die Semantik dieser Anweisung ist analog zu der INSERT INTO ... VALUES ...-Klausel des vorherigen Abschnittes zu interpretieren. Der Unterschied besteht darin, daß die einzufügenden Werte aus einer (oder mehreren) existierenden Relationen entstammen. Ein Anwendungsgebiet hierzu wäre die Aufgabe, alle Länderhauptstädte der Relation Stadt hinzuzufügen:

```
INSERT INTO   Stadt
              (Name, Landeskürzel)
SELECT        Hauptstadt, Kürzel
FROM          Land
```

Wie in der allgemeinen Form angedeutet, kann die Angabe der Quelle eine beliebige SQL-Klausel sein. Sie erlaubt die Angabe von Verbindungen zwischen

Relationen und vieles mehr. Als Einschränkungen sind einzig folgende Punkte zu sehen:

- Zwischen der Quelle und dem Ziel der Datenübertragung darf keine Rekursionsbeziehung bestehen. Klauseln der Form

INSERT INTO	Stadt
	(...)
SELECT	...
FROM	Stadt

  sind somit untersagt.

- Es ist ein Trugschluß zu glauben, mittels

INSERT INTO	...
	...
SELECT	Hauptstadt, Kürzel
	...
ORDER BY	...

  ließen sich Tupel sortiert in eine Relation eintragen. Relationen sind — wie schon häufiger erwähnt — Mengen mit Duplikaten und somit auf jeden Fall ungeordnet.

- Duplikate werden beim Einfügen ebenfalls nicht unterdrückt. Dieses zeigt sich am Beispiel der Hauptstädte. Existiert der Eintrag einer Hauptstadt in der Relation Stadt bereits, so wird diesem ein zweiter Eintrag hinzugefügt.

  In den Übungsaufgaben werden wir uns mit der Problematik des Einfügens von Duplikaten noch einmal beschäftigen.

- Das Kopieren von Daten führt auf die üblichen Probleme wie Redundanz, Konsistenz etc. Es sollte daher das Ziel sein, bereits beim Entwurf der Datenbank darauf zu achten, solches zu vermeiden. Eine Möglichkeit hierzu bietet die Normalisierung (siehe Seite 138).

2.2.7 Modifizieren von Daten

Auch bei der Beschreibung von Änderungsvorgängen werden wir wieder schrittweise vorgehen. Beginnend mit der Änderung einzelner Tupel gehen wir zur Modifikation von mehreren Tupeln einer Relation über. Im Abschn. 2.2.9 wird diese Betrachtung um den Teilbereich Schemamodifikation ergänzt.

Wie alle Operationen in SQL erfolgt auch die Änderung von Daten ausschließlich deskriptiv. Die zu ändernden Daten werden mittels eines Prädikates in der Where-Klausel ausgewählt:

```
UPDATE   Relationenname
SET      Attributname₁ = Wert₁,
         ...
         Attributnameₙ = Wertₙ
WHERE    Bedingung
```

UPDATE   *Relationenname*
SET   *Attributname*$_1$ = *Wert*$_1$,
          ...
          Attributname$_n$ = *Wert*$_n$
WHERE   *Bedingung*

Die folgenden Beispiele zeigen deutlich die Vorteile, aber auch die Probleme, dieses Verfahrens.

Ändern von einzelnen Tupeln: In Norwegen wird ein Mensch geboren:

UPDATE   Land
SET   Einwohner = Einwohner +1
WHERE   Name = "Norwegen"

Da das Attribut Name innerhalb der Relation Land als Schlüssel auftritt, identifiziert das obige Prädikat eindeutig ein Tupel.

Ändern mehrerer Tupel: In jedem Staat mit mehr als 1000000 Einwohnern wird ein Mensch geboren:

UPDATE   Land
SET   Einwohner = Einwohner +1
WHERE   Einwohner > 1000000

Dieses Prädikat identifiziert nun nicht nur ein Tupel, sondern mehrere. Der Unterschied zwischen den beiden Änderungen (*single/multiple record update*) verschwindet vollständig. Dieses einheitliche Konzept erlaubt die Bearbeitung von Mengen ebenso einfach wie die von Tupeln.

Der Nachteil dieses Verfahrens tritt dann zutage, wenn auf die Where-Klausel ganz verzichtet wird. So modifiziert

UPDATE   Land
SET   Hauptstadt = "Washington"

die Hauptstadteinträge aller Länder auf einen Wert. Man muß sich demzufolge genau im klaren darüber sein, ob das angegebene Prädikat auch genau die Menge charakterisiert, die gemeint ist.

2.2.8 Löschen von Daten

Um die Ähnlichkeiten zwischen den verschiedenen Konstrukten hervorzuheben, betrachten wir dieselben Beispiele wie im vorherigen Abschnitt.

Auch das Löschen von Tupeln erfolgt deskriptiv:

DELETE FROM   *Relationenname*
WHERE   *Bedingung*

Löschen von einzelnen Tupeln: Norwegen wird aus der Datenbasis gelöscht:

```
DELETE FROM    Land
WHERE          Name = "Norwegen"
```

Aufgrund der Schlüsseleigenschaft wird genau ein Tupel identifiziert.

Löschen mehrerer Tupel: Jeder Staat mit mehr als 1000000 Einwohnern wird aus der Datenbasis gelöscht:

```
DELETE FROM    Land
WHERE          Einwohner > 1000000
```

Wie oben werden auch hier mehrere Tupel durch das angegebene Prädikat ausgewählt.

Das Fehlen einer Where-Klausel, wie in

```
DELETE FROM    Land
```

löscht auch hier analog alle Einträge. Die Relation selbst bleibt jedoch bestehen.

Löschen von Relationen: Zum Löschen der Schemainformation gibt es in SQL ein besonderes Konstrukt:

```
DROP TABLE    Relationenname
```

Als Beispiel wollen wir die übriggebliebene Schemainformation der Relation Land löschen:

```
DROP TABLE    Land
```

Sichten (auf die wir detailliert im Abschn. 2.2.9 eingehen werden) auf diese Relation werden hierdurch nutzlos. Um unbedachte Fehler zu vermeiden, verbieten einige Systeme das Löschen von Relationen, die noch Tupel enthalten oder als Basis für Sichten dienen.

Löschen von Sichten: Wie in fast allen Fällen werden Sichten ebenso behandelt wie Relationen. Einziger Unterschied ist die Angabe des Schlüsselwortes VIEW anstatt TABLE:

```
DROP VIEW    Sichtenname
```

Erwähnenswert ist hier der Punkt, daß durch die Entfernung von Sichten keine Tupel gelöscht werden.

Löschen von Zugriffspfaden: Auch Zugriffspfade werden behandelt wie Relationen. Hier erscheint *INDEX* als ensprechendes Schlüsselwort:

```
DROP INDEX    Indexbezeichner
```

Dieser Löschvorgang verändert die Leistungscharakteristik des Systems wieder in Richtung auf verbessertes Änderungsverhalten.

2.2.9   Schemaänderungen

Datenbestände haben ein dynamisches Verhalten. Zum einen ändert sich ihr Umfang, zum anderen — und dieser Punkt ist sehr viel unangenehmer — verändert sich ihre Struktur im Laufe der Zeit. Die Schwierigkeit einer Datenstrukturänderung liegt nun darin begründet, daß die Struktur im Schema festgelegt ist. Obwohl bei der Definition des Schemas möglichst auf alle zu erwartenden Problemfälle eingegangen werden soll, lassen sich potentielle zeitliche Veränderungen oft nicht prognostizieren. In Netzwerkdatenbanken sind Schemaänderungen bei vielen Systemen weitgehend ausgeschlossen. Dort bietet sich als einzige Alternative die Umstrukturierung in aufwendigen Reorganisationsläufen, die oft eine Unterbrechung des Betriebs der Datenbank mit sich bringen. Bei den meisten relationalen Systemen lassen sich hingegen kleinere Änderungen während des laufenden Betriebs durchführen. Wir wollen dieses am Beispiel der Ergänzung eines Attributes zu einer Relation illustrieren, der einzigen Modifikationsmöglichkeit, die vom SQL-Standard verpflichtend vorgeschrieben ist.

Das hinzuzufügende Attribut wird mit Namen und Datentyp in der folgenden Formulierung angegeben:

ALTER TABLE   *Relationenname*
ADD   *Attribut*   *Datentyp*

Diese Konstruktion erlaubt uns beispielsweise, folgende Aufgabe zu lösen:

- In die Länderbeschreibung soll ein Feld *Regierungschef* mit aufgenommen werden:

    ALTER TABLE   Land
    ADD   Regierungschef   VARCHAR(50)

Die Zusatzforderung NOT NULL ist für hinzugefügte Attribute nicht möglich. Zu diesem Zweck wäre es erforderlich, an alle bestehenden Tupel der Relation einen sinnvollen Wert anzufügen. Man kann leicht ermessen, welchen Aufwand dieses verursachen würde.

Auch der Punkt der Schemaänderung ist von Systemen verschiedener Leistungsklassen unterschiedlich gelöst. Einige Systeme erlauben wesentlich komplexere Operationen als die oben beschriebene.

Aufwendigere Schemaänderungen lassen sich ansonsten nur über Reorganisationsläufe erzielen. Bei der Reorganisation werden die Daten physisch kopiert, um in eine andere Struktur umgeformt zu werden. Eine Möglichkeit bietet sich durch das Anlegen temporärer Relationen und Umkopieren der Daten. Schematisch sind dazu folgende Schritte notwendig:

Temporäre Relation mit neuer Struktur anlegen: CREATE TABLE ...
Daten in temporärer Relation konvertieren: INSERT INTO ...
                                              SELECT ...
Relation mit alter Struktur löschen: DROP TABLE
Temporäre Relation umbenennen: RENAME[3]...

Statt der temporären Relation werden die Daten oft auch auf externe Dateien umkopiert.

Die obige Vorgehensweise birgt einige Nachteile in sich. Zum einen ist sie sehr aufwendig, was zur Folge hat, daß für große Datenbestände längere Wartezeiten in Kauf genommen werden müssen. Zum anderen zieht sie, wie oben erwähnt, einen Stillstand des laufenden Betriebs nach sich. Bevor wir im folgenden Abschnitt eine wesentlich elegantere Methode kennenlernen werden, wollen wir erwähnen, daß es trotz allem Operationen gibt, die nur mittels Reorganisation gelöst werden können. Hierzu gehört insbesondere das Verändern der physischen Speicherstruktur als Mittel zur Effizienzsteigerung.

Virtuelle Relationen, Sichten

Anstatt Daten physisch in ihrer Struktur zu ändern, erlauben relationale Systeme mittels des *Sichtenkonzepts* (engl. VIEWS) auch logische Änderungen. Ähnlich wie durch

INSERT INTO   *Relationenname*
              (*Attributname$_1$*, ..., *Attributname$_n$*)
SELECT   ...
FROM   ...
WHERE   ...

eine Relation als Abbildung anderer Relationen materialisiert werden kann, erlaubt die Formulierung

CREATE VIEW   *Sichtenname*
              (*Attributname$_1$*, ..., *Attributname$_n$*)
AS
              SELECT   ...
              FROM   ...
              WHERE   ...

ebenfalls die Definition einer "Relation" mit dem Unterschied jedoch, daß diese nicht wirklich materialisiert wird, sondern nur logisch existiert. Jede Anfrage auf diese Sicht wird auf die real existierenden Relationen abgebildet.

---

[3]In Systemen, die das Umbenennen von Relationen nicht erlauben, muß statt dessen jedes Anwendungsprogramm geändert werden. Dieses ist jedoch meist ohnehin notwendig, da die neue Struktur von den alten Programmen nicht mehr ausgewertet werden kann.

Erfahrungsgemäß bereitet das Sichtenkonzept auf den ersten Blick einige Verständnisschwierigkeiten. Wir illustrieren den Sachverhalt deshalb anhand des folgenden Beispiels:

- Zu den bereits existierenden Relationen Land und Stadt soll mit Hilfe des Sichtenkonzepts eine Relation Hauptstadt angelegt werden. Diese soll sowohl den Name als auch den prozentualen Anteil der Bevölkerung der Hauptstadt an der Gesamtbevölkerung des zugehörigen Landes beinhalten:

```
CREATE VIEW Hauptstadt
            (Name, Bevölkerungsanteil)
AS
      SELECT Hauptstadt, Stadt.Einwohner / Land.Einwohner * 100
      FROM   Stadt, Land
      WHERE Hauptstadt = Stadt.Name
```

Anstatt die Information aus den angegebenen Relationen zu extrahieren und sie — einem Schnappschuß gleich — einzufrieren, wird nur auf der logischen Ebene eine Relation definiert. Die Möglichkeiten der Umstrukturierung sind dabei sehr vielfältig. Zu ihnen gehören unter anderem

- das Umbenennen von Attributen (vergleiche hierzu das Subschemakonzept des Netzwerkmodells, Abschn. 3.3.4),

- die Ausschnittbildung,

- berechnete Attribute,

- Verwendung einer Verbindung zur Definition einer Sicht.

Bei der Beantwortung von Anfragen wird die Sicht wie eine gewöhnliche Relation behandelt. Die Anfrage

```
SELECT   *
FROM     Hauptstadt
WHERE    Name = "Washington"
```

wird vom System durch textuelle Ersetzung umgewandelt und danach der Anfragebearbeitung zugeführt. Die textuelle Ersetzung geschieht jedoch für den Anwender unsichtbar. Als einfaches Beispiel zu dieser Umsetzung betrachten wir die obige Anfrage. Sie wird in die Formulierung

```
SELECT   Hauptstadt, Stadt.Einwohner / Land.Einwohner * 100
FROM     Stadt, Land
WHERE    Hauptstadt = Stadt.Name
         AND
         Hauptstadt = "Washington"
```

transformiert. Dadurch, daß die Sicht nicht wirklich existiert, entfallen die sonst üblichen Probleme der redundanten Datenhaltung, wie zusätzlicher Speicherplatzverbrauch und Konsistenzsicherung. Obwohl auf Sichten keine Zugriffspfade angelegt werden können, erfolgt trotzdem eine Anfrageoptimierung unter Berücksichtigung der Zugriffspfade auf den Basisrelationen.

Da Sichten attributabhängige Prädikate enthalten und diese zur Laufzeit ausgewertet werden, kann das Sichtenkonzept auch als Mittel zum Datenschutz Verwendung finden. Durch Hinzunahme der Klausel

... WHERE   *Attributname* = USER

kann zum Zeitpunkt des Zugriffs eine Überprüfung auf die Benutzerkennung (die in der vordefinierten Variable USER steht) ausgeführt werden.

Im allgemeinen werden deshalb in relationalen Datenbanksystemen einige wenige Basisrelationen definiert, auf denen weitere Sichten aufbauen. Diese Trennung zwischen den Basisrelationen (*konzeptuelles Schema*) und den darauf basierenden Sichten (*externe Schemata*) ist beispielhaft in Abb. 2.4 dargestellt. Die Sicht *Hauptstadt* hatten wir oben als Verbindung zweier Basisrelationen definiert. *Sicht 1* und *Sicht 2* seien hierbei Sichten, die nur eine Basisrelation als Grundlage besitzen.

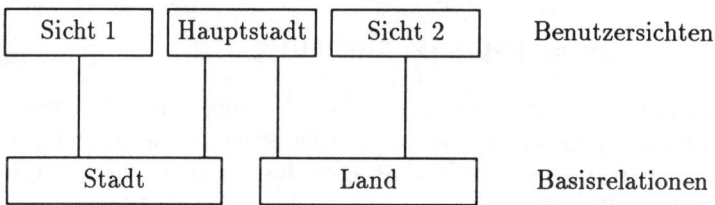

Abb. 2.4. Konzeptuelles und externes Schema

Diesen Vorteilen des Sichtenkonzepts stehen wie üblich auch einige Probleme gegenüber:

- Die Anwendung der Operationen Insert, Delete und Update ist untersagt, wenn in der Definition der Sicht eine Verbindung vorliegt. Des weiteren gilt das Verbot für die Group By-Klausel, Aggregatfunktionen oder berechnete Attribute. So lassen sich beispielsweise keine Tupel in die Relation *Hauptstadt* eintragen, da die Vorschrift zur Berechnung der durchschnittlichen Einwohnerzahl nicht umkehrbar ist.

- Das Einfügen von Tupeln wird nur dann erlaubt, wenn alle Not Null-Attribute der Basisrelationen in dem einzufügenden Tupel vorhanden sind.

2.2.10   Reportgenerierung

SQL ist als interaktives System sehr auf die Belange von Endbenutzern zugeschnitten. Dieses zeigt sich sowohl in der deskriptiven Notation der Anfragekon-
strukte als auch in deren einfacher Syntax. Um diesem Anspruch noch besser
gerecht zu werden, bieten viele Systeme Hilfsmittel an, die eine Formatierung der
Ausgabe ermöglichen. Aus dem reichhaltigen Angebot an solchen Reportgene-
rierungswerkzeugen betrachten wir nur einen kleinen Ausschnitt. Er soll kurz die
Idee verdeutlichen, die der Reportgenerierung zugrunde liegt. Im übrigen sind
die verfügbaren Werkzeuge meist systemspezifisch, ein weiterer Grund, weshalb
wir sie hier nicht genauer betrachten wollen.

- Ermittle alle Hauptstädte der Länder und stelle sie in der Form

    Stadt ist die Hauptstadt von *Land*

    dar. Dieses Anforderung kann beispielsweise durch folgende Anfrage gelöst
    werden:
    SELECT   Hauptstadt,
             "ist die Hauptstadt von",
             Name
    FROM   Land

2.2.11   Transaktionsverwaltung

Ein wichtiges Kennzeichen bei der Verarbeitung von Daten mit einem Datenbanksystem ist die Definition von in sich abgeschlossenen Arbeitseinheiten, sogenannten *Transaktionen*. Solche Einheiten erlauben dem Anwender, zusam-
mengehörige Operationen gemeinsam zu betrachten. Da wir an dieser Stelle nur
kurz auf die Problematik eingehen wollen, betrachten wir ein Beispiel.

In die Datenbasis soll die Länderbeschreibung der Volksrepublik China aufgenommen werden. Eine Bedingung an den Datenbestand fordert nun, daß die
zugehörige Beschreibung der Hauptstadt (Peking) in der Stadtrelation vorhanden
sein muß. Auf der anderen Seite kann diese Information nicht in die Datenbasis
eingebracht werden, da zu jeder Stadt die Beschreibung des Landes eingetragen
sein muß. Diese zirkuläre Bedingung läßt sich nun nicht durch eine bestimmte
Einfügereihenfolge erfüllen. Es ist vielmehr notwendig, die Überprüfung der
Konsistenzbedingungen zu verzögern, bis beide Tupel eingefügt sind. Eine solche Verzögerung können wir durch die Definition einer Transaktion erreichen.
Mittels
    DECLARE TRANSACTION oder
    BEGIN TRANSACTION
wird dem System mitgeteilt, daß alle folgenden Anweisungen zu einer Transaktion gehören. Konsistenzprüfungen werden somit unterdrückt, bis mit
    COMMIT oder ROLLBACK

die Transaktion beendet wird. *COMMIT* deutet hierbei an, daß die ausgeführten Anweisungen Gültigkeit besitzen und deren Ergebnisse in die Datenbasis übernommen werden. *ROLLBACK* hingegen verwirft alle seit dem Beginn der Transaktion ausgeführten Änderungen. Unsere oben gestellte Aufgabe können wir somit durch folgende Anweisungsfolge erfüllen:

```
BEGIN TRANSACTION
INSERT INTO Land (Name, Kürzel, Hauptstadt)
     VALUES ("China", "VRC", "Peking")
INSERT INTO Stadt (Name, Landeskürzel)
     VALUES ("Peking", "VRC")
COMMIT
```

Die Definition einer Transaktion erzwingt im übrigen noch eine weitere Eigenschaft. Die in ihr enthaltenen Anweisungen werden vom System entweder ganz ausgeführt oder gar nicht. Ein teilweises Ausführen ist nicht möglich. Auf diese Art und Weise wird sichergestellt, daß ein Systemzusammenbruch während der Ausführung keinen inkonsistenten Datenbestand hinterläßt. Des weiteren sichert das Datenbanksystem zu, daß die Ergebnisse bereits beendeter Transaktionen in jedem Fall in die Datenbasis übernommen werden. Aufgrund dieser Eigenschaft ist es verboten, Transaktionen zu schachteln.[4] Will man trotz dieser Einschränkung auf einen Datenbasiszustand innerhalb einer Transaktion zurücksetzen, so erlauben manche Systeme das Anlegen von Sicherungspunkten. Dieses ist auch dann notwendig, wenn der Zustand nicht alle geforderten Konsistenzregeln erfüllt. Eine solche Situation ergibt sich häufig beim Laden der Datenbasis. Mögliche Sicherungspunkte bieten sich hier immer dann an, wenn eine Relation vollständig geladen wurde.

2.2.12 Datenschutz

Wie immer spielen dort, wo große Datenbestände verarbeitet werden, Fragen des Datenschutzes eine entscheidende Rolle. Nicht jedem Anwender ist es erlaubt, auf alle Relationen uneingeschränkt zuzugreifen. Deshalb bietet SQL mittels

```
GRANT   Recht
ON      Relation
TO      Benutzer
```

die Vergabe von Zugriffsrechten auf Relationen an. Als mögliche Rechte kommen hierbei SELECT, UPDATE, DELETE u.ä. in Frage. Wird das obige Konstrukt um die Formulierung

```
... WITH GRANT OPTION
```

---

[4]Der Abbruch der umfassenden äußeren Transaktion würde die Wirkung abgeschlossener innerer Transaktionen zunichte machen.

erweitert, so darf der Benutzer dieses erworbene Recht auch an andere weitergeben. Wird ihm das Recht wieder entzogen, so verlieren auch diejenigen das Recht, die es von ihm erhalten haben.

Der Entzug von Rechten erfolgt analog zur Vergabe mit

REVOKE   *Recht*
ON   *Relation*
FROM   *Benutzer*

2.2.13   Programmiersprachen-Anbindung

Zum Abschluß dieser Einführung in die Anfragesprache SQL werfen wir noch kurz ein Blick auf die Anbindung an eine gängige Programmiersprache. SQL wird oft als eine Sprache der 4. Generation bezeichnet. In ihr wird nicht prozedural, sondern deskriptiv programmiert. Die Schwierigkeiten treten nun genau dort auf, wo eine solche Sprache an eine prozedural orientierte Sprache angekoppelt werden muß. Als Beispiel wählen wir hier die Sprache C.

Da dem Begriff der Menge in SQL in C keine entsprechende Datenstruktur gegenübersteht, müssen Mengenoperatoren auf die Ebene der Tupel zurückgeführt werden. Zu diesem Zweck ist es möglich, auf einer Ergebnisrelation Iteratoren zu definieren, sogenannte *CURSOR*.

Um die initiale Ergebnisrelation zu erhalten, wird in das Programm eine SQL-Anfrage eingebettet. Als ein einfaches — und sicher nicht vollständiges — Beispiel versuchen wir, die Aggregatfunktion *SUM* in einem Anwendungsprogramm nachzubilden. Auch hier ist es von größerer Wichtigkeit, die Grundidee zu verstehen, anstatt alle möglichen Details. Deshalb sind im Programmausschnitt in Abb. 2.5 einige zwar notwendige, aber in diesem Zusammenhang unwichtige Teile weggelassen.

Da der gewöhnliche Übersetzer die eingebetteten SQL-Konstrukte nicht zu interpretieren weiß, wird das Programm zuvor durch einen Präprozessor verarbeitet. Dieser übersetzt die SQL-Konstrukte in Aufrufe an das Datenbanksystem. Als Hilfestellung hierzu dient der Zusatz *EXEC SQL*, der jedes SQL Konstrukt einleiten muß. Der Doppelpunkt vor einer Variablen zeigt dem SQL-Präprozessor an, daß eine vom Benutzer definierte Variable vorliegt. Mittels des Cursor-Konzepts lassen sich natürlich nicht nur bestehende Daten lesen, sondern auch ändern oder neu einfügen.

2.3   Der Datenbankentwurf für die Datenbasis TERRA

Nach diesen allgemeinen Bemerkungen über relationale Systeme sowie der Anfragesprache SQL werden wir im weiteren Verlauf dieses Kapitels näher auf die

```
main()
{
    int SQLCODE;                              SQL-Statusvariable
    int Anzahl, Summe;

    EXEC SQL DECLARE Landcursor
        CURSOR FOR                            Definition des Cursors und
        SELECT Einwohner                      der ihm zugrundeliegenden
        FROM Land;                            Ergebnisrelation

    EXEC SQL OPEN Landcursor;                 Iterator auf erstes
                                              Tupel positionieren
    Summe = 0;

    while (SQLCODE == 0)                      solange noch kein
    {                                         Fehler aufgetreten ist
        FETCH Landcursor INTO :Anzahl;        nächstes Tupel lesen
        Summe = Summe + Anzahl;               Einwohnerzahl summieren
    }

    printf("Weltbevölkerung: %d",Summe);      Ergebnisausgabe
}
```

Abb. 2.5. Einbettung von SQL in die Progammiersprache C

Modellierung der Diskurswelt eingehen. Wie zu Beginn erwähnt, handelt es sich um die Welt der Geographie.

2.3.1 Randbedingungen des Entwurfs

Im Gegensatz zu einem üblichen Datenbankentwurf, wie er beispielsweise für Zwecke der Verwaltung durchgeführt wird, wollen wir für unseren Datenbankentwurf kein vorgegebenes Anforderungsprofil festlegen, sondern uns im Verlauf des Abschnitts entsprechende Anforderungen erarbeiten. Dies gibt uns die Freiheit, bei der Modellierung der Gegenstände und Beziehungen nicht an einschränkende Bedingungen gebunden zu sein. Auf der anderen Seite stellt sie uns mit dieser Freiheit auch vor Probleme, was die Auswahl der zu modellierenden Gegenstandsbereiche und Beziehungen betrifft. Um trotz dieser Wahlfreiheit nicht Gefahr zu laufen, ein zu großes und unübersichtliches Schema zu entwickeln, teilen wir den weiteren Entwurf in vier einzelne Teilbereiche ein:

- Politik

- Wirtschaft

- Ethnologie

- Topographie

Der nachfolgende Abschnitt wird die einzelnen Bereiche in den verschiedenen Entwurfsphasen genauer besprechen.

2.3.2 Die Entwurfsschritte der Datenbasis TERRA

Wie wir im dritten Kapitel noch detaillierter sehen werden, ist der Entwurf einer Datenbasis in einzelne Phasen gegliedert. Das Ziel dieser Einteilung ist die Zerlegung des Gesamtvorgangs in kleinere, besser überschaubare Teile. Am Ende jeder Phase sind die Ergebnisse als Meilensteinberichte in schriftlicher Form darzulegen.

Für den Entwurf der Datenbasis TERRA haben wir folgende Phaseneinteilung gewählt:

- Anforderungsanalyse,

- Entwurf der lokalen Benutzersichten,

- Konsolidierung der einzelnen Sichten,

- Umsetzung des konzeptuellen Schemas in das relationale Datenmodell,

- Optimierung (physischer Datenbankentwurf).

Die Anforderungsanalyse

Wie oben erwähnt, stehen uns zu Beginn des Entwurfes keine Anfrageprofile zur Verfügung. Wie werden deshalb im ersten Anlauf einen Schnappschuß der Erde vom 01.01.1989 als unsere Diskurswelt definieren. Diese Definition werden wir dann im Laufe der Entwicklung weiter präzisieren. Die vier Teilbereiche aus dem vorigen Abschnitt dienen hierbei als Einstieg sowie als Anhaltspunkte für den weiteren Entwurf.

Die ersten drei Gebiete stammen aus der umfangreichen Gruppe der Anthropogeographien (Geographien des Menschen). Sie beinhalten unter anderem die Teile politische Geographie, Bevölkerungsgeographie und Wirtschaftsgeographie.

Der politische Bereich: Dieser Bereich beschreibt die Einteilung der Welt in Staaten und deren Untergliederung in Bundesstaaten und ähnliches. Von Interesse sind hier auch die Hauptstädte von Landesteilen, Bundesstaaten, Kantonen, u.ä., oder Städte, die Sitz von internationalen Organisationen sind, in denen dann wieder die Staaten Mitglieder sind. Die Zuordnung von Staaten zu Kontinenten sollte darstellbar sein, ebenso eine möglichst genaue Angabe der Lage von Städten und Ländern. Auf die Erfassung von Kronkolonien, Kolonien, Besitzansprüchen in der Antarktis sowie besetzten oder annektierten Gebieten wollen wir verzichten, da jeder dieser Einzelfälle vermutlich einer eigenen Modellierung bedarf.

Der Wirtschaftsbereich: Kaum ein Land der Erde ist autark. Das bedeutet, daß ein Land mit anderen Ländern handeln muß, um Produkte zu erhalten, die dort benötigt werden, und um Produkte zu verkaufen, die zuviel produziert werden. Diesen Sachverhalten wollen wir eine so starke Bedeutung zumessen, daß er in einem eigenen Bereich ausführlich dargestellt werden soll. Dabei sollte nicht nur der Fluß von Geld und Waren sichtbar gemacht werden können, sondern auch die Förderung bzw. Produktion von Waren. Bei Agrarprodukten wollen wir zusätzlich erfassen, wo potentielle Anbaugebiete für sie liegen.

Der ethnologische Bereich: Dieser Bereich ist im Vergleich zu den beiden anderen von geringerer Bedeutung. Er soll die Verteilung von Völkern, Sprachen und Religionen auf der Erde beschreiben und strukturieren.

Der letzte Teilbereich fällt weniger unter die Geographie des Menschen, als unter die Begriffe der Geomorphologie, der Ozeanographie oder der Hydrographie.

Der topographische Bereich: In diesem Teilbereich werden die Lage und Eigenschaften der wichtigsten geographischen Merkmale erfaßt. Dazu gehören Wüsten, Ebenen, Flüsse, Seen, Meere, Berge und Inseln. Des weiteren werden einige der unter diesen Gegenstandsbereichen vorherrschenden Beziehungen dargestellt.

2.3.3 Entwurf der lokalen Benutzersichten

Um die einzelnen Bereiche einer Modellierung zugänglich zu machen, werden wir zuerst die vorkommenden Entity- und Beziehungstypen ermitteln. In den nachfolgenden Schritten werden diese Beziehungen mit Kardinalitäten versehen und zusammen mit den Gegenstandsbereichen attributiert. Die danach vorliegenden Ergebnisse werden in einem ER-Diagramm dargestellt. Alle Bedingungen der realen Diskurswelt, die mit diesem Mechanismus nicht erfaßt werden können, werden abschließend als externe Konsistenzbedingungen formuliert. Es ist Sache der Anwenderprogramme, die Einhaltung dieser Bedingungen zu gewährleisten. Eine detaillierte Beschreibung der Methodik des ER-Ansatzes findet sich im Kapitel über Datenbankentwurf.

Das globale ER-Schema der gesamten Anwendung erhalten wir im letzten Schritt aus der Konsolidierung der Einzeldiagramme.

Der politische Bereich

Entity- und Beziehungstypen: Der erste Schritt zur Modellierung der politischen Gegebenheiten ist die Erfassung der wichtigsten Entity-Typen. Einige von ihnen haben wir in der Beschreibung des Bereichs kennengelernt. Zu ihnen gehören *Stadt*, *Land* und *Landesteil*. Unter einem Land ist dabei ein unabhängiger Staat zu verstehen, während mit Landesteil im Fall der USA ein Bundesstaat, im Fall der Schweiz ein Kanton oder im Fall der Bundesrepublik Deutschland ein Bundesland bezeichnet wird. Um die Lage der Staaten zueinander besser beschreiben zu können, wollen wir zusätzlich noch die Nachbarschaftsbeziehung zwischen einzelnen Staaten erfassen. Auf den ersten Blick erscheint es sinnvoll, diese Beziehung auf der Ebene der Landesteile anzusiedeln. Dies erlaubt sehr genaue Rückschlüsse auf die realen Verhältnisse. Bei genauerer Betrachtung allerdings wirft diese Modellierung Probleme auf. Legen wir bei einem Staat durchschnittlich 20 Landesteile zugrunde, so existieren allein innerhalb eines Staates ca. 50 Ausprägungen der Beziehung *benachbart*. Rechnet man noch ungefähr 20 grenzüberschreitende Nachbarschaften hinzu, kommt man auf 70 Ausprägungen dieses Beziehungstyps pro Staat. Bei ca. 170 Staaten auf der Erde erhält man auf diese Art und Weise 170 * 70 $\approx$ 12000 Ausprägungen. Zieht man hingegen die Beziehung auf die Ebene der Staaten, so treten im Schnitt ungefähr acht Ausprägungen pro Staat auf, was eine Gesamtzahl von 170 * 8 $\approx$ 1400 impliziert. Der Aufwand ist hier also um ca. eine Größenordnung geringer. Den damit einhergehenden Verlust an semantischer Information wollen wir dadurch teilweise kompensieren, daß zu jedem Landesteil vermerkt wird, in welchem Teil des Landes (Norden, Süden, Zentrum, etc.) dieser liegt.

Einen weiteren wichtigen Punkt in der Modellierung politischer Verhältnisse stellen die Städte mit ihren organisatorischen Funktionen (z.B. Hauptstadt, Landeshauptstadt) dar. Zur Erfassung dieser Gegebenheiten wollen wir zwei Beziehungen *hat_Hauptstadt* und *hat_Landeshauptstadt* der bisherigen Modellierung hinzufügen.

Politische Bündnisse (wie z.B. NATO, ANZUS, etc.) zwischen verschiedenen Staaten wollen wir in einem Entity-Typ *Organisation* berücksichtigen. Ein Beziehungstyp *ist_Mitglied* stellt die Verbindung zu den beteiligten Ländern dar.

Um die Zuordnung von Staaten zu Kontinenten darstellen zu können, wollen wir das Schema abschließend um den Entity-Typ *Kontinent* erweitern. Die Tatsache, daß ein Land auf einem bestimmten Kontinent liegt, wird nachfolgend im Beziehungstyp *umfasst* eingetragen.

Das aus den obigen Überlegungen resultierende ER-Diagramm ist in Abb. 2.6 ausgeführt. In ihm sind auch die Kardinalitäten der Beziehungen zum Ausdruck gebracht, von denen wir auf eine exemplarisch im nächsten Abschnitt eingehen wollen.

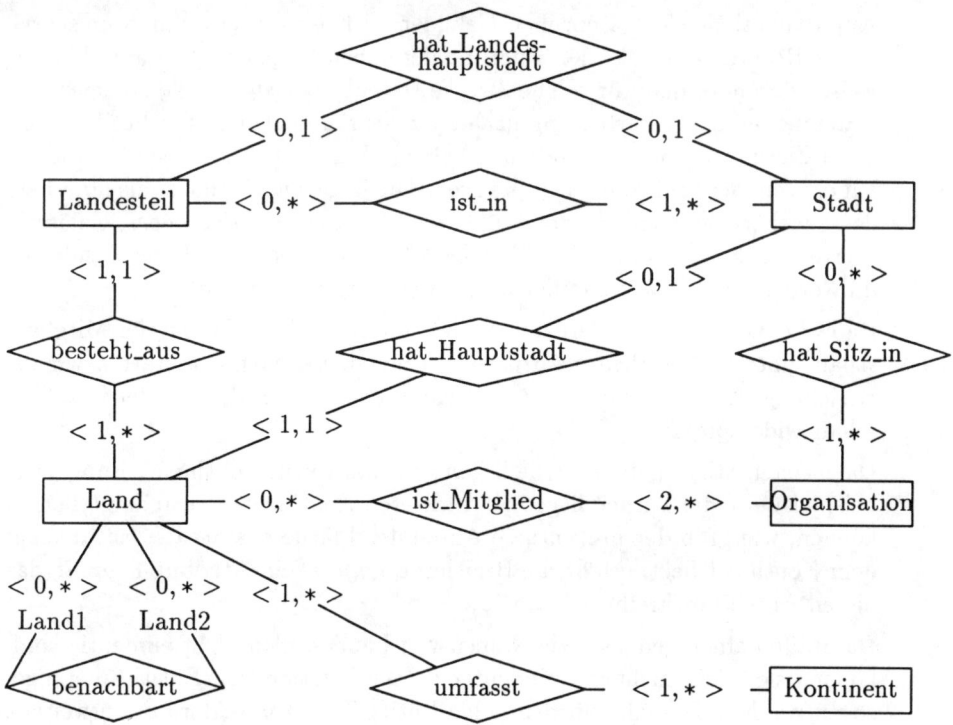

Abb. 2.6. ER-Diagramm der politischen Modellierung

Kardinalitäten: Eine der Kardinalitäten erscheint auf den ersten Blick etwas ungewöhnlich. Der Wert 0 der Minimalkardinalität zwischen dem Entity-Typ *Landesteil* und der Beziehung *ist_Landeshauptstadt* besagt, daß es Landesteile geben kann, die keine Landeshauptstadt besitzen. Auf den ersten Blick erscheint uns dies etwas fremdartig, denn unsere übliche Erfahrung besagt, daß jedem Landesteil eine Hauptstadt zugeordnet ist. Es gibt allerdings auch Staaten (z.B in Nordafrika) mit Landesteilen, in denen so wenig Menschen leben, daß es sich nicht lohnt, eine eigenständige Verwaltung in einer Ansiedlung in diesem Landesteil einzurichten. Dieses ist ein Beispiel dafür, daß zu einem Entwurf immer auch eine Validierung anhand realer Datenbestände vorgenommen werden muß.

Analoge Überlegungen führen auf die übrigen Kardinalitäten.

Attribute: Die meisten Attribute erklären sich aus dem Zusammenhang von selbst. Einige der Attribute allerdings wollen wir etwas genauer unter die Lupe nehmen. Während sich die Lage einer Stadt durch die Angabe der Koordinaten (Längen-, Breitengrad) sehr genau bestimmen läßt, hat man bei den Landesteilen und Ländern damit größere Probleme. Punktförmige Angaben eignen sich nun einmal wenig zur Beschreibung flächiger Gebilde.

Approximationen von amorphen Gebilden — beispielsweise durch umschrei-
bende Rechtecke — scheiden aufgrund der hohen Ungenauigkeit aus. Idealer-
weise verwendet man für solche Zwecke Datenbanksysteme, die ein spezielles
Datenmodell zur Verarbeitung flächiger oder räumlicher Daten besitzen. Da
unser Zielsystem solch ein Datenmodell jedoch nicht anbietet, werden wir uns
auf eine einfachere Lösung beschränken. Die Lage eines Landesteils innerhalb
des zugehörigen Landes erfolgt über ein Attribut *relative_Lage*. Zulässige
Werte sind beispielsweise N, SW oder Z. Sie besagen, daß dieser Landesteil
im Norden, im Südwesten oder im Zentrum des Landes liegt.

Da es bei verschiedenen Organisationen unterschiedliche Arten der Mitglied-
schaft gibt (Vollmitglied, assoziiertes Mitglied, Beobachter), statten wir die
Beziehung *ist_Mitglied* mit einem Attribut aus, welches die Art der Mitglied-
schaft widerspiegelt.

Die meisten Staaten dieser Erde liegen ganz auf einem Kontinent. Einige, wie
beispielsweise die Türkei, liegen auf mehreren Kontinenten. Um darstellen zu
können, wie groß der prozentuale Anteil der Fläche des Staates ist, der auf
dem Kontinent liegt, erhält die Beziehung *umfasst* ein Attribut *Prozent*, das
diesen Anteil beschreibt.

Da Städtenamen genauso wie Namen von Landesteilen nicht eindeutig sind,
können sie allein nicht zur eindeutigen Identifikation von Entities herangezogen werden. Deshalb wurden beide Entity-Typen um Attribute erweitert.
Bei Landesteil genügt zur eindeutigen Identifikation die Angabe der Land_ID
des Landes, in dem der Landesteil liegt. Eine eindeutige Kennung von Städte
nerhält man, wenn man zum Namen der Stadt die eindeutige Kennung des
Landesteils, in dem die Stadt liegt, angibt. Aus diesem Grund muß der
Entity-Typ Stadt um die Attribute Landesteil_ID und Land_ID erweitert werden.

Die attributierten Gegenstandsbereiche und Beziehungstypen sind in den
Abb. 2.7 bis 2.11 graphisch illustriert.

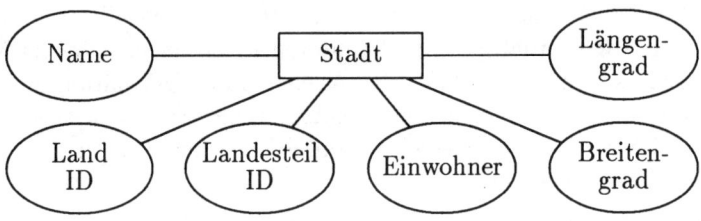

Abb. 2.7. Stadt

Konsistenzbedingungen: Obwohl das ER-Modell ein mächtiges Werkzeug
ist, gelingt es selten, alle Sachverhalte einer Diskurswelt auszudrücken. Solche Sachverhalte stellen meist Bedingungen an mehrere Gegenstandsbereiche
oder Attributkombinationen eines Typs dar. Beispiele für solche Bedingungen
sind:

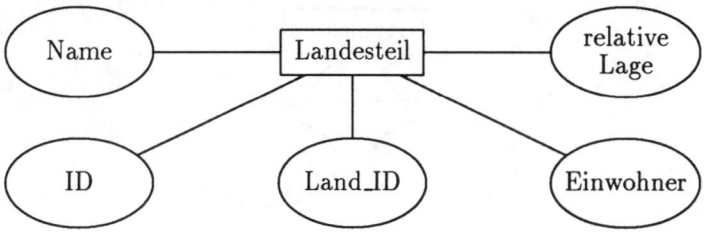

Abb. 2.8. Landesteil

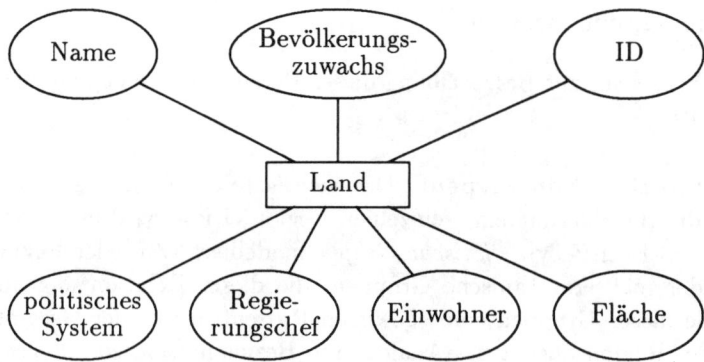

Abb. 2.9. Land

- Die Summe aller Einwohnerzahlen von Städten eines Landesteils muß kleiner oder gleich der Einwohnerzahl des Landesteils sein.
- Die Summe aller Einwohnerzahlen der Landesteile eines Landes muß kleiner oder gleich der Einwohnerzahl des Landes sein.
- Die Summe der Flächenanteile der Staaten eines Kontinents muß gleich der Fläche des Kontinents sein.
- Die Hauptstadt eines Landes muß innerhalb dieses Landes liegen.

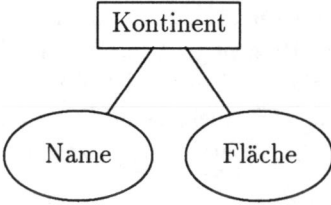

Abb. 2.10. Kontinent

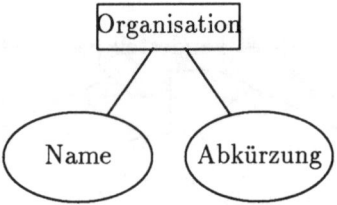

Abb. 2.11. Organisation

Der ethnologische Bereich

Die Vorgehensweise zur Beschreibung dieses Bereichs ist analog zu der des politischen Teils.

Entity- und Beziehungstypen: Das wichtigste Objekt dieses Ausschnitts ist
sicher die Bevölkerung einer einzelnen Region. Diese wird in diesem Bereich
durch den Entity-Typ *ethnische_Gruppe* modelliert. Zu jeder Region gibt es
eine oder mehrere ethnische Gruppen, die dieser Relation angehören, wobei jede dieser Gruppen einen gewissen Prozentsatz an der Gesamtbevölkerung der Region ausmacht. Analog zum Beziehungstyp *angehören* wird die
geographische Verteilung ethnischer Gruppen, Religionen und Sprachen in
den Beziehungstypen *leben* und *sprechen* modelliert. Viele Sprachen werden
nicht nur von einigen Volksgruppen gesprochen, sondern sind in einem oder
mehreren Staaten Amtssprachen. Die Modellierung dieser Tatsache macht
es auch in diesem Bereich notwendig, einen Entity-Typ Land einzuführen.
Dabei ist es nicht ungewöhnlich, daß ein Staat mehrere Amtssprachen hat.
(Auf den Philippinen beispielsweise sind Spanisch, Englisch und Tagalog die
Amtssprachen.) Besonders häufig tritt dieses Phänomen bei Staaten auf, die
früher Kolonien waren. Dort hat sich die Sprache der Kolonialherren neben
der Sprache der Einwohner als Amtssprache gehalten. Die Modellierung des
ethnologischen Bereiches zeigt Abb. 2.12.

Attribute: Um den Anteil an der Gesamtbevölkerung bei den Beziehungstypen *angehören*, *leben* und *sprechen* zu erfassen, ordnen wir jedem von ihnen
ein Attribut *Prozent* zu. Prozent tritt hier als Attribut eines Beziehungstyps
auf, nicht als eigenständiger Gegenstandsbereich. Dies begründet sich darin,
daß eine Prozentzahl für sich allein keine Daseinsberechtigung besitzt. Die
Attributierung der einzelnen Entity-Typen zeigen die Abb. 2.13 bis 2.17.

Der Wirtschaftsbereich

Entity- und Beziehungstypen: Zur Modellierung der wirtschaftlichen Beziehungen zwischen Ländern spielen Produkte verschiedenster Prägung eine
große Rolle. Aus diesem Grund teilen wir das Gesamtspektrum der Waren in

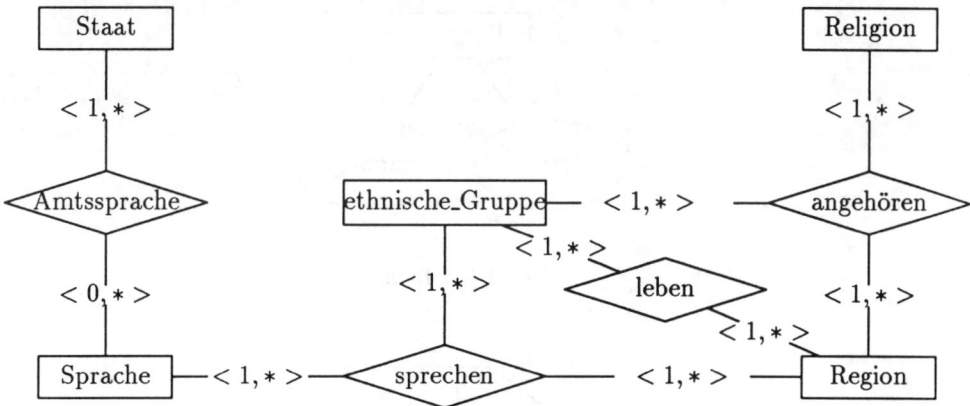

Abb. 2.12. ER-Diagramm des ethnologischen Bereichs

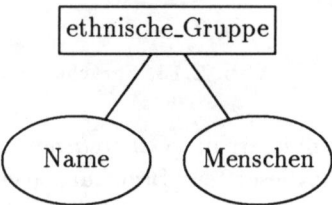

Abb. 2.13. Ethnische Gruppe

die drei Klassen Industrieprodukt, Agrarprodukt und Rohstoff ein. Zu jeder dieser Klassen gibt es spezifische Beziehungstypen zur Beschreibung spezieller Charakteristika. So wird ein Industrieprodukt in einer oder mehreren Städten gefertigt, ein Agrarprodukt wächst nur in bestimmten Klimazonen und wird in einem oder mehreren Gebieten angepflanzt, ein Rohstoff wird in einem oder mehreren Gebieten gefördert.

Zu diesen klassenspezifischen Beziehungen existieren für alle Klassen gemeinsam noch die Beziehungstypen *handelt_mit*, *benötigt* und *produziert*. Da in dem von uns verwendeten ER-Modell eine Einteilung in Klassen und die da-

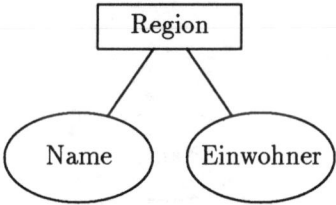

Abb. 2.14. Region

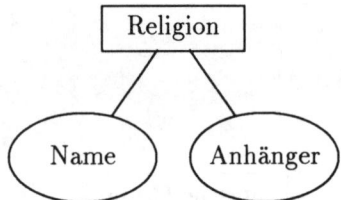

Abb. 2.15. Religion

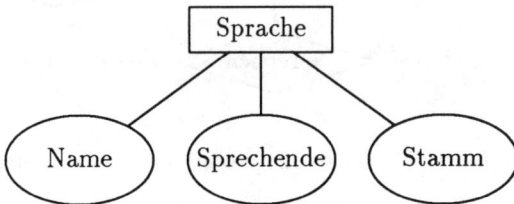

Abb. 2.16. Sprache

mit verbundene Klassenhierarchie (*Generalisierung*) nicht unterstützt wird, ist man gezwungen, jede dieser neun Beziehungen einzeln zu modellieren. Aus Gründen der Übersicht wollen wir dies allerdings etwas vereinfachen. Anstatt *produziert_Industrieprodukt*, *produziert_Agrarprodukt* und *produziert_Rohstoff* getrennt zu modellieren, fassen wir diese drei Beziehungstypen zusammen zu einem Beziehungstyp *produziert*. Das gleiche gilt für die Beziehungstypen *benötigt* und *handelt_mit*. Diese Erleichterung auf der einen Seite (3 statt 9 Beziehungstypen) zieht allerdings eine externe Konsistenzbedingung nach sich: Jede Ausprägung einer der drei Beziehungstypen *handelt_mit*, *benötigt* und *produziert* muß mit genau einem der drei Entities Industrieprodukt, Agrarprodukt oder Rohstoff verbunden sein. In den Übungsaufgaben werden wir dieses Problem erneut ansprechen und einige der weiteren Alternativen zur Diskussion stellen.

Da im Handel auch internationale Organisationen und Zusammenschlüsse wie die EG oder COMECON eine größere Rolle spielen, liegt es nahe, auch

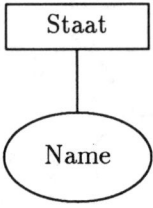

Abb. 2.17. Staat

einen Entity-Typ Organisation einzuführen. Das gesamte ER-Diagramm der wirtschaftlichen Modellierung zeigt Abb. 2.18.

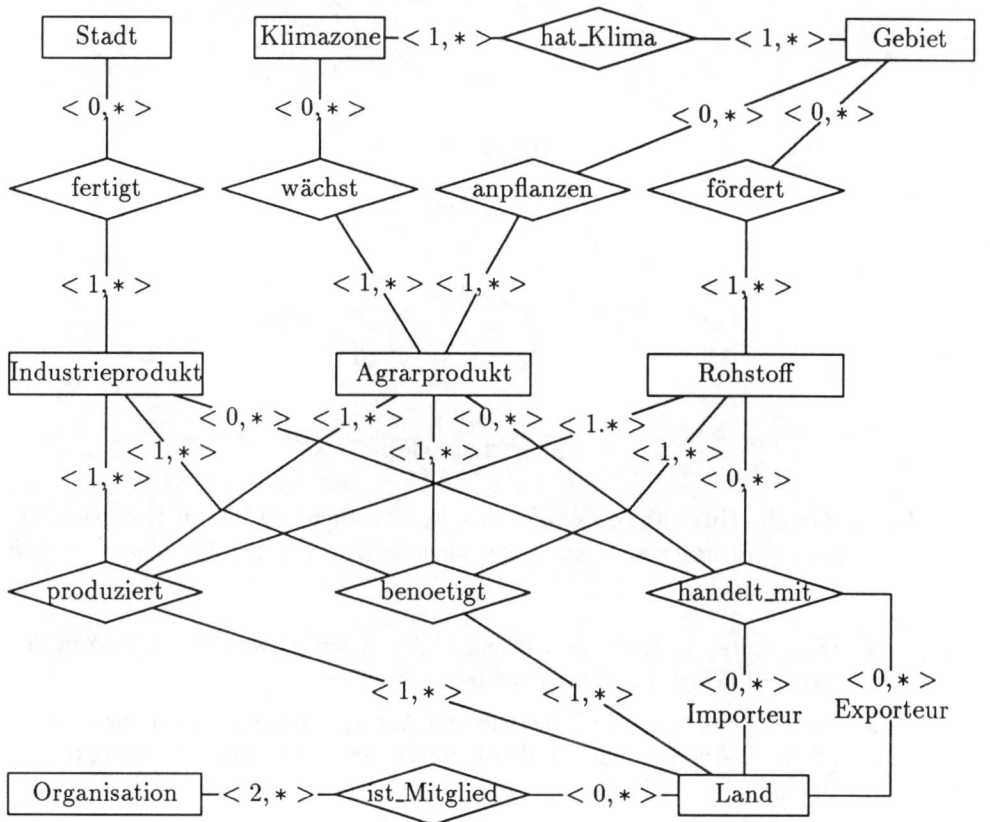

Abb. 2.18. ER Diagramm des Bereichs Wirtschaft

Attribute: Ähnlich der Prozentangabe im Abschnitt über Bevölkerungsgruppen wird hier jedem der Beziehungstypen *produziert, benötigt* und *handelt_mit* das Attribut Menge zugeordnet. Es bezeichnet die Anzahl der Einheiten, die gehandelt, benötigt oder produziert werden. Was die spezifischen Einheiten der Produkte (z.B. kg, m, etc.) sind, wird im Attribut Einheit der Produkt-Entity-Typen vermerkt. Das Attribut Preis steht für den durchschnittlichen Weltmarktpreis in US-Dollar.

Die Attribute des Entity-Typs Klimazone verstehen sich als langjährig gemittelte Durchschnittswerte der angegebenen Größen. Nachfolgend finden sich die Attribute für die aufgeführten Gegenstandsbereiche. Die Attributierung des Gegenstandsbereichs *Organisation* hat die gleiche Gestalt wie die in der politischen Modellierung (Abb. 2.11).

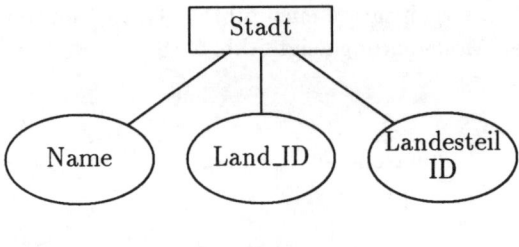

Abb. 2.19. Stadt

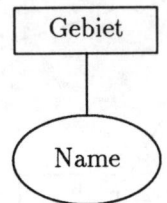

Abb. 2.20. Gebiet

Konsistenzbedingungen: Außer der bereits oben erwähnten Konsistenzbedingung sind unter anderem noch folgende Bedingungen für diesen Bereich zu beachten:

- Die Städte, in denen Industrieprodukte gefertigt werden, müssen in den Ländern liegen, die diese Produkte produzieren.

- Die Gebiete, in denen Rohstoffe und Agrarprodukte gefördert bzw. angepflanzt werden, müssen in den Ländern liegen, die diese Produkte produzieren.

Der topographische Bereich

Entity- und Beziehungstypen: Dieser Bereich ist der bei weitem reichste Bereich an Entity- und Beziehungstypen (s. Abb. 2.26). Praktisch jeder Entity-Typ aus diesem Bereich steht in mehreren Beziehungen zu anderen Entity-Typen, teilweise auch mit sich selbst. Als Beispiel wollen wir hier nur

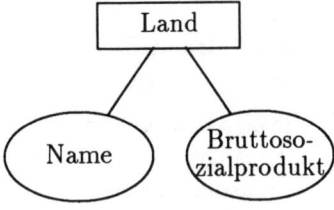

Abb. 2.21. Land

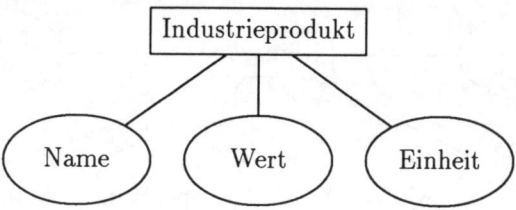

Abb. 2.22. Industrieprodukt

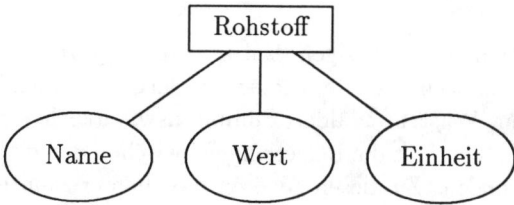

Abb. 2.23. Rohstoff

einen kurzen Blick auf die mehr als zwanzig Beziehungen werfen, an denen der Entity-Typ Fluß partizipiert:

Ein Fluß hat einen oder mehrere Quell- und Nebenflüsse. Er kann von einem Gletscher oder See gespeist werden und mündet in einen Fluß, einen See oder ein Meer. Ein See kann von einem Fluß auch durchflossen werden. Ein Fluß entspringt in einem Gebirge, an einem einzelnen Berg oder in einer Ebene. Zwei Flüsse können durch einen Kanal miteinander verbunden sein. Ein Fluß durchfließt oder begrenzt eine Ebene, eine Wüste oder ein Waldgebiet, entwässert eine Sumpflandschaft, trennt Länder oder Landesteile. Letztendlich gibt es auch noch Städte an seinen Ufern.

Würde man jeden oben erwähnten Beziehungstyp in der Form *mündet_Fluß*, *mündet_See*, *mündet_Meer* einzeln modellieren, so ergäben sich bei zehn Entity-Typen und durchschnittlich zehn Beziehungstypen pro Entity ca. 100 Beziehungstypen. Ein unhandliches und schwer durchschaubares semantisches Schema wäre die Folge. Als mögliche Alternativen kommen in Betracht:

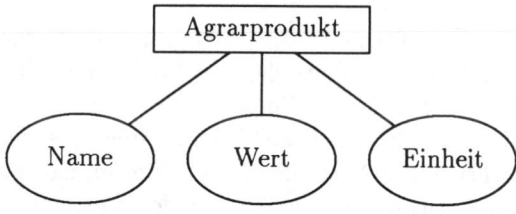

Abb. 2.24. Agrarprodukt

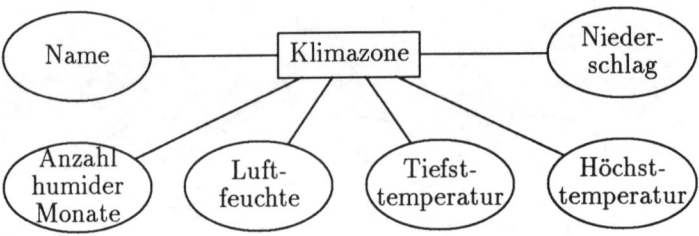

Abb. 2.25. Klimazone

- Die Definition eines einzigen Entity-Typ *geographisches_Merkmal*, der Flüsse, Meere, Seen, Kanäle, Gletscher, Berge, Gebirge, Inseln, Inselgruppen, Ebenen, Wüsten, Wälder, Sümpfe usw. in sich vereint. Ein zweiter Entity-Typ *Art* erfaßt die Beziehungen zwischen den einzelnen geographischen Merkmalen. Zu diesen gehören die oben erwähnten wie *entspringt*, *durchfließt*, *mündet*, etc. Die beiden Entity-Typen werden durch den Beziehungstyp *hat_Beziehung*, in die ein geographisches Merkmal zwei- oder dreimal eingeht, miteinander verknüpft.

  Der gravierende Nachteil dieser Modellierung liegt in den großen Verlusten an erfaßbarer Semantik. Dies zeigt sich besonders deutlich darin, daß diese Modellierung zuläßt, daß ein Wald in einem Meer entspringt und in eine Wüste mündet.

- Ein weiterer Ansatz ist der, Entity-Typen mit ähnlichen Beziehungen zu generalisieren. Zum Beispiel ließe sich zusätzlich zu den Typen *See*, *Meer* und *Fluß* ein Entity-Typ *Gewässer* einführen, der die Modellierung von gewässertypischen Beziehungen erlaubt. Da eine solche Zusammenfassung von Beziehungstypen in unserem ER-Ansatz jedoch nicht unterstützt wird, entfällt auch diese Möglichkeit.

Wir werden aus den oben deutlich gewordenen Gründen auf einen Kompromiß zurückgreifen müssen. Um ein möglichst hohes Maß an Semantik im Schema zu verankern, werden wir alle Beziehungen explizit benennen. Um jedoch der Flut potentiell möglicher Beziehungstypen zu entgehen, werden wir uns auf einige wenige beschränken. Auch auf diesen Punkt werden wir in den Übungsaufgaben detaillierter eingehen.

Attribute: Da wir es größtenteils mit geographischen Merkmalen zu tun haben, dienen die meisten Attribute der Beschreibung der Lage der einzelnen Entities auf der Erdoberfläche. Berge werden durch die Koordinaten des Gipfels spezifiziert, Inseln durch die Koordinaten irgendeines Punktes auf der Insel (möglichst in der Mitte der Insel). Um Inselgruppen oder Gebirge als Ganzes erfaßbar zu machen, wollen wir den Entity-Typen *Berg* und *Insel* die Zugehörigkeit zu diesen Aggregationen durch ein zusätzliches Attribut Rechnung tragen. Obwohl Inselgruppen und Gebirge auf diese Art und Weise

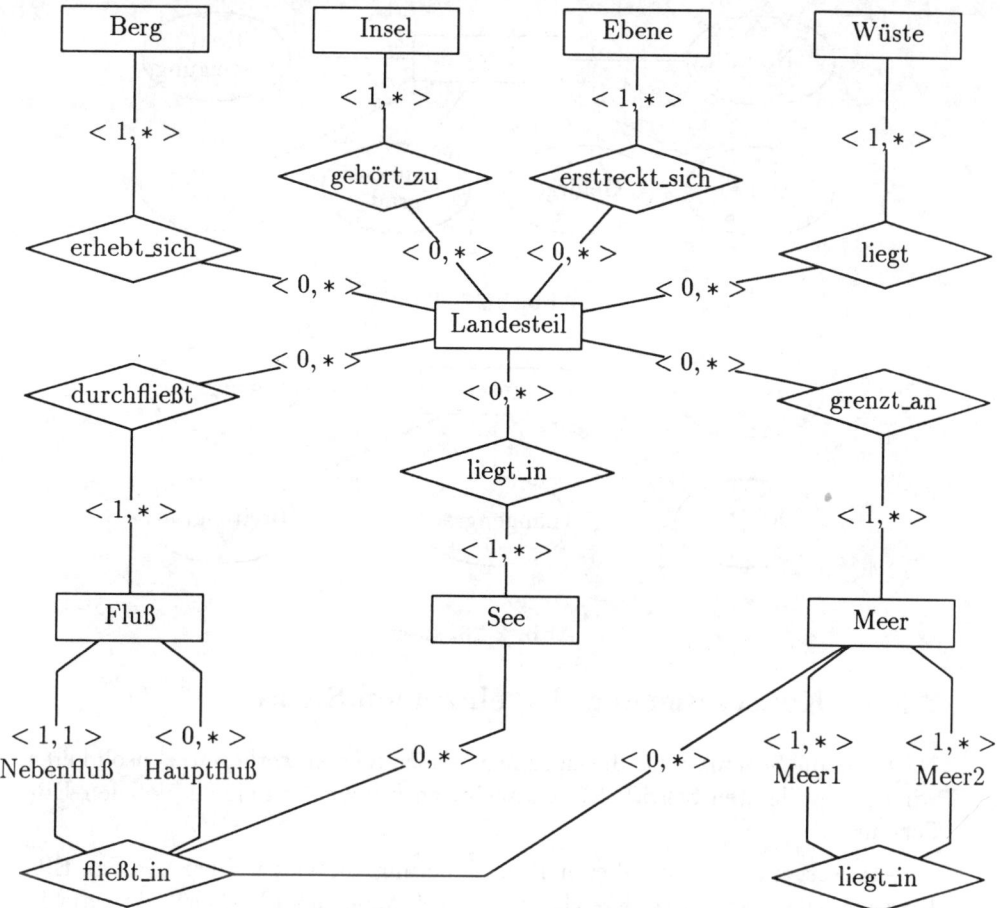

Abb. 2.26. Modellierung der Topologie in einem ER-Diagramm

nicht als eigenständige Entities auftreten, ist es möglich, die Lage und Aus-
dehnung der übergeordneten Einheiten zu bestimmen. Wüsten, Ebenen und
Seen sind in der Regel so groß, daß eine Angabe des Landesteils, in dem
sie liegen, vollkommen ausreicht, um ihre Lage in etwa zu bestimmen. Bei
Flüssen werden wir aufgrund ihres Verlaufs auf ähnliche Probleme bei der
Modellierung treffen, wie sie bei der Beschreibung der Länder vorliegt. Um
trotzdem eine ungefähre Vorstellung davon zu erhalten, wie ein Fluß verläuft,
spezifizieren wir die Koordinaten der Mündung und des Ursprungs sowie alle
Landesteile, die von diesem Fluß durchflossen oder berührt werden.

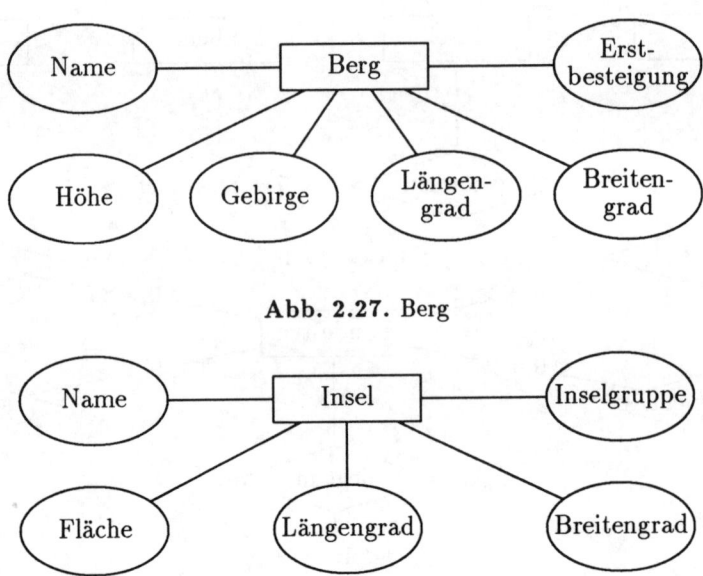

Abb. 2.27. Berg

Abb. 2.28. Insel

2.3.4   Konsolidierung der einzelnen Sichten

Nachdem die Schemata für die einzelnen lokalen Sichten vorliegen, konsolidieren wir diese im letzten Schritt des semantischen Entwurfs zu einem globalen ER-Schema.

Als Ausgangsbasis für diesen Konsolidierungsvorgang wählen wir das ER-Diagramm des politischen Bereichs. Die Begründung dieser Wahl ist sehr einfach: die Hierarchie Land - Landesteil - Stadt dient als Einstiegspunkt für eine ganze Reihe von Beziehungstypen. Wir beginnen damit, diesen Bereich mit der ethnologischen Modellierung zu konsolidieren. Die Entity-Typen *Land* und *Stadt* treten in beiden Bereichen auf und können ohne größere Modifikationen zusammengefaßt werden. Etwas anders verhält es sich mit den Landesteilen und Regionen. Sie bezeichnen im Grunde unterschiedliche Objekte der realen Welt. Dessenungeachtet wollen wir sie aus pragmatischen Gründen doch zusammenlegen. Zum

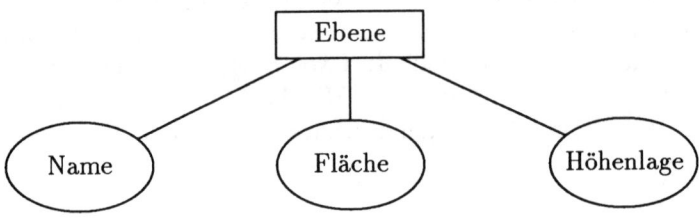

Abb. 2.29. Ebene

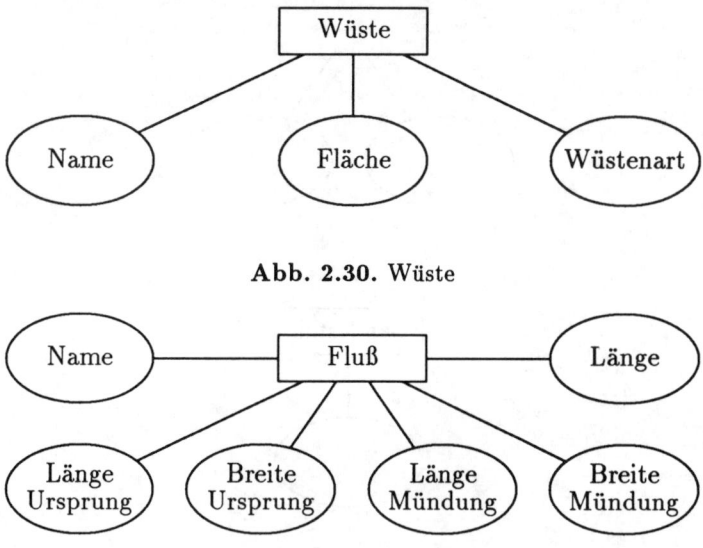

Abb. 2.30. Wüste

Abb. 2.31. Fluß

einen sind die einzelnen Landesteile zum größten Teil aus den Siedlungsgebieten ethnischer Gruppen entstanden, zum anderen erfordert die Trennung beider Beschreibungen einen nicht unerheblichen Aufwand im weiteren Verlauf der Arbeiten. Ein Beispiel ist die mitunter redundante Beschreibung der Beziehungen mit den zugehörigen Staatsgebieten.

Das nächste zu integrierende Teilschema sei das der Wirtschaft. Auch hier ergeben sich Übereinstimmungen in einigen Gegenstandsbereichen. So taucht *Land* in beiden Schemata auf, wenn auch mit unterschiedlichen Attributen. Ähnliches gilt für *Organisation*, *ist_Mitglied* und *Stadt*. Bei den Entity-Typen *Gebiet* und *Landesteil* spielen ähnliche Überlegungen wie oben eine Rolle. Auch hier sprechen pragmatische Gründe für eine Zusammenfassung.

Der letzte Schritt, die Konsolidierung mit dem topographische Bereich, besteht eigentlich nur noch aus einer Konsolidierung der beiden gleichnamigen Entity-Typen *Landesteil*.

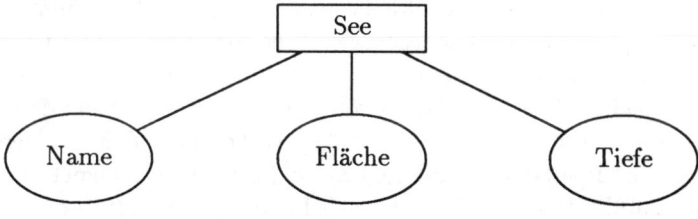

Abb. 2.32. See

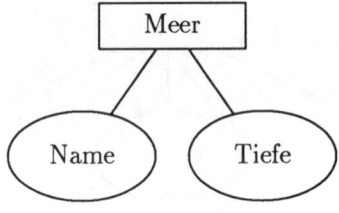

Abb. 2.33. Meer

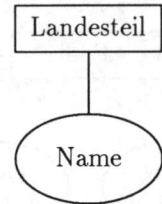

Abb. 2.34. Landesteil

Eigentlich ist die Erstellung des ER-Diagramms nun abgeschlossen. Oft treten allerdings gerade in dieser Phase noch Probleme und Erweiterungsmöglichkeiten an die Oberfläche, die bisher verborgen geblieben waren.

- Eine solche Erweiterung bietet sich beispielsweise in der folgenden Gegebenheit: Städte liegen häufig an einem Gewässer. Da alle benötigten Entity-Typen im Schema bereits vorhanden sind, ist es ein leichtes, diesen Beziehungstyp zu ergänzen. Auch hier ergibt sich das Problem, daß der Begriff des Gewässers die Gegenstandsbereiche *Fluß, See* und *Meer* vereint, was eigentlich zu drei Beziehungstypen *liegt_an_Fluß, liegt_an_See,* etc. führen würde. Um dies zu umgehen, fassen wir diese Beziehungstypen zu einem einzigen zusammen, der den Charakter einer Auswahl hat. Er stellt die Beziehung zwischen einer Stadt und einem Fluß oder See oder Meer dar. Die oder-Formulierung ist hierbei in der ausschließlichen Form des entweder-oder zu verstehen. Wir werden auf diese Art der Modellierung bei der Umsetzung in das relationale Schema zurückkommen.

- Eine zweite Veränderung betrifft die Kardinalitäten. Es kommt häufig vor, daß die Hauptstadt eines Landes wegen ihrer Größe ein eigener Landesteil ist. Natürlich ist diese Hauptstadt dann auch Landeshauptstadt dieses Landesteils (Beispiel: Oslo ist die Hauptstadt von Norwegen und Landeshauptstadt des Landesteils Oslo). Es kann nun ebenso vorkommen, daß es in dem Landesteil, der den Hauptstadt-Landesteil umschließt, keine geeignete große Stadt gibt, so daß die Hauptstadt auch noch Landeshauptstadt dieses Landesteils ist (Beispiel: Oslo ist auch noch Landeshauptstadt des Landesteils Akershus, der den Landesteil Oslo umschließt). Deshalb mußte die Maximalkardinalität zwischen hat_Landeshauptstadt und Stadt größer als 1 gewählt werden.

Des weiteren liegen einige Städte in mehr als einem Landesteil. Ein Beispiel hierzu findet man sogar in der Bundesrepublik Deutschland: Wertheim hat einen bayerischen und einen baden-württembergischen Stadtteil. Aus diesem Grunde mußte auch hier die Maximalkardinalität erhöht werden.

- Einer weiteren Änderung bedarf es bei den Kardinalitäten der Hauptstädte. Sie ergibt sich weniger aus der Betrachtung der Gesamtschemas, sondern wird von den Datenbeständen erzwungen. Indien ist in 25 Staaten und sechs Unterterritorien gegliedert. Einer der Staaten — Jammu and Kashmir — hat zwei Hauptstädte, Srinagar im Winter und Jammu im Sommer. Um dieses Problem angebracht zu berücksichtigen, bedarf es außer der Änderung einer Kardinalität weitergehender Modifikationen. In Anbetracht der Tatsache, daß es sich hier um einen Einzelfall handelt, wollen wir es bei der Änderung der Kardinalität belassen.

  Im übrigen gibt gerade dieser Punkt den Anlaß für eine Bemerkung über die Datenerfassung. Ein Schema, welches am Schreibtisch entwickelt wurde und zur Implementierung gelangt, ohne vorher evaluiert worden zu sein, birgt oft eine ganze Reihe unangenehmer Risiken in sich. Da das Schema die Basis aller Anwendungen bildet, übertragen sich die dort auftretenden Probleme auf die gesamte Anwendung. Ein wichtiger Schritt beim Entwurf eines Schemas stellt deshalb die Validierung der Konzepte anhand realer Daten dar.

- Die letzte Änderung ist eher kosmetischer Natur. Sie betrifft die Beziehungstypen *durchfließt*, *grenzt_an*, *liegt_in*, *gehört_zu*, *liegt*, *erstreckt_sich* und *erhebt_sich*. An diesen Beziehungstypen stehen jeweils die gleichen Kardinalitäten, und sie beschreiben alle die Lage eines geographischen Gebildes in einem Landesteil. Es herrscht also eine gewisse Gleichartigkeit unter ihnen. Da zudem diese Bezeichner nicht gerade einfach zu unterscheiden sind (*liegt* und *liegt_in* paßt nahezu auf jeden Beziehungstyp aus dieser Gruppe), wählen wir eine Kombination aus einem Präfix (*geo*) und dem Name des involvierten geographischen Merkmals. Aus *erhebt_sich* wird somit *geo_Berg*.

Das resultierende globale ER-Diagramm der Datenbasis TERRA ist im Anhang auf den Seiten 188 und 189 wiedergegeben.

2.3.5   Umsetzung in das relationale Datenmodell

Aus Gründen des Aufwands beschränken wir uns bei der Umsetzung des ER-Schemas in das korrespondierende relationale Schema auf einen Teil der gesamten Modellierung. Dazu wählen wir all die Gegenstandsbereiche aus, die "rechts" von der Hauptachse Land - Landesteil - Stadt liegen. Dieser Teil wird dann auch die Grundlage der Übungsaufgaben am Ende dieses Kapitels bilden.

Das relationale Schema

Die klassische Vorgehensweise bei der Umsetzung eines ER-Schemas in einzelne
Relationen besteht darin, für jeden Entity- und jeden Beziehungstyp eine Relation zu erstellen. Da sich die hieraus ergebende Lösung jedoch in einigen Punkten
noch verbessern läßt, werden wir nachfolgend das relationale Schema optimie-
ren. Dieses ist immer dann möglich, wenn Kardinalitäten der Form $< 0,1 >$
oder $< 1,1 >$ die Möglichkeiten der Modellierung weiter einschränken. In
Abschn. 3.4.2 auf Seite 138 werden wir genauer auf diesen Problemkreis zu sprechen kommen.

Betrachten wir nun einige der Punkte im Detail:

- Die Relation besteht_aus ist eigentlich nur eine Projektion der Relation Landesteil auf die Attribute Landesteil_ID und Land_ID. Dies bedeutet, daß die
Semantik dieser Beziehung aus der Relation Landesteil entnommen werden
kann. Diese Vereinfachung spart nicht nur Speicherplatz ein, sondern verhindert auch unnötige Redundanz.

- Die $< 1,1 >$-Kardinalität zwischen den Gegenstandsbereichen *Land* und
hat_Hauptstadt erlaubt es, die Hauptstadt als Attribut des Landes aufzufas-
sen. Zu diesem Zweck ist es notwendig, alle Schlüsselattribute der Relation
Stadt in die Relation *Land* aufzunehmen. Da das Schlüsselattribut *Land_ID*
allerdings immer identisch ist mit der Land_ID des Landes, kann dieses Attribut sogar entfallen. Auf diese Art und Weise gelingt es sogar, die folgende
Konsistenzbedingung zu erzwingen: Die Hauptstadt eines Landes muß innerhalb dieses Landes liegen. Schließt man zudem noch bei den hinzugenom-
menen Attributen die Existenz von Nullwerten aus, so hat man weiterhin
gewährleistet, daß jedes Land genau eine Hauptstadt hat (Minimalkardinalität 1).

- Das Kardinalitätenpaar zwischen *Fluß* und *mündet* ist $< 1,1 >$. Auch dies
erlaubt, die Beziehungsrelation mit in die Beschreibung des Gegenstands aufzunehmen. Dafür wird die Relation *Fluß* um die drei Attribute *Fluß*, *See* und
Meer erweitert. Bei allen drei Attributen sind Nullwerte zugelassen, wobei
die bei der Modellierung aufgetretene Konsistenzbedingung zu beachten ist.

- Obwohl wir im vergangenen Abschnitt festgestellt haben, daß es Landesteile mit mehr als einer Hauptstadt gibt, wollen wir folgende Annahmen
machen. Gesetzt den Fall, die Maximalkardinalität zwischen *Landesteil*
und *hat_Landeshauptstadt* sei 1. Unter dieser Annahme kann die Relation *hat_Landeshauptstadt* gestrichen werden, indem die Schlüsselattribute
der Stadt zum Landesteil zugeschlagen werden. In den (seltenen) Ausnah-
mefällen, in denen ein Landesteil mehrere Hauptstädte besitzt, muß das Tupel
dieses Landesteils entsprechend oft mit den unterschiedlichen Hauptstädten
in dieser Relation auftauchen. Analog zur Umsetzung der Hauptstadt eines
Landes können auch hier wieder redundante Attribute entfallen.

Für die so entstandenen Relationen sind im Anhang die Beschreibungen angegeben. Sie umfassen außer den Attributnamen und deren Wertemengen ergänzende Angaben über die Erlaubnis von Nullwerten sowie zusätzliche Erläuterungen.

2.3.6 Adaption an das Benutzerprofil

Wir sind nun an einem Punkt angelangt, an dem der eigentliche Entwurf der Datenbasis abgeschlossen scheint. Das relationale Schema ist vollständig entwickelt worden und die zu lösenden Aufgaben liegen als Anfragen vor. Nun kann damit begonnen werden, das Anfrageverhalten an das zu erwartende Benutzerprofil anzupassen. Hierzu gehören unter anderem die

- Definition von Zugriffspfaden,

- Festlegung von Zugriffsrechten,

- Erstellung von Anwenderprogrammen, etc.

Wir wollen deshalb in den Übungen beispielhaft einige Zugriffspfade auf den definierten Relationen anlegen.

2.4 Aufgaben zum relationalen Modell

2.4.1 Fragen zum konzeptuellen Schema

Aufgabe 2.1: Kehren wir noch einmal zurück zum Abschnitt geographische Modellierung. Dort wurde, unter anderem, die Problematik der gleichartigen Modellierung von Beziehungen zwischen den verschiedenen geographischen Merkmalen und den zugehörigen Landesteilen deutlich. Welche Alternativen bezüglich der Modellierung dieses Sachverhaltes sind noch möglich? Wo liegen die Stärken und Schwächen dieser Alternativen?

Aufgabe 2.2: Ebenso wie für die Modellierung der geographischen Merkmale existieren auch für den Bereich der Wirtschaft verschiedene Ansätze zur Modellierung. Wir wollen an dieser Stelle drei von ihnen zur Diskussion stellen:

- In der ersten Alternative wird der Vorschlag gemacht, jeden der Beziehungstypen (produziert, handelt und benötigt) dreimal mit dem Entity-Typ *Menge* zu verbinden. In jede Beziehung gehen dann außer dem Land (Ländern) auch alle drei Produkte mit ihren jeweiligen Mengen ein. Gravierender Nachteil dieser Alternative ist, daß bei jedem Beziehungstyp die Anzahl der eingehenden Industrieprodukte, Agrarprodukte und Rohstoffe gleich sein müssen. Das heißt, daß bei einem Land die Anzahl der produzierten Industrieproduktarten gleich der produzierten Agrarproduktarten und gleich der produzierten Rohstoffarten sein müßte, ein Umstand, der in der realen Welt nicht gegeben ist.

- Der zweite Ansatz führt statt der drei Entity-Typen nur einen Entity-Typ *Produkt* ein. Dies führt natürlich zu erheblichen Verlusten in der Sematik, da eine Unterscheidung von verschiedenen Produktklassen nicht mehr möglich ist. Man wäre dann durchaus in der Lage zu modellieren, daß in irgendeinem Gebiet Erdöl angepflanzt wird.

- Dem erfahrenen Leser wird hier noch eine dritte Alternative in den Sinn kommen. Sie besteht darin, zwischen den ProduktEntity-Typen und den Beziehungstypen einen Generalisierungs-Entity-Typ einzuschieben. Dieser symbolisiert die Klasse aller möglichen Produkte. Da allerdings die Generalisierung, wie schon erwähnt, in unserem ER-Ansatz nicht unterstützt wird, scheidet diese Methode aus.

Wie ließe sich einer der Ansätze modifizieren um die bestehenden Nachteile zu umgehen? Falls dies nicht möglich sein sollte, welche weiteren Möglichkeiten der Modellierung gibt es?

2.4.2 Übungsaufgaben zu SQL

Bemerkungen zur Verwendung von Eigennamen

Die Auswahl einer relativ komplexen Diskurswelt wie die der Geographie bringt eine Reihe zusätzlicher Probleme mit sich:

- So kann es passieren, daß man eine Stadt, die man auf einer Karte findet, im Lexikon mit dieser Schreibweise vergeblich sucht. Wie kann man angesichts dieser Tatsache trotzdem die Einwohnerzahl dieser Stadt ermitteln? Man ist in solchen Fällen oft gezwungen, seiner Phantasie freien Lauf zu lassen und verschiedene mögliche Schreibweisen des Stadtnamens zu probieren.

- Eigennamen bereiten auch in anderer Hinsicht noch erhebliche Schwierigkeiten. Welcher Name für einen Gegenstand soll in der Datenbasis gewählt werden? Der Name in der Landessprache (Praha) oder der deutsche Name (Prag)? Dieses Problem ist deshalb so wichtig, weil Namen oft Bestandteil des Schlüssels sind und über sie deskriptiv zugegriffen wird. Für unsere Zwecke haben wir zu folgendem Kompromiß gegriffen: Jeder Name wird in der Landessprache abgelegt, außer der deutsche Name ist in der Umgangssprache sehr geläufig. Die obige Stadt liefe somit unter der Bezeichnung *Prag*. Diese Trennung mag zwar unscharf sein, hat sich in der Praxis jedoch gut bewährt.

- Da die internationale Standardisierung noch nicht auf die Ebene der Betonungszeichen einer Sprache vorgeschritten ist, sind sämtliche Namen ohne

Akzente o.ä. abgelegt. Umschreibungen wie zum Beispiel *ae* für *ä* werden allerdings angewandt.

Kommen wir nun zu den eigentlichen Aufgaben. Wir beginnen mit einfachen Anfragen zur Projektion oder Selektion und führen über einfache Verbindungen hin zu komplexen Anfragen.

Aufgabe 2.3: Ermitteln Sie die Namen aller Kontinente.

Aufgabe 2.4: Geben Sie für alle Millionenstädte, die in den Tropen liegen, die Namen und ihre Koordinaten an. (Die Tropen liegen zwischen 23,27 Grad nördlicher und südlicher Breite.)

Aufgabe 2.5: Geben Sie die Namen, die jeweilige Länderkennung und die Zahl der Einwohner für alle Länder an, die mehr als 45 Millionen Einwohner haben. Ordnen Sie dabei die Länder in absteigender Reihenfolge bezüglich der Einwohnerzahl.

Aufgabe 2.6: Geben Sie für jeden Berg, der höher als 5000 m ist, dessen Höhe an sowie den Landesteil, in dem er liegt.

Aufgabe 2.7: Geben Sie von jedem Land in Afrika den Namen, die Anzahl der Einwohner, die Fläche und das Bruttosozialprodukt an.

Aufgabe 2.8: Welchen Anteil der Erdoberfläche nehmen die Meere ein?

Aufgabe 2.9: Ein Land, in dem mehr als 10 Prozent der Bevölkerung in Großstädten lebt, gilt als stark urbanisiert. Als Großstädte werden Städte mit mehr als 500000 Einwohnern betrachtet. Welche Länder der EG gelten demzufolge als urbanisiert?

Aufgabe 2.10:

a. Geben Sie zu jedem Fluß, der in einen anderen fließt, an, in welches Meer oder See dieser (der zuletztgenannte Fluß) mündet.

b. Können Sie zu jedem Fluß angeben, in welches Meer bzw. welchen See sein Wasser fließt ?

Aufgabe 2.11: Angenommen, die Zahlen über das Bevölkerungswachstum blieben unverändert. Wie groß wäre die Erdbevölkerung dann in zwei Jahren?

Aufgabe 2.12: Wie groß ist die Zahl der Einwohner pro km² je Kontinent?

Aufgabe 2.13: In der Datenbasis ist erfaßt, welche Städte an welchen Gewässern liegen. Stellen Sie fest, ob die zugehörigen Landesteile ebenfalls an diesen Gewässern liegen. Anforderungen dieser Art werden als *Konsistenzbedingungen* bezeichnet.

Aufgabe 2.14: Welches Land ist Mitglied in einer Organisation, deren Sitz in einer Stadt des Landes ist?

Aufgabe 2.15: Wie könnte man das Einfügen von Duplikaten in Relationen verhindern? Denken Sie dabei an unterschiedliche Methoden wie Schemadefinition oder Insert-Klausel.

Kapitel 3

Datenbankentwurf

3.1 Einleitung

Nachdem wir in den beiden vorherigen Kapiteln verschiedene Konzepte zur Datenverwaltung kennengelernt haben, wollen wir den Schwerpunkt unserer Betrachtungen nun auf einen Bereich lenken, den wir bisher als gegeben vorausgesetzt haben: den Datenbankentwurf. Unsere Aufgabe besteht somit darin, die Anforderungen einer Anwendung zu erfassen und in einer geeigneten Modellierung zu berücksichtigen.

Obwohl dieses Buch in den meisten Bereichen sehr ausführlich auf die vorgestellte Thematik eingeht, wollen wir an dieser Stelle zuerst eine kleine Auswahl an erhältlicher Sekundärliteratur geben, bevor wir uns eingehender mit dem Entwurf beschäftigen. Zum einen handelt es sich dabei um Bücher, die eine Gesamteinführung in den Bereich der Datenbanken geben, zum anderen sind aber auch einige der wesentlichen Artikel des Gebietes aufgeführt.

Allgemeine Literatur: Aus der großen Zahl der Veröffentlichungen aus dem Bereich der Datenbanksysteme wollen wir die folgenden Bücher besonders hervorheben: [Dat86], [KS86], [LH87] und [TF82].

Zum Entwurfsteil: Auch auf dem Gebiet des Datenbankentwurfs ist eine Vielzahl an Publikationen erhältlich. So beschreibt nahezu jedes Überblickswerk auch den Datenbankentwurf in einem speziellen Abschnitt. Darüber hinaus empfehlen wir speziell dem interessierten Leser, noch einen Blick auf die Originalveröffentlichungen zum ER-Modell [Che76] und zum Entwurf eines relationalen Schemas [TYF86] zu werfen.

Der Datenbankentwurf läßt sich (wie Entwurfsvorgänge allgemein) in verschiedene Phasen zerlegen, die zeitlich nacheinander ausgeführt werden. Dieses bedeutet, daß das Entwurfsziel nicht in einem Schritt erreicht wird, sondern eine Reihe von Schritten notwendig sind, die das Ziel stückweise näherbringen. Dies bedeutet aber auch, daß die Schritte, die zu Beginn ausgeführt werden, großer Sorgfalt bedürfen, denn nachfolgende Schritte bauen auf den Ergebnissen dieser Phasen auf. Eventuell getroffene Fehlentscheidungen in den Anfangsphasen sind später kaum oder nur mit Mühe zu revidieren.

Die folgende Liste gibt einen Überblick der für den Datenbankentwurf notwendigen Phasen.

Anforderungsanalyse: Der erste Schritt bei der Abbildung der vorgegebenen Diskurswelt besteht darin, sich einen genauen Überblick darüber zu verschaffen, welchen Teil der realen Welt wir zu modellieren gedenken. In diesem Schritt spielen die zu erwartenden Anwendungsprofile (Art und Häufigkeit von Anfragen) eine große Rolle. Diese und andere Parameter werden in der sogenannten Spezifikation (Pflichtenheft) schriftlich niedergelegt.

Erstellung des semantischen Datenmodells: Der im vorherigen Schritt ausgewählte Ausschnitt der Diskurswelt wird nun in einem (möglichst formalen) Mechanismus beschrieben, dem semantischen Datenmodell. Diese Datenmodelle — von denen wir die ER-Methode exemplarisch kennengelernt haben — reichen aber oft nicht aus, die gesamte Semantik einer Anwendung zu erfassen. Aus diesem Grund ist es häufig notwendig, noch zusätzliche Bedingungen über die Umweltsemantik zu erfassen.

Erstellung des logischen Datenmodells: An die Modellierung der Diskurswelt im semantischen Modell schließt sich die Umsetzung in ein real existierendes Modell an. Als Vertreter dieser Klasse der sogenannten logischen oder Implementierungsmodelle haben wir im ersten Kapitel dieses Buches das Netzwerkmodell und im zweiten Kapitel das relationale Modell kennengelernt. Außer den Konzepten zur Datenstrukturierung gehört zu einem solchen Modell im übrigen immer auch ein Satz zugehöriger Operationen.

Zum Umsetzungsschritt selbst bleibt übrigens zu bemerken, daß er von der semantischen Modellierung ausgeht, nicht jedoch direkt von der gegebenen Diskurswelt. Ein eventuelles Überspringen einzelner Zwischenschritte macht eine später durchzuführende Änderung erheblich aufwendiger.

Validierung und Verifikation: Der letzte Schritt im Entwurfsprozeß einer neuen Datenbasis stellt sich in der Problematik der Qualitätssicherung dar. Diese Überprüfung der Qualität hat dabei zwei Anforderungen zu erfüllen:

• Die Verifikation stellt sicher, daß die Realisierung auch der Spezifikation entspricht, wie sie in der Anforderungsanalyse erarbeitet wurde; dies kann ebenso mit formalen wie auch heuristischen Verfahren geschehen.

• Die Validierung hingegen überprüft die Spezifikation auf ihre Übereinstimmung mit den Anforderungen seitens des Anwenders. Zu diesem Zweck wird häufig eine prototypische Implementierung ausgeführt.

Der Unterschied zwischen beiden Begriffen wird noch etwas deutlicher, wenn wir beide Begriffe umgangssprachlich beschreiben:

Verifikation: Entwerfen wir das System richtig?

Validierung: Entwerfen wir das richtige System?

Diese Einzelschritte sind in ihrer zeitlichen Abfolge in Abb. 3.1 dargestellt.

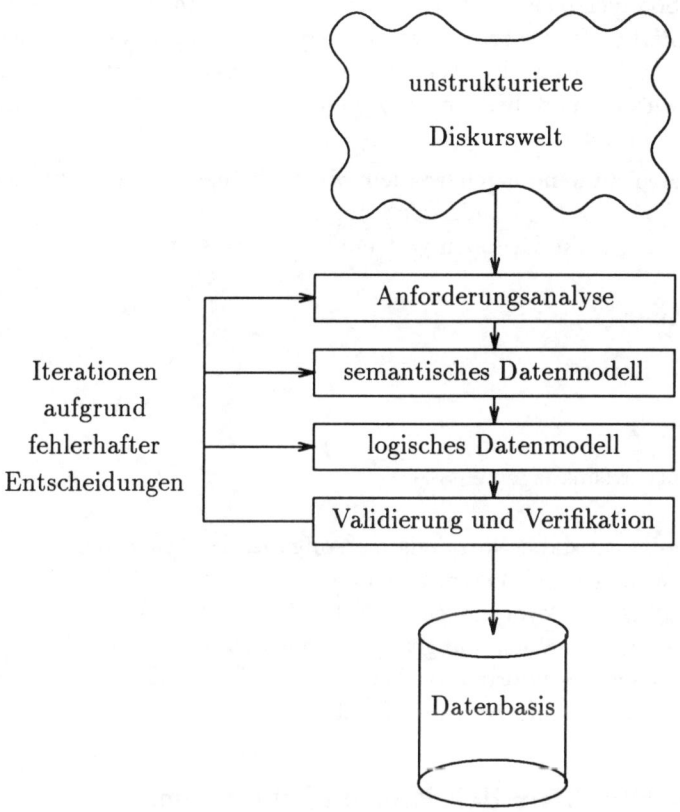

Abb. 3.1. Schritte des Datenbankentwurfs

Wie wir dieser Abbildung ebenfalls entnehmen können, führen Fehlentscheidungen zu Iterationen im Entwurfsprozeß. Diese sind insbesondere dann unangenehm, wenn sehr viele Schritte erneut durchlaufen werden müssen.

Da der Entwurfsprozeß üblicherweise von mehreren Personen durchgeführt wird, spielt zusätzlich noch das Problem der Kommunikation der am Entwurf beteiligten Personen eine große Rolle. Dieser Punkt ist ein für den Gesamtaufwand in seiner Bedeutung nicht zu unterschätzender Aspekt. Wir werden deshalb versuchen, die sich aus dieser Tatsache ergebenden Konsequenzen in diesem Kapitel adäquat zu berücksichtigen. Dieses ist in einem Lehrbuch selbstverständlich nur

begrenzt möglich. Wir empfehlen daher dem Leser, die nachfolgend aufgeführten
Schritte anhand des Beispiels nachzuvollziehen. Eine noch größere Praxisnähe
wird sich einstellen, wenn die hier dargestellte Vorgehensweise von einer Gruppe
von Lesern gemeinsam praktiziert wird, wobei diese dann die Rollen der unterschiedlichen Benutzergruppen annehmen sollten.

Um die allgemein gebräuchlichen Methoden praxisgerecht zu präsentieren,
werden wir anhand einer neuen Diskurswelt — der Verwaltung von Daten der
Olympischen Sommerspiele — den Bereich des Datenbankentwurfs illustrieren.
Die Aufgabe hierbei ist, ausgehend von den (grob durch Anfragen festgelegten)
Informationsanforderungen diverser Gruppen ein möglichst gutes semantisches
Modell zu entwickleln und dieses nachfolgend in ein relationales bzw. Netzwerk-
Datenbankschema umzusetzen.

Wie in realen Anwendungen werden wir auch hier die Aufgabe zuerst in
größere Teilaufgaben zerlegen, die erfahrungsgemäß von verschiedenen Gruppen
bearbeitet werden. Diese Gruppen vertreten die Interessen

- der Teilnehmer (A),

- des Veranstalters (B),

- der Presse (C)

- und des Entwurfsmanagements (D).

Die Gruppe D hat dabei vorrangig die Aufgabe, die Arbeit der anderen drei
Gruppen abzustimmen. Die Vertreter der einzelnen Gruppen haben hierbei nicht
nur unterschiedliche Anforderungen, was den Informationsbedarf betrifft, sondern auch verschiedene Vorstellungen der Modellierung. In Abschn.3.5 finden
sich Beschreibungen des Informationsbedarfs für jede Gruppe. Dieser Bedarf ist
durch eine Anzahl typischer Anfragen für die jeweilige Gruppe dargestellt.

3.1.1   Die Struktur des Entwurfsvorgangs

Wie wir oben gesehen haben, legt die Phaseneinteilung auch die Gliederung des
Entwurfsvorgangs fest. Am Ende einer jeden Phase ist es erforderlich, die Ergebnisse in schriftlicher Form festzuhalten. Ideen die nur "im Kopf" eines Gruppen-
mitglieds existieren, können nicht als Ausgangspunkt für weitere Entwurfsphasen
dienen. Die in Abb. 3.2 dargestellte Übersicht zeigt die einzelnen Phasen unseres
Beispiels und die Meilensteine (Projektdokumente), die zu Beginn und am Ende
einer Phase vorliegen müssen.

In dieser Darstellung sind Iterationen aufgrund fehlerhafter Entscheidungen
nicht dargestellt. In den Phasen 2, 3, 4 und 5 arbeiten die Vertreter der Benutzergruppen A, B und C zusammen. Die Koordinierung der Arbeiten erfolgt
durch den Entwurfsmanager. Die Phase 0 ist durch die Gruppeneinteilung und

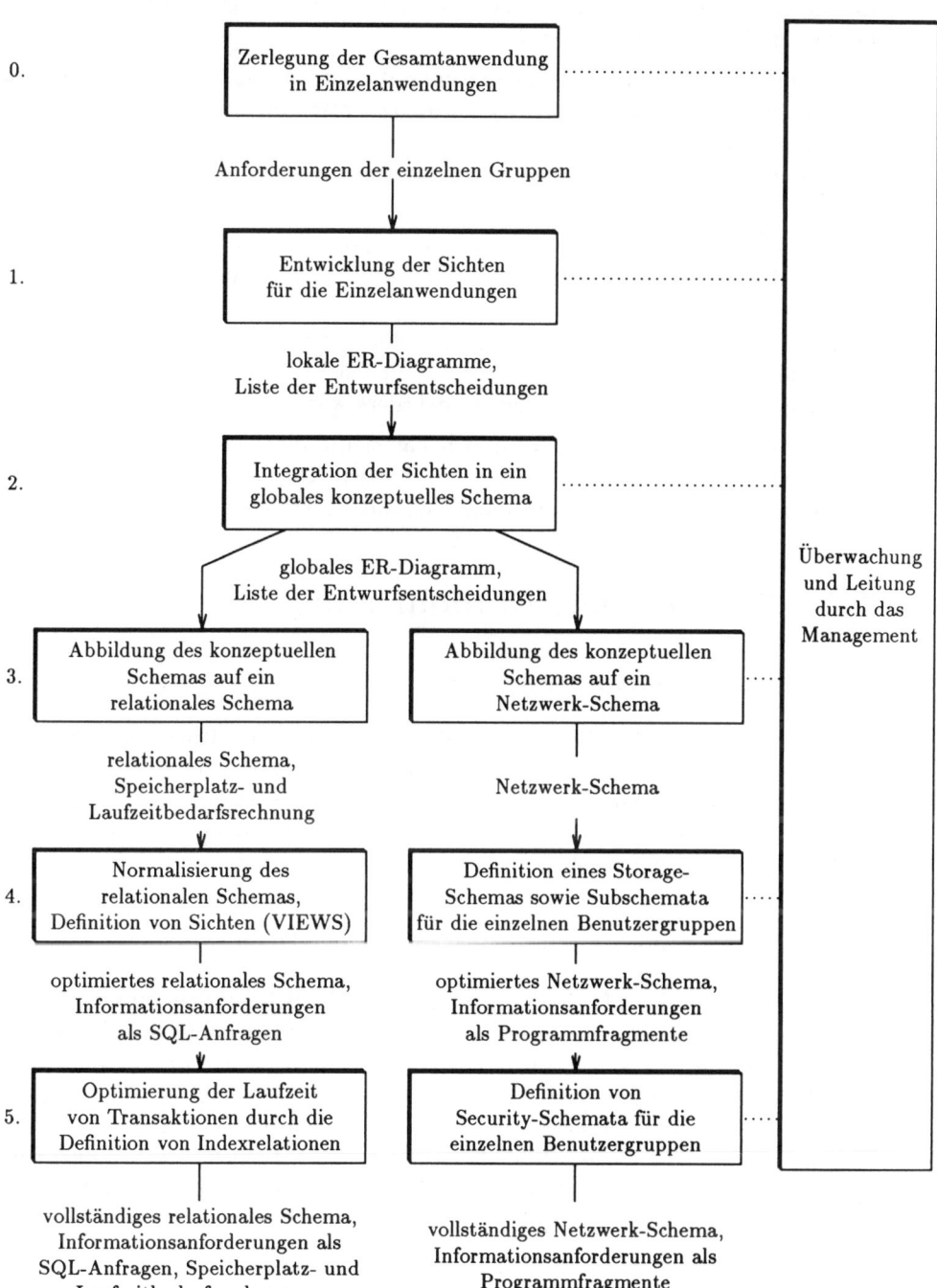

0. Zerlegung der Gesamtanwendung in Einzelanwendungen

Anforderungen der einzelnen Gruppen

1. Entwicklung der Sichten für die Einzelanwendungen

lokale ER-Diagramme,
Liste der Entwurfsentscheidungen

2. Integration der Sichten in ein globales konzeptuelles Schema

globales ER-Diagramm,
Liste der Entwurfsentscheidungen

3. Abbildung des konzeptuellen Schemas auf ein relationales Schema

3. Abbildung des konzeptuellen Schemas auf ein Netzwerk-Schema

relationales Schema,
Speicherplatz- und
Laufzeitbedarfsrechnung

Netzwerk-Schema

4. Normalisierung des relationalen Schemas, Definition von Sichten (VIEWS)

4. Definition eines Storage-Schemas sowie Subschemata für die einzelnen Benutzergruppen

optimiertes relationales Schema,
Informationsanforderungen
als SQL-Anfragen

optimiertes Netzwerk-Schema,
Informationsanforderungen
als Programmfragmente

5. Optimierung der Laufzeit von Transaktionen durch die Definition von Indexrelationen

5. Definition von Security-Schemata für die einzelnen Benutzergruppen

vollständiges relationales Schema,
Informationsanforderungen als
SQL-Anfragen, Speicherplatz- und
Laufzeitbedarfsrechnungen

vollständiges Netzwerk-Schema,
Informationsanforderungen als
Programmfragmente

Überwachung
und Leitung
durch das
Management

Abb. 3.2. Entwurf der Beispieldatenbank

die im Anhang vorgegebenen Anforderungslisten bereits ausgeführt und braucht
deshalb nicht bearbeitet zu werden.

Natürlich vertritt jede Benutzergruppe die ihr vorgegebenen Interessen; es
sollte aber kein Fraktionszwang herrschen. Die gesamte Gruppe entscheidet mit
Mehrheit. Wir wollen jedoch darauf hinweisen, daß einstimmige Entscheidungen
die Gruppenarbeit wesentlich besser vorantreiben als Beendigung durch Abstim-
mung.

Für jeden Entwurfsschritt wird eine verantwortliche Person (oder Personen-
gruppe) bestimmt, die zur Aufgabe hat, eine Vorgehensweise zur Lösung der
Probleme in der jeweiligen Phase vorzuschlagen. Dieser Vorschlag wird nach
Diskussion und eventueller Modifizierung durch die Gesamtgruppe verabschie-
det und bildet dann die Grundlage der Gruppenarbeit. Für die Phase 2 ist diese
Aufgabe an das Entwurfsmanagement delegiert worden.

Die verschiedenen Benutzergruppen haben im allgemeinen unterschiedliche
und in einigen Fällen entgegengesetzte Interessen. Hierbei ist es erwünscht, daß
die Mitglieder der Gruppen ihre Interessen mit Entschiedenheit vertreten.

3.2 Semantische Modellierung

3.2.1 Anforderungsanalyse

Die Anforderungsanalyse hat zur Aufgabe, alle an das zukünftige System gestell-
ten Anforderungen zu ermitteln. Dieses geschieht entweder durch Befragen der
Anwender (Interview) oder durch andere Methoden der Akquisition. In unserem
Fall sind die Anforderungen durch die Beispielanfrageprofile der verschiedenen
Gruppen ab Seite 162 gegeben.

Entwurf der lokalen Benutzersichten mit ER-Diagrammen

Aus den unpräzisen Anforderungen muß in diesem Schritt eine konkrete Infor-
mationsstruktur abgeleitet werden. Als Mittel zur Darstellung der auftretenden
Zusammenhänge verwenden wir die Technik der *Entity-Relationship-* oder kurz
ER-Modellierung. Diese Technik ist aufgrund ihrer Einfachheit und Anschaulichkeit zu diesem Zweck besonders geeignet. Beispiele zum Einsatz haben wir
in den Kapiteln zum Netzwerk- und zum relationalen Modell eingehend kennengelernt, ohne jedoch eine detaillierte Einführung in die Thematik zu geben. An
dieser Stelle wollen wir das tun.

Die Grundbausteine eines ER-Diagramms sind Gegenstandstypen und Beziehungstypen sowie deren Attributierung. Diese Bausteine werden durch graphische Darstellungen repräsentiert (Abb. 3.3).

Ein *Gegenstand* ist die Beschreibung eines Objektes unserer Diskurswelt, wie
zum Beispiel ein bestimmter Sportler. Gleichartige Objekte fassen wir zu so-

genannten *Gegenstandstypen* zusammen, etwa der Klasse aller Sportler. Zur Beschreibung eines solchen Typs verwenden wir im ER-Diagramm sogenannte Attribute. Sie enthalten die eigentliche Beschreibungsinformation. In unserem Beispiel des Gegenstandstyps Sportler gehören hierzu der Name und das Alter. Natürlich müssen die Attribute auch in bezug auf ihren Wertebereich (INTEGER, STRING, etc.) festgelegt werden. In der graphischen Darstellung werden die Attribute mit Kreisen oder Ellipsen symbolisiert, die mit dem zugehörigen Gegenstandstyp durch Linien verbunden werden. Attribute dienen im übrigen auch dazu, die definierten Gegenstände eindeutig zu identifizieren.

Zusätzlich zu den Gegenstandstypen im einzelnen ist natürlich auch deren Zusammenwirken untereinander von Interesse. Verhältnisse dieser Art bringen wir in sogenannten *Beziehungen* zum Ausdruck. Auch hier fassen wir wieder gleichartige Beziehungen zu *Beziehungstypen* zusammen. Auch Beziehungstypen können mit Attributen genauer beschrieben werden. Dies bietet sich immer dann an, wenn die zur Beschreibung der Semantik notwendigen Attribute nicht einem Gegenstandstyp zugeordnet werden können, sondern die Beziehung an sich detaillieren. Beispiele hierzu haben wir im Kapitel über das relationale Modell vielfältig kennengelernt, während wir in der Diskurswelt Luftfahrt bewußt auf attributierte Beziehungen verzichteten. Es bleibt noch zu erwähnen, daß nicht ausgeschlossen wird, daß ein Gegenstandstyp mehrfach an einem Beziehungstyp teilnimmt. Um in solchen Fällen die Semantik zweifelsfrei zum Ausdruck zu bringen, ist es erforderlich, die verschiedenen Arten der Beziehung durch *Rollenbezeichner* zu charakterisieren.

Bevor wir dazu übergehen, die Modellierungstechnik im einzelnen vorzustellen, möchten wir noch folgendes bemerken:

- Es ist allgemein gebräuchlich, von Gegenständen und Beziehungen zu sprechen, selbst wenn damit eigentlich der entsprechende Typ gemeint ist. Da aus dem Zusammenhang aber im allgemeinen klar wird, was gemeint ist, werden wir uns ebenfalls auf diese beiden Begriffe beschränken.

- Beziehungen sind sehr häufig zweistelliger Natur. Dies besagt, daß nur zwei Gegenstandstypen in die Beziehung eingehen. Diese Tatsache führt häufig dazu, daß ausschließlich mit zweistelligen Beziehungen gearbeitet wird. Nicht jede Semantik der realen Welt läßt sich auf diese Art jedoch korrekt darstellen.

- Nachdem das ER-Diagramm fertiggestellt ist, ergänzen wir die Beschreibung der Beziehungen durch sogenannte *Kardinalitäten*. Wir werden diesen Punkt später noch einmal aufgreifen.

Wiederholen wir die Schritte der ER-Modellierung noch einmal im einzelnen:

1. Ermitteln aller notwendigen Gegenstandsbereiche (entity types).

2. Zu diesen Gegenstandsbereichen alle notwendigen beschreibenden Attribute ausarbeiten und deren Typ festlegen.

3. In der Liste der Attribute diejenigen kennzeichnen, die zur Identifikation eines bestimmten Objekts innerhalb einer Klasse dienen können.

4. Beziehungen zwischen den verschiedenen Gegenstandsbereichen ermitteln und mittels einfacher ER-Diagramme (nur Gegenstände und Beziehungen) darstellen. Üblicherweise werden die darin verwendeten Symbole gemäß Abb. 3.3 dargestellt.

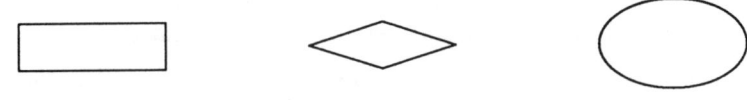

Gegenstandstyp   Beziehungstyp   Attributbezeichner
(engl. *entity type*)   (engl. *relationship type*) (engl. *attribute identifier*)

Abb. 3.3. Standarddarstellung von ER-Diagrammen

5. Zu den einzelnen Beziehungen die Kardinalitäten ermitteln und darstellen.

Diesen letzten Punkt wollen wir noch etwas näher beleuchten, da sich durch die Verwendung von Kardinalitäten im ER-Diagramm eine große Menge an zusätzlicher Semantik im konzeptuellen Schema beschreiben läßt. Kardinalitäten werden immer paarweise (Minimalkardinalität und Maximalkardinalität) angegeben, und zwar bei jedem Gegenstandstyp für alle Beziehungstypen, in die dieser eingeht. Bezeichnet man die Menge aller zu einem Datenbasiszustand gehörigen Gegenstände desselben Typs als *Gegenstandsmenge* bzw. *Beziehungsmenge* im Fall von Beziehungen, so lassen sich die Kardinalitäten folgendermaßen formal beschreiben:

Seien

$g_1, \ldots, g_n$:   Gegenstandstypen,

$G_1, \ldots, G_n$:   die zugehörigen Gegenstandsmengen,

$\mathcal{B} = g_1 \times \ldots \times g_n$:   ein Beziehungstyp,

B :   die zugehörige Beziehungsmenge.

Die *Minimalkardinalität* von g_i in $\mathcal{B}$ ist dann die Mindestanzahl von *unterschiedlichen* $b \in B$, in denen ein Element $g \in G_i$ auftreten muß.

Die *Maximalkardinalität* von g_i in $\mathcal{B}$ ist die Höchstzahl von *unterschiedlichen* $b \in B$, in denen ein Element $g \in G_i$ auftreten darf.

Um die Vorgehensweise bei der Durchführung dieser fünf Schritte zu verdeutlichen, betrachten wir einen Ausschnitt unserer Diskurswelt:

1. Objekttypen: Teilnehmer, Olympiaden, Rekorde, ...

2. Attributierung dieser Typen:

Teilnehmer	(	Familienname:	STRING(30),
		Vorname	STRING(2),
		<u>Teilnehmernummer</u>:	INTEGER,
		Körpergröße (in cm):	INTEGER,
		Gewicht (in kg):	INTEGER,

Olympiade	(	<u>Jahr</u>:	INTEGER,
		Austragungsort:	STRING(50),
		Anzahl_der_Teilnehmer:	INTEGER,
		Anzahl_der_Disziplinen:	...),

Rekord	(	<u>Disziplin</u>:	STRING(50),
		<u>Art</u>(WR, ER, ...):	STRING(5),
		Wert:	...)

3. Identifizierende Attribute sind in der obigen Darstellung unterstrichen. Einige der Objekte lassen sich schon mit einem Attribut eindeutig kennzeichnen, für andere müssen Attributkombinationen betrachtet werden.

4. Darstellung der Objektklassen und ihrer Beziehungen in einem ER-Diagramm. Hierbei ist zu beachten, daß einfache Sachverhalte sich mit zwei-stelligen Beziehungen ausdrücken lassen. Als Beispiel hierzu dient die Bezie-hung *nimmt-teil* zwischen einem Sportler und einer Olympiade (Abb. 3.4).

Abb. 3.4. Beispiel einer zweistelligen Beziehung

Bei komplexeren Sachverhalten, die mehrere Gegenstandsklassen einbeziehen, treten entsprechend mehrstellige Beziehungen auf. Fügt man beispielsweise der obigen Beziehung noch ein weiteres Detail hinzu, um eventuell erzielte Rekorde abzulegen, gelangt man zu Abb. 3.5.

5. Die auftretenden Kardinalitäten sind in den Abbildungen dargestellt. So wird beispielsweise in Abb. 3.4 die Tatsache zum Ausdruck gebracht, daß ein Sportler an einer oder mehreren Olympiaden teilnehmen kann (<1,*>). An einer Olympiade müssen jedoch mindestens 2 Sportler teilnehmen (<2,*>). Es empfiehlt sich im allgemeinen, beide Kardinalitäten aufzuführen. Sie er-leichtern nachfolgende Transformations- und Verarbeitungsschritte (z.B. Nor-malisierung).

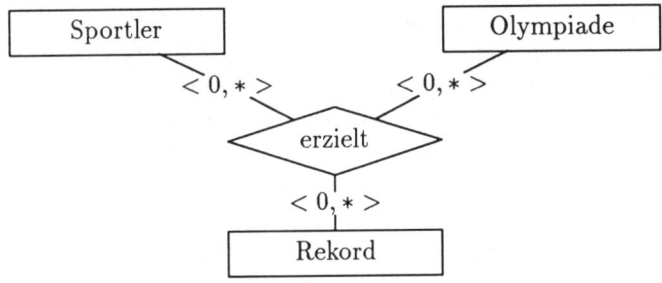

Abb. 3.5. Beispiel einer mehrstelligen Beziehung

3.2.2 Integration der lokalen Sichten im konzeptuellen Datenbankentwurf

Nachdem die einzelnen Gruppen (jede für sich) ihren Teil der Diskurswelt dargestellt haben, folgt die Zusammenfassung der Einzelsichten zu einem globalen konzeptuellen Schema. Dieses ist notwendig, da jede Gruppe nur einen Ausschnitt der Gesamtstruktur sieht. Abb. 3.6 macht dieses deutlich.

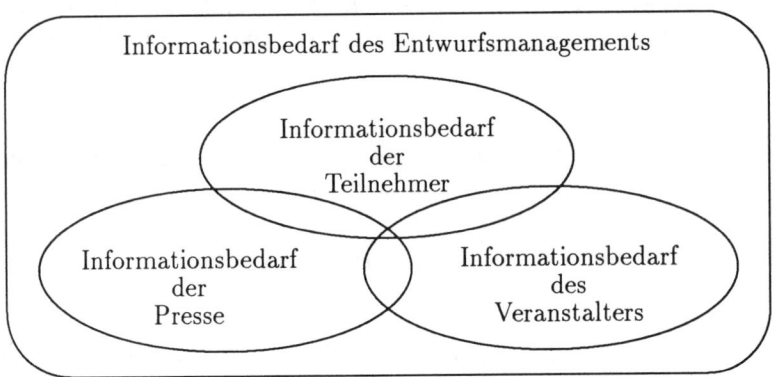

Abb. 3.6. Darstellung der Sichten einzelner Benutzergruppen

Da sich die Teilbereiche der einzelnen Gruppen überschneiden, ist die Integration der einzelnen ER-Diagramme nicht direkt durchführbar. Zuerst müssen in den lokalen Diagrammen Gegenstandsbezeichner identifiziert werden, die die gleichen Gegenstände beschreiben. Zur Integration gelangt man durch Zusammenfassen der beiden Bezeichner innerhalb einer Gegenstandsklasse. Diesen Vorgang bezeichnet man als Identitätskonsolidierung. Um auch diesen Prozeß zu veranschaulichen, betrachten wir die Integration zweier lokaler ER-Diagramme, von denen das eine die Gegenstandsklasse *Sportler*, das andere die Klasse *Teilnehmer* beinhaltet (siehe Abb. 3.7).

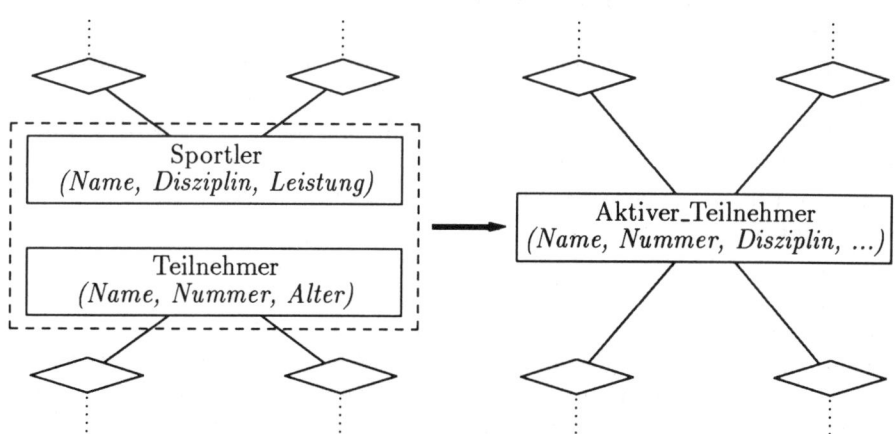

Abb. 3.7. Konsolidierung zweier Gegenstandstypen

Bei der Integration wird nun festgestellt, daß beide Klassen eigentlich ein und dieselbe Klasse bezeichnen. Sie können deshalb zusammengefaßt werden. Die Attribute der konsolidierten Klasse ergeben sich durch Vereinigung der Attribute der Einzelklassen. Es muß allerdings darauf geachtet werden, ob nicht auch auf dieser Stufe zwei Attribute den gleichen Sachverhalt beschreiben.

Ausgehend vom konzeptuellen Schema (dargestellt in einem ER-Diagramm) wollen wir nun in der nächsten Phase die Abbildung auf ein logisches Datenmodell betrachten. Da wir in den vorangegangenen Kapitel sowohl das relationale als auch das Netzwerk-Datenmodell kennengelernt haben, führen wir diese Umsetzung für beide Datenmodelle durch.

3.3 Umsetzung in das Netzwerkmodell

Das Netzwerkmodell haben wir ja bereits im ersten Kapitel dieses Buches kennengelernt. In diesem Abschnitt wollen wir uns damit befassen, wie aus dem konzeptuellen Schema, das in Form eines ER-Diagramms vorliegt, eine entsprechende Netzwerk-Datenbasis erstellt werden kann. Im ersten Schritt muß dazu eine Umsetzung in die Strukturen des Netzwerkmodells (Record-Typen und Set-Typen) erfolgen, wozu sich die Verwendung eines Bachman-Diagramms anbietet.

3.3.1 Umsetzung des konzeptuellen Schemas in ein Bachman-Diagramm

Die Umsetzung eines ER-Schemas in ein Bachman-Diagramm kann weitgehend schematisch erfolgen. In Abschn. 1.6 haben wir ja bereits gesehen, daß zunächst alle Entity-Typen aus dem ER-Diagramm in Record-Typen im Bachman-Diagramm transformiert werden. Als nächstes werden die Beziehungstypen in Set-Typen überführt, wobei man hier in der Regel nicht an der Einführung von Kett-Records vorbeikommt, da im semantischen Modell meistens irgendwelche mehrstelligen, rekursiven oder m:n-Beziehungen auftreten. Zu diesem Zeitpunkt sollte man sich auch über die Insertion- und Retention-Klauseln (Abschn. 1.3.2) für die Set-Typen Gedanken machen, da sich diese aus semantischen Anforderungen ergeben, die sich ab jetzt nicht mehr ändern sollten. Nachdem die im semantischen Modell enthaltenen Beziehungen in Set-Typen umgesetzt wurden, muß anschließend überlegt werden, auf welche Record-Typen man besonders schnell zugreifen können sollte, um dann *singuläre* Set-Typen (System-owned Sets) einzuführen. Der letzte Schritt bei der Erstellung eines Bachman-Diagramms besteht schließlich darin, zu überprüfen, ob nicht der eine oder andere der eingeführten Kett-Records zur Aufnahme von Datenwerten geeignet ist, wenn sich dadurch andere Record-Typen einsparen lassen. Der Leser möge nun diese Vorgehensweise auf das von ihm erstellte ER-Diagramm anwenden, um so ein Gefühl dafür zu bekommen, welche Record- und Set-Typen in seiner Anwendung benötigt werden.

Das Bachmann-Diagramm repräsentiert jetzt die logische Struktur der Netzwerk-Datenbasis. In den nächsten Schritten müssen nun das logische Datenbankschema, das physische Schema (Speicherschema), die Subschemata und die Security-Schemata erstellt werden.

3.3.2 Generierung des logischen Datenbankschemas

Im logischen Schema wird die logische Struktur der Record- und Set-Typen beschrieben. Für jeden Record-Typ wird dabei folgendes festgelegt:

- der Name des Record-Typs,

- die Area(s), in die Record-Ausprägungen dieses Typs geschrieben werden dürfen,

- eventuelle Eindeutigkeitskennzeichnung eines oder mehrerer Datenfelder,

- die Datenfelder mit den zugehörigen Datentypen,

- eventuelle Wiederholungsfelder,

- eventuelle Default-Belegungen für die Datenfelder (Default-Klauseln),

- eventuelle Einschränkungen für die Inhalte der Datenfelder (Check-Klauseln).

Als Beispiel sei hier die logische Definition des Record-Typs Teilnehmer gegeben.

```
RECORD NAME IS Teilnehmer
WITHIN Public_Area
UNIQUE Teilnehmernummer
ITEM Familienname IS CHARACTER 30
ITEM Vorname IS CHARACTER 20
ITEM Teilnehmernummer IS UNSIGNED LONGWORD
ITEM Koerpergroesse_cm IS UNSIGNED LONGWORD
ITEM Gewicht_kg IS UNSIGNED LONGWORD
```

Da wir in Abschn. 1.3.1 bereits auf die Bedeutung der meisten der Komponenten einer Record-Definition eingegangen sind, möchten wir hier lediglich noch auf die Verwendung verschiedener Areas eingehen. Es gibt mehrere Gründe, eine Datenbasis in verschiedene physikalische Einheiten aufzuteilen:

Logische Strukturierung: Oftmals gibt es Anwendungen auf einer Datenbasis, die nur einen kleinen Teil der verschiedenen Record-Typen benötigen. Daher lassen sich die Record-Typen nach funktionalen Gesichtspunkten gruppieren, und solche logischen Gruppierungen sollten jeweils in einer eigenen Area abgelegt sein.

Trennung von um Ressourcen konkurrierende Anwendungen:
Bestimmte Anwendungen können auf einzelne Areas beschränkt sein. Wenn gleichzeitig laufende Transaktionen in verschiedenen Areas (Realms) ablaufen, verbessert sich oftmals die Performance des Systems, da es nicht zu Zugriffskonflikten kommen kann.

Bessere Zugriffskontrolle und Sicherheit: Zugriffsrechte lassen sich bereits auf der Ebene des Betriebssystems verwalten, da für jede Area eine eigene Datei angelegt wird. Des weiteren können verschiedene Areas auf verschiedenen Datenträgern gehalten werden, so daß sie gegebenenfalls physikalisch von der Datenbasis abgekoppelt werden können.

Verbesserte Wartungsmöglichkeit: Wartungs- und Kontrollarbeiten durch den Datenbankadministrator können auf einzelnen Areas durchgeführt werden. Diese stellen gewöhnlich besser handhabbare Einheiten als die gesamte Datenbasis dar.

Selbstverständlich kann die Verwendung verschiedener Areas auch Nachteile mit sich bringen. So ist es beispielsweise nicht mehr möglich, Records, die in verschiedenen Areas abgelegt werden, auf der gleichen Datenbankseite unterzubringen. Durch eine geschickte Aufteilung der Daten auf die Areas läßt sich dieser Nachteil jedoch meistens umgehen.

Wenden wir uns nun der Definition der Set-Typen zu, für die jeweils folgende Informationen angegeben werden müssen:

- Name des Set-Typs,

- Name des Owner-Record-Typs,

- Name des Member-Record-Typs,

- Insertion-Klausel,

- Retention-Klausel,

- Order-Klausel.

Die Definition des Set-Typs *wohnt_in*, die die Beziehung zwischen einer Wohnung im olympischen Dorf und den darin wohnenden Sportlern realisiert, könnte dementsprechend folgendermaßen aussehen.

SET NAME IS wohnt_in
OWNER IS Wohnung
MEMBER IS Sportler
INSERTION IS AUTOMATIC
RETENTION IS MANDATORY
ORDER IS FIRST

Da die korrekte Verwendung der Insertion- und Retention-Klausel für das spätere Arbeiten mit der Datenbasis von sehr großer Bedeutung ist, wollen wir hier nochmals kurz auf die verschiedenen Möglichkeiten eingehen.

Insertion-Klausel:

AUTOMATIC: Beim Einfügen einer neuen Record-Ausprägung des Member-Typs in die Datenbasis wird dieser automatisch in eine Set-Ausprägung dieses Set-Typs eingefügt.

MANUAL: Ein Member-Record muß explizit in eine Set-Ausprägung dieses Set-Typs eingefügt werden.

Retention-Klausel:

FIXED: Ein Record, der in eine Set-Ausprägung dieses Set-Typs eingebunden ist, kann aus dieser nur entfernt werden, indem der Record vollständig aus der Datenbasis gelöscht wird.

MANDATORY: Es ist problemlos möglich, einen Member-Record von einer Set-Ausprägung des Set-Typs in eine andere Ausprägung dieses Typs zu bringen.

OPTIONAL: Es ist möglich, einen Record aus einer Set-Ausprägung auszuketten, so daß der Record anschließend in der Datenbasis existiert, ohne in irgendeine Set-Ausprägung dieses Set-Typs eingebunden zu sein.

Von großer Bedeutung für die spätere Reihenfolge der Member-Records in einer Set-Ausprägung ist die Order-Klausel in der Set-Definition. Für diese Order-Klausel gibt es folgende Möglichkeiten:

FIRST: Ein neuer Record wird immer vor den ersten Record der Set-Ausprägung geschrieben, er befindet sich also nach dem Einfügen unmittelbar hinter dem Owner-Record.

LAST: Ein neuer Record wird immer hinter den letzten Record der Set-Ausprägung geschrieben, er befindet sich also nach dem Einfügen unmittelbar vor dem Owner-Record.

NEXT: Ein neuer Record wird immer unmittelbar hinter den aktuellen Record der Set-Ausprägung geschrieben. Der aktuelle Record der Set-Ausprägung wird durch die Position des Currency-Indikators bestimmt.

PRIOR: Ein neuer Record wird immer unmittelbar vor den aktuellen Record der Set-Ausprägung geschrieben. Der aktuelle Record der Set-Ausprägung wird durch die Position des Currency-Indikators bestimmt.

SORTED BY ASCENDING/DESCENDING <Item>: Ein neuer Record wird in Abhängigkeit eines zu bestimmenden Sortierschlüssels in die Set-Ausprägung eingefügt, so daß die Sortierreihenfolge erhalten bleibt. Es besteht die Möglichkeit, anzugeben, wie mit Records zu verfahren ist, die identische Sortierschlüssel haben. Dazu werden die Befehle

- DUPLICATES ARE (NOT) ALLOWED
- DUPLICATES ARE FIRST
- DUPLICATES ARE LAST

verwendet.

Es ist offensichtlich, daß das Ergebnis des Einfügens von der Order-Klausel unabhängig ist, wenn es sich um den ersten Record handelt, der in eine Set-Ausprägung eingefügt wird.

Wir wollen zwei verschiedene Order-Klauseln anhand von Beispielen graphisch verdeutlichen.

In Abb. 3.8 ist die Auswirkung der Order-Klausel auf das Einfügen von Member-Records in eine Set-Ausprägung anhand des Set-Typs *nimmt_teil* graphisch dargestellt. Der oberste Teil der Abbildung zeigt die Set-Ausprägung vor dem Einfügen des neuen Records. Sie hat zum gegenwärtigen Zeitpunkt drei Member-Records (Carl Lewis, Harald Schmid, Daley Thompson).

Im mittleren Teil der Abbildung ist die Situation dargestellt, daß ein neuer Record (Florence Griffith-Joyner) in diese Set-Ausprägung eingefügt wurde, wobei wir annehmen, daß in der Set-Definition ORDER IS FIRST angegeben wurde.

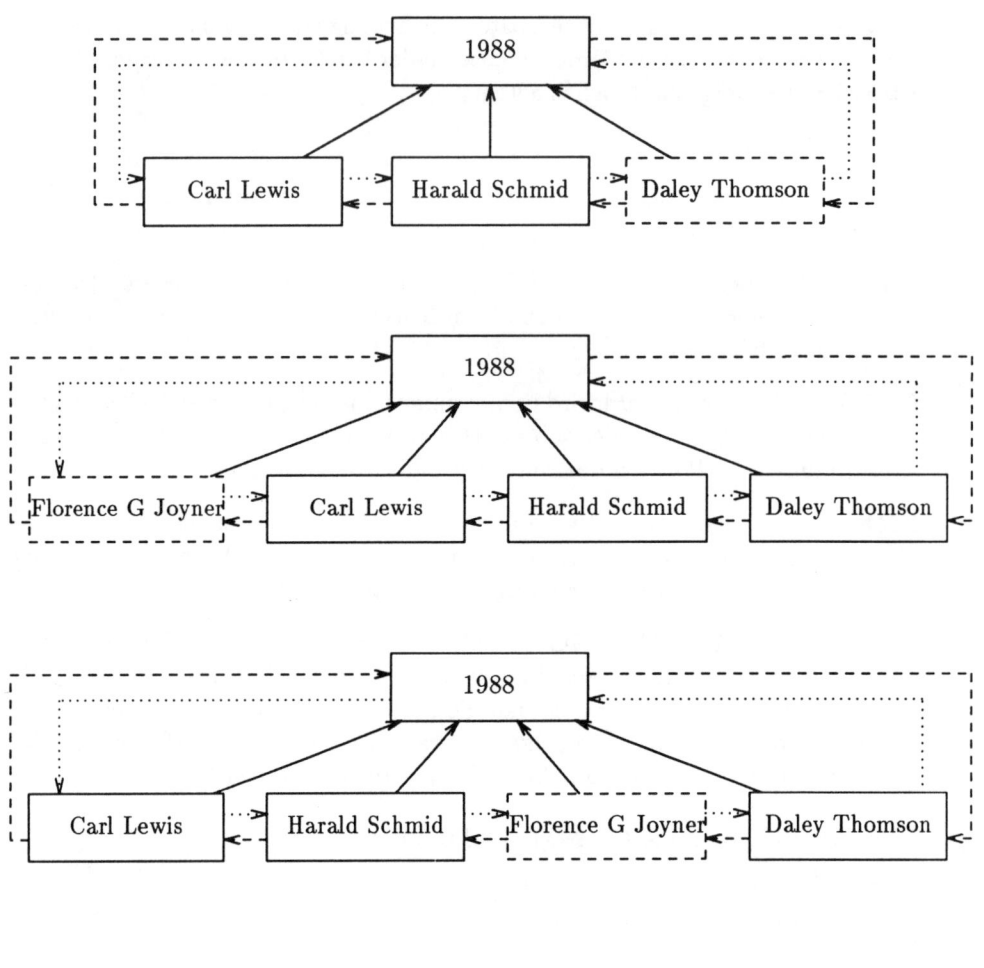

→   Owner_Pointer

······>   Next_Pointer

- - ->   Prior_Pointer

⌐¬   current of nimmt_teil

Abb. 3.8. Einfügen eines neuen Member-Records bei ORDER IS FIRST bzw. OR-
DER IS PRIOR

Der neue Record (Florence Griffith-Joyner) wird vor dem ersten Member-Record (Carl Lewis) in die Set-Ausprägung eingefügt. Der Currency-Indikator des Set-Typs (*current of nimmt_teil*) hat in diesem Fall keinen Einfluß auf die Position des neu eingefügten Record. Der neu eingefügte Record ist jedoch nach Abschluß der Operation der *current of run unit* und somit auch *current of set* des Set-Typs *nimmt_teil*, wenn nicht durch eine Retaining-Klausel etwas anderes spezifiziert wurde.

Im unteren Teil der Abbildung ist dargestellt, wie die Set-Ausprägung nach dem Einfügen des neuen Records aussieht, wenn in der Set-Definition ORDER IS PRIOR vereinbart wurde. In diesem Fall wird die Position innerhalb der Set-Ausprägung durch den Currency-Indikator des Set-Typs bestimmt, der neu einzufügende Record wird unmittelbar vor dem *current of set* eingefügt.

Wir haben in diesem Beispiel übrigens die komplette logische Verzeigerung einer Set-Ausprägung dargestellt, um deutlich zu machen, daß aus Effizienzgründen erheblich mehr Zeiger verwaltet werden, als wir bisher immer angedeutet hatten. Wir sehen, daß alle Records in einer Set-Ausprägung doppelt verkettet sind, also jeweils einen *Next-* und einen *Prior-Pointer* haben. Des weiteren haben alle Member-Records der Set-Ausprägung einen Zeiger zum Owner der Ausprägung, den *Owner-Pointer*. Nur durch diese, vom logischen Standpunkt her redundante, Verzeigerung ist es möglich, daß alle Navigations-Operationen hinreichend effizient durchgeführt werden können.

Nachdem wir nun die Komponenten des logischen Schemas ausführlich beschrieben haben, wollen wir uns als nächstes mit der Definition des Speicherschemas auseinandersetzen.

3.3.3 Generierung des physikalischen Schemas

Im Speicherschema (Storage-Schema) wird festgelegt, wo die einzelnen Records in der Datenbasis abgelegt werden und wie sie vom DBMS bei Anfragen gesucht werden. Ein gutes Speicherschema ist somit für die spätere Effizienz der Anfragen von grundlegender Bedeutung. Insbesondere ist es wichtig zu wissen, unter welchen Bedingungen bei den späteren Anwendungen auf die Daten zugegriffen wird. Dem Entwerfer des physikalischen Schemas sollte also bekannt sein, ob die Member-Records in Set-Ausprägungen häufig sequentiell abgearbeitet werden, wie häufig auf einzelne Records zugegriffen wird, ob bei der Suche nach Records bestimmte Dateninhalte bekannt sind, etc. Selbstverständlich spielen diese Gesichtspunkte auch schon im logischen Schema eine gewisse Rolle (sollen die Member-Records in einem Set geordnet sein oder nicht), trotzdem ist letztendlich das physikalische Schema für die Performance einer Datenbasis entscheidend mitverantwortlich.

Wie im logischen Schema gibt es auch im Speicherschema für jeden Record-Typ und für jeden Set-Typ einen eigenen Eintrag.

Betrachten wir als Beispiel den Eintrag des Record-Typs Teilnehmer, wie er im Speicherschema vereinbart sein könnte.

RECORD NAME IS Teilnehmer
PLACEMENT IS SCATTERED USING Teilnehmernummer

Die *Placement*-Klausel gibt für jeden Record-Typ an, wie ein Speicherplatz für eine neu abzuspeichernde Ausprägung dieses Typs bestimmt wird. Es gibt zwei Möglichkeiten:

SCATTERED USING <Item>: Die Records dieses Typs werden gleichmäßig über die Datenbankseiten der zur Verfügung stehenden Areas verteilt. Die genaue Lokation wird durch eine Hash-Funktion bestimmt, in deren Berechnung der Wert von <Item> eingeht.

CLUSTERED VIA <Set-Typ>: Es wird versucht, die Records dieses Typs auf der gleichen Datenbankseite zu speichern, auf der der Owner-Record der Set-Ausprägung des angegebenen Set-Typs liegt. Es ist unmittelbar einleuchtend, daß diese Option nur dann verwendet werden kann, wenn dieser Record-Typ als AUTOMATIC Member des angegebenen Set-Typs vereinbart ist, da andernfalls beim Speichern nicht bekannt ist, in welche Set-Ausprägung dieses Set-Typs der Record eingebunden werden soll.

Bei VAX DBMS bleibt der Speicherplatz, der einem Record beim Abspeichern in der Datenbasis zugewiesen wird, während der gesamten Lebenszeit des Records derselbe, unabhängig davon, ob der Record durch entsprechende Update-Operationen seine logische Position innerhalb der Datenbasis verändert.[1] Unabhängig von der Angabe im Speicherschema kann es passieren, daß auf der Datenbankseite, auf der ein Record abgelegt werden soll, kein Platz mehr zur Verfügung steht. In diesem Fall wird das System eine Seite auswählen, die möglichst nahe bei der Seite liegt, auf der der Record gespeichert werden sollte.

Grundsätzlich kann man sagen, daß es effizient ist, Member-Records mittels der Option CLUSTERED VIA zu speichern, wenn man später häufig über ihren Owner auf sie zugreifen möchte. Man muß jedoch unbedingt darauf achten, daß diese Option nicht für tiefe Hierarchien verwendet wird, da es dann sehr unwahrscheinlich ist, daß alle Records in dieser Hierarchie auf der gleichen Seite wie der *oberste* Owner-Record Platz haben. Des weiteren kann es negative Auswirkungen bezüglich der Effizienz haben, wenn einzelne Set-Ausprägungen eines solchen Set-Typs sehr groß werden. Dies kann dazu führen, daß einzelne Seiten der Datenbasis schnell sehr voll werden, und es für neue Records keinen Platz mehr auf dieser oder benachbarten Seiten gibt.

---

[1] Dies ist besonders wichtig bei Records, die als Member-Records mit der Retention-Klausel MANDATORY oder OPTIONAL in Set-Typen vorkommen. Falls sie auf der gleichen Datenbankseite wie der Owner ihrer ersten Set-Ausprägung abgelegt werden, so bleiben sie, wenn sie zu einem späteren Zeitpunkt in eine andere Set-Ausprägung eingefügt werden, immer noch auf der gleichen Datenbankseite gespeichert, vollkommen unabhängig davon, wo der neue Owner-Record plaziert ist.

Von der Möglichkeit des gleichmäßigen Verteilens der Record-Ausprägungen auf allen zur Verfügung stehenden Seiten der Area(s) sollte man insbesondere bei Records Gebrauch machen, die als Member von singulären Set-Typen definiert sind und auf die meist über einen Suchschlüssel zugegriffen wird. Der Vorteil dieses Verfahrens liegt in erster Linie darin, daß die Seiten der Datenbasis sehr gleichmäßig gefüllt werden. Man muß jedoch darauf achten, daß die Inhalte der Datenfelder, mit deren Hilfe die Hash-Funktion die Seite im Speicher bestimmt, auf der der Record abgelegt werden soll, bei den einzelnen Record-Ausprägungen möglichst verschieden sind, damit nicht für zuviele Records die gleiche Seite bestimmt wird. Als Hash-Schlüssel sollten daher möglichst Datenfelder verwendet werden, die eindeutige Ausprägungen haben.

Manche Netzwerk-DBS bieten die Möglichkeit, Einfluß auf die Art und Weise der Speicherplatzbestimmung der einzelnen Komponenten der Record-Typen zu nehmen. Da dies jedoch systemabhängig ist, wollen wir nicht weiter darauf eingehen.

Wenden wir uns deshalb jetzt der Speicherstruktur der Set-Typen zu. Für jeden im logischen Schema vereinbarten Set-Typ gibt es einen Eintrag im Speicherschema. Betrachten wir als Beispiel den Set-Typ *wohnt_in*.

SET NAME IS wohnt_in
MODE IS CHAIN

Die *Mode*-Klausel gibt an, wie das DBMS beim Retrieval versucht, Member-Records einer Set-Ausprägung zu finden. Es gibt drei verschiedene Möglichkeiten:

CHAIN   Zum Auffinden eines Records innerhalb einer Set-Ausprägung werden die Member-Records sequentiell durchlaufen.

CALC   Das Auffinden der Records erfolgt über eine Hash-Funktion, die sich aus den Werten einer oder mehrerer *Schlüssel*-Komponenten berechnet. Dieser Modus kann nur bei singulären Sets verwendet werden.

INDEX   Für die Member-Records einer Set-Ausprägung wird ein B-Baum erstellt. Dieser Modus kann nur für sortierte Sets verwendet werden. Zur Berechnung der Indexe werden die Werte der gleichen Komponenten herangezogen, nach denen die Records auch sortiert werden.

CHAIN-Modus ist vorteilhaft, wenn die Member-Records einer Set-Ausprägung häufig sequentiell abgearbeitet werden oder wenn die Anzahl der Member-Records in den einzelnen Ausprägungen des Set-Typs klein ist. CHAIN-Modus sollte auf keinen Fall verwenden werden, wenn innerhalb großer Set-Ausprägungen schneller, wahlfreier Zugriff auf die Member-Records notwendig ist. Es ist möglich, CHAIN-Modus sowohl für unsortierte wie auch für sortierte Sets zu verwenden. Letzteres ist insbesondere dann sinnvoll, wenn die Set-Ausprägungen so klein sind, daß sich die Einführung eines B-Baumes zur

Sortierung nicht lohnt. In Abb. 3.9 ist eine Set-Ausprägung, deren Speichermodus mit CHAIN angegeben wurde, dargestellt.

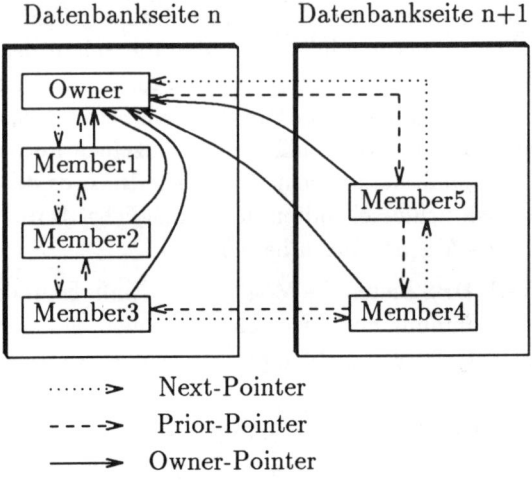

Abb. 3.9. Darstellung einer Set-Ausprägung im Chain-Modus

Der Owner-Record steht am Anfang einer Kette von Record-Ausprägungen, ihm folgen die Member-Records dieser Set-Ausprägung, die mittels *Next-*, *Prior-* und *Owner*-Pointer verkettet sind. Soll nun ein Record innerhalb der Set-Ausprägung gefunden werden, so werden die Records sequentiell durchlaufen, bis der gewünschte Record erreicht ist. In Abhängigkeit des Speichermodus der Record-Typen und der Größe der Set-Ausprägung kann sich eine solche Kette auch über eine Vielzahl gegebenenfalls nicht-benachbarter Seiten erstrecken, wodurch das sequentielle Suchen mit einer größeren Anzahl von Zugriffen auf den Hintergrundspeicher verbunden sein kann.

Ist die Order-Klausel eines Set-Typs im logischen Schema mit FIRST angegeben und im Speicherschema für diesen Set-Typ CHAIN-Modus definiert, so besteht die Möglichkeit, eine OMIT PRIOR-Klausel anzugeben, dadurch wird erreicht, daß in den Set-Ausprägungen dieses Typs kein PRIOR-Pointer existiert. So verbessert sich zum einen die Geschwindigkeit beim Einfügen dieser Records, zum anderen spart man Speicherplatz, da das Pointer-Cluster, das für jeden Record geführt wird, entsprechend kleiner ist. Diese Optimierung ist jedoch nur dann sinnvoll, wenn in den Anwendungen auf Find Prior-Befehle verzichtet werden kann, andernfalls wird sich die Performance bei diesen Befehlen drastisch verschlechtern.

CALC-Modus ist nützlich, wenn direkter, wahlfreier Zugriff auf Records notwendig ist und für den Record beim Suchen ein oder mehrere Schlüsselwerte spezifiziert werden können. Der Eintrag des Speicherschemas muß deshalb ein oder mehrere Datenfelder enthalten, die als Schlüssel zum schnellen Auffinden des Records benutzt werden. In Abb. 3.10 ist ein Teil einer Set-Ausprägung, deren Speichermodus mit CALC angegeben wurde, dargestellt.

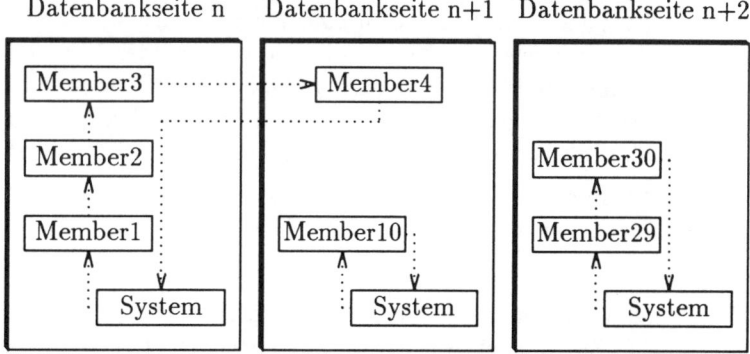

Abb. 3.10. Darstellung einer Set-Ausprägung im Calc-Modus

Für Member-Records in CALC-Sets wird in Abhängigkeit der Datenwerte in den spezifizierten Schlüsselfeldern mittels einer Hash-Funktion eine Datenbankseite bestimmt. Jede Datenbankseite des Systems hat einen ausgezeichneten *System-Record* (daher auch der Name *System-owned Sets*). Dieser System-Record wird nun zum Owner derjenigen Member-Records, die durch die Hash-Funktion auf diese Seite abgebildet wurden. Werden mehrere Member-Records eines CALC-Sets durch die Hash-Funktion auf die gleiche Datenbankseite gebracht, so werden die Member-Records in der Reihenfolge der DB-Keys in der Set-Ausprägung gehalten. Soll nun ein Record eines CALC-Sets gefunden werden, so werden die Werte der Schlüsselfelder herangezogen, um die Datenbankseite zu bestimmen, auf der der gesuchte Record in der Set-Ausprägung des System-Records enthalten ist. Diese Set-Ausprägung wird dann sequentiell durchlaufen, bis der gesuchte Record gefunden ist. Es müssen also nur sehr wenige Records innerhalb des Set-Typs angeschaut werden, um den gesuchten Record zu finden. Selbstverständlich ist es auch hier wieder wichtig, den Suchschlüssel so zu wählen, daß die Ausprägungen in diesem Datenfeld möglichst verschieden sind. Beim Suchen nach einem Record in einem CALC-Set muß darauf geachtet werden, daß der Schlüssel vollständig spezifiziert wird, da andernfalls die Seiten der Datenbasis sequentiell nach dem gewünschten Record durchsucht werden müssen. Sehr ineffizient ist des weiteren das sequentielle Abarbeiten eines CALC-Sets, da die verschiedenen Member-Records des Sets nacheinander nur gefunden werden können, indem die Datenbasis sequentiell durchlaufen wird.

Der letzte der drei möglichen Set-Modi ist der INDEX-Modus. INDEX-Sets sind nützlich, wenn die Set-Ausprägungen sehr groß sind und ein schneller Zugriff auf die Records über einen Schlüssel notwendig ist. Daher bietet sich der Index-Modus in erster Linie für nicht-singuläre Set-Typen an, die als CHAIN-Set sehr ineffizient verwaltet würden. INDEX-Sets können nur verwendet werden, wenn die Sets gleichzeitig auch sortiert sind. Die Verwendung von INDEX-Sets resultiert in der Erstellung eines B-Baumes, dessen Index die Werte der Sortierschlüssel, die in der logischen Set-Definition angegeben sind, enthält. Index-Modus sollte nicht verwendet werden, wenn die zu erwartenden Set-Ausprägungen verhältnismäßig klein sind. In solch einem Fall ist der Aufwand zur Verwaltung der B-Bäume größer als der Vorteil, der sich aus der Verwendung der Indexe ergibt. In einem INDEX-Set werden zusätzlich zum B-Baum auch Next-, Prior- und Owner-Pointer gehalten, so daß neben dem wahlfreien Zugriff auch eine effiziente Möglichkeit der sequentiellen Abarbeitung der Sets besteht.

In Tabelle 3.1 sind einige wichtige Kriterien zur Auswahl des Set-Modus nochmals kurz zusammengefaßt.

	Effizienter Zugriff über Schlüssel	Sortiert über Schlüssel	Effizientes sequentielles Bearbeiten	Interner Verwaltungs- aufwand
CHAIN-Modus	Nein	Möglich	Ja	Gering
CALC-Modus	Ja	Nein	Nein	Gering
INDEX-Modus	Ja	Ja	Ja	Groß

Tab. 3.1. Zusammenfassung der wichtigsten Eigenschaften der Set-Modi

3.3.4   Generierung von Subschemata

Wenden wir uns nun der Entwicklung von *Subschemata* zu, ein Aspekt, der beim Entwurf einer Datenbasis ebenfalls von großer Bedeutung ist.

Mit Hilfe von Subschemata ist es möglich, daß verschiedene Benutzer unterschiedliche Sichtweisen ein und derselben Datenbasis bekommen, da in einem Subschema nur ein Teil der gesamten Datenbank enthalten sein muß. Da jede Anwendung über ein Subschema auf die Datenbasis zugreift, kann somit erreicht werden, daß Benutzer die Datenbasis nur aus der Sicht des ihren Anwendungen zugrundeliegenden Subschemas kennen. Ein Subschema ist demzufolge durchaus mit dem Sichtenkonzept des relationalen Modells (Abschn. 2.2.9) vergleichbar.

Ein Subschema kann aus einer beliebigen Teilmenge der im Schema vereinbarten Definitionen bestehen. Insbesondere ist es auch möglich, das gesamte logische Schema in ein Subschema aufzunehmen; das Subschema entspricht dann genau dem Schema. Andererseits ist es jedoch verständlicherweise nicht möglich, Teile in ein Subschema einzubringen, die nicht im Datenbankschema enthalten sind.

Da die Benutzer der Datenbank aus Sicherheitsgründen immer nur zu den Teilen der Datenbasis Zugang haben sollten, die sie zur Erledigung ihrer Aufgaben unbedingt brauchen, wird die Anzahl und der Umfang der Subschemata durch die verschiedenen Benutzeranforderungen bestimmt. In einer Datenbasis zur Verwaltung Olympischer Spiele ist es wohl angebracht, Informationen über die Unterbringung der Teilnehmer nicht für die Presse zugänglich zu machen, um den Sportlern zwischen den Wettkämpfen die notwendige Ruhe zukommen zu lassen. Dies kann erreicht werden, indem im Subschema, das den Anwendungen der Benutzergruppe Presse zugrunde liegt, die Record- und Set-Typen, durch die diese Informationen realisiert werden, nicht enthalten sind.

In den vorherigen Abschnitten des Buches sind wir bereits auf die Bedeutung und Eigenschaften von Areas und Realms eingegangen. Es bleibt aber noch zu erwähnen, daß die eigentliche Abbildung von Areas auf Realms im Subschema vorgenommen wird. In den Realm-Einträgen des Subschemas werden eine oder mehrere Area(s) auf einen Realm abgebildet. Dabei kann ein Realm den gleichen Namen wie eine Area bekommen oder auch mit einem neuen Namen benannt werden. Sind die Record-Typen der Olympia-Datenbasis beispielsweise auf die Areas *Teilnehmer*, *Veranstalter*, *Verwaltung* und *Historie* verteilt, so können mögliche Realm-Definitionen folgendermaßen aussehen:

REALM Teilnehmer IS Teilnehmer

REALM Presse_Info IS Teilnehmer Historie

Das erste Beispiel definiert einen Realm namens Teilnehmer, in dem alle Records enthalten sind, die in der Area Teilnehmer untergebracht sind. Das zweite Beispiel definiert den Realm Presse_Info, der die Areas Teilnehmer und Historie umfaßt. Bei der Realm-Definition in den Subschemata ist übrigens darauf zu achten, ob eventuell im Schema Record-Typen definiert wurden, deren Ausprägungen in verschiedenen Areas abgelegt werden. Des weiteren muß beachtet werden, ob Owner- und Member-Typ eines Sets gegebenenfalls in verschiedenen Areas gehalten werden.

Neben der Definition von Realms sind im Subschema noch einige weitere Einträge nötig. Um einen Record-Typ in das Subschema aufzunehmen, müssen die jeweiligen Einträge in die Subschema-Definition übernommen werden. An dieser Stelle kann dann innerhalb eines Record-Typs nochmals selektiert werden, welche Komponenten in das Subschema übernommen werden sollen. Record-Items, die nicht in das Subschema übernommen werden sollen, werden im Subschema-Eintrag einfach weggelassen. Dabei können auch Umbenennungen der Einträge des DB-Schemas vorgenommen werden. Alle Namen, die Record-Typen, Set-Typen und Item-Einträgen im Schema zugewiesen wurden, können mittels einer *ALIAS*-Klausel im Subschema geändert werden. Dies ist insbesondere dann nützlich, wenn verschiedene Benutzergruppen bereits Namenskonventionen haben und diese beim Arbeiten mit der Datenbasis beibehalten wollen. Des weiteren ist es möglich, daß Programmiersprachen, mit denen Anwendungen auf der Datenbasis erstellt werden sollen, Konventionen für Bezeichner haben, die mit den im DB-Schema verwendeten Bezeichnern nicht kompatibel sind. Auch in einem solchen Fall sind Änderungen der Namen unerläßlich. Soll der Record-Typ *Teilnehmer* innerhalb eines Subschemas *Sportler* genannt werden und das Item *Teilnehmernummer* analog in *Sportlernummer* umbenannt werden, so sind im Subschema folgende Einträge vorzunehmen:

    ALIAS RECORD Teilnehmer IS Sportler
    ALIAS ITEM Teilnehmernummer IS Sportlernummer

Wir möchten nicht versäumen, darauf hinzuweisen, daß eine Umbennung von Einträgen im Subschema nicht dazu führt, daß diese Namen als Alternativen zu den im DB-Schema vereinbarten Bezeichnern verwendet werden können. Durch eine Umbennung im Subschema können die jeweiligen Record-Typen, Set-Typen und Items in allen Anwendungen, die auf diesem Subschema basieren, ausschließlich über die *neuen* Namen referenziert werden.

Über die Umbenennung von Einträgen hinaus ist es des weiteren möglich, verschiedene Komponenten eines Record-Typs zu gruppieren. Sollen beispielsweise *Familienname* und *Vorname* des Record-Typs *Teilnehmer* zusammengefaßt werden, so muß dies im Subschema folgendermaßen vereinbart werden:

    RECORD NAME IS Teilnehmer
      ⋮
    GROUP NAME IS Name
    ITEM Familienname TYPE IS CHARACTER 30
    ITEM Vorname TYPE IS CHARACTER 20
    ENDGROUP Name

Durch diese Gruppierungen ist es möglich, mehrfache Anfragen für individuelle Record-Komponenten zu eliminieren. So können in diesem Fall die Items Familienname und Vorname durch einen Befehl in die UWA gebracht werden, wozu andernfalls zwei Befehle notwendig wären.

Genau wie bei den Record-Typen kann auch jeder Set-Typ des DB-Schemas in das Subschema aufgenommen werden. Neben dem Set-Namen müssen auch der Owner-Record-Typ und der Member-Record-Typ im Subschema angegeben werden. Bei der Überlegung, welche Set-Typen in ein Subschema aufgenommen werden sollen, muß unter anderem auch berücksichtigt werden, ob bestimmte Records als AUTOMATIC Member in Set-Typen vereinbart sind. Soll nämlich ein Record in der Datenbasis abgespeichert werden, so müssen alle Set-Typen, in denen er als ein AUTOMATIC Member vereinbart ist, im Subschema enthalten sein. Ähnliche Überlegungen sind für den Owner-Record-Typ des Set-Typs anzustellen. Da dieser Sachverhalt jedoch noch von vielen weiteren Faktoren abhängt, wollen wir es dabei belassen, an dieser Stelle lediglich auf die Problematik hinzuweisen.

3.3.5   Generierung von Security-Schemata

Hier wollen wir uns mit dem Aspekt des Datenschutzes befassen, der in Netzwerkdatenbanken mit Hilfe von *Security-Schemata* realisiert wird. Dieser Abschnitt ist erneut sehr stark auf das Datenbanksystem VAX DBMS bezogen, wir wollen uns jedoch bemühen, die verwendeten Techniken so allgemein wie möglich zu beschreiben.

Zunächst muß einmal festgehalten werden, daß durch Security-Schemata lediglich der Schutz vor unberechtigtem Zugriff durch autorisierte Datenbankbenutzer gewährleistet werden kann, gegen Eindringen in die Datenbasis von außen müssen zusätzlich die entsprechenden Schutzmechanismen des Betriebssystems eingesetzt werden. Nun stellt sich sicherlich die Frage, inwiefern die Datenbasis überhaupt gegenüber autorisierten Benutzern geschützt werden muß. Dazu ist generell zu sagen, daß jeder Benutzer grundsätzlich nur exakt die Rechte haben sollte, die er zur Erfüllung seiner Aufgaben unbedingt braucht. So sollen Sportler und Presseleute, die die Olympia-Datenbank als Informationsquelle verwenden, sicherlich nicht das Recht haben, Einträge oder Änderungen bei den erzielten Ergebnissen vorzunehmen, dies muß den Kampfrichtern vorbehalten bleiben.

In den Security-Schemata wird nun definiert, welche Benutzer(gruppen) welche Rechte bekommen, um mit der Datenbasis zu arbeiten. Rein theoretisch können zu einer Netzwerk-Datenbasis beliebig viele solcher Security-Schemata exixistieren, genau wie dies bei den Subschemata der Fall ist. In den meisten Fällen wird jedoch eine bestimmte Benutzergruppe eine gewisse Menge an Rechten erhalten, so daß nicht für jeden Benutzer ein eigenes Schema erstellt werden muß. Jeder Benutzer, der mit der Datenbasis arbeiten darf, bekommt genau ein Security-Schema zugeordnet und hat dementsprechend die Rechte, die in diesem Schema vereinbart sind. Es sollte auch immer ein Security-Schema geben, welches umfassende Rechte auf der gesamten Datenbasis hat, dieses sollte jedoch tunlichst nur dem (den) Datenbankadministrator(en) zugeordnet sein.

Betrachten wir nun nachfolgend die Einträge, die in einem Security-Schema möglich sind und welche Rechte dadurch erlaubt bzw. verweigert werden.

Die Definitionen innerhalb eines Security-Schemas wirken auf verschiedenen Ebenen, der Ebene des Zugriffsmodus (Acces-/Allow-Mode), der Set-Ebene und der Record-Ebene. Rechte werden grundsätzlich mittels des Befehls *GRANT* gewährt und mittels *DENY* verwehrt.

Sollen manche Benutzer der Datenbasis nur im CONCURRENT RETRIEVAL Modus arbeiten dürfen, so sind im entsprechenden Security-Schema als erstes folgende Eintragungen notwendig:

GRANT CONCURRENT RETRIEVAL
DENY PROTECTED RETRIEVAL
DENY EXCLUSIVE RETRIEVAL
DENY ALL UPDATE

Wir sehen, daß durch Verwendung von ALL alle Update-Modi mit einem Befehl gesperrt werden können.

Auf der Set-Ebene können Rechte zur Durchführung der Befehle *CONNECT*, *RECONNECT* und *DISCONNECT* vergeben werden. Soll im Security-Schema festgelegt werden, daß keine dieser Operationen erlaubt sein soll, so wird dies folgendermaßen beschrieben:

```
DENY CONNECT
DENY RECONNECT
DENY DISCONNECT
```

Analog werden entsprechende Angaben auf der Record-Ebene gemacht. Sollen die Benutzer, die mit diesem Security-Schema arbeiten, lediglich Retrieval-Befehle durchführen können, so sind folgende Vereinbarungen zu treffen:

```
GRANT FIND
GRANT GET
GRANT FETCH
DENY STORE
DENY STORE
DENY ERASE
DENY MODIFY
```

Ohne weitere Einschränkungen sind damit die Rechte für die gesamte Datenbasis festgelegt. In den meisten Fällen wird jedoch eine feinere Aufteilung notwendig sein, um die Security-Schemata den unterschiedlichen Erfordernissen anzupassen. Um dies zu tun, können im Anschluß an die oben dargestellten Festlegungen, die sich auf die gesamte Datenbasis beziehen, nun anschließend die einzelnen Teile des Schemas aufgelistet und jeweils nochmals mit Rechten versehen werden. Dabei überschreiben Rechte einer niedrigen *Granularität* grundsätzlich die Rechte einer höheren Ebene. Soll beispielsweise auf eine bestimmte Area der Datenbasis überhaupt nicht zugegriffen werden können, so wird der entsprechende Area-Eintrag im Security-Schema mit dieser Einschränkung versehen:

```
AREA NAME IS Teilnehmer
DENY ALL MODES
```

Ebenso können die Rechte von einzelnen Record-Typen und sogar die der Komponenten einzelner Record-Typen von den global spezifizierten Rechten abweichend definiert werden:

```
RECORD NAME IS Olympiade
GRANT STORE
```

Obwohl grundsätzlich keine Store-Befehle erlaubt sind, darf ein Benutzer, der mit diesem Security-Schema arbeitet, den Store-Befehl ausführen, wenn er Records vom Typ Olympiade speichern möchte. Das nachfolgende Beispiel verbietet grundsätzlich das Modifizieren von Records des Typs Teilnehmer, gestattet jedoch das Ändern der Items Familienname und Vorname dieses Record-Typs:

```
RECORD NAME IS Teilnehmer
DENY MODIFY
ITEM NAME IS Familienname
GRANT MODIFY
ITEM NAME IS Vorname
GRANT MODIFY
```

Ganz analog können auch Rechte auf der Ebene der Set-Typen vergeben werden. Das folgende Beispiel zeigt, wie zu erreichen ist, daß für den Set-Typ *nimmt_teil* der Connect- und Reconnect-Befehl verwendet werden dürfen.

SET NAME IS nimmt_teil
GRANT CONNECT RECONNECT
OWNER IS Olympiade
MEMBER IS Teilnehmer

Zur Generierung von Security-Schemata sollte abschließend noch gesagt werden, daß es sich empfiehlt, die Rechte für die gesamte Datenbasis zunächst soweit wie möglich einzuschränken und sie dann auf der Ebene der einzelnen Areas, Record- und Set-Typen soweit zu erteilen, wie dieses für die jeweilige Benutzergruppe notwendig ist.

An dieser Stelle möchten wir die Betrachtungen zum Datenbankentwurf einer Netzwerk-Datenbasis abschließen. Um einen Eindruck über komplette Netzwerk-Schemata zu erhalten, sollte der Leser die Schemata der Datenbasis Lufthansa betrachten, die im Anhang wiedergegeben sind.

3.4 Umsetzung in das relationale Datenmodell

3.4.1 Erstellung des Schemas

Die Umsetzung des ER-Diagramms in ein relationales Schema erfolgt auf sehr einfache Art und Weise:

- Für jede Klasse von Gegenständen innerhalb des ER-Diagramms wird eine Relation definiert, die über alle Attribute der Klasse verfügt. Es muß darauf geachtet werden, daß jedes Tupel dieser Relation eindeutig durch ein Schlüsselattribut (oder durch eine Kombination von Attributen) identifiziert werden kann.

- Für jeden Beziehungstyp, der im ER-Diagramm auftritt, wird ebenfalls eine Relation definiert. Sie erhält als Attribute die Schlüssel der in der Beziehung involvierten Gegenstände, sowie gegebenenfalls weitere Attribute zur Beschreibung der Beziehung selbst.

Bei der Umsetzung des ER-Schemas in die relationale Darstellung sollten wir Aspekte der Effizienz mitberücksichtigen. Für häufig zu erwartende Anfragen vermerken wir deshalb, daß im physischen Datenbankentwurf Indexrelationen anzulegen sind. Weiterhin wollen wir aufzeigen, welche semantischen Konsistenzbedingungen nicht in das relationale Modell eingebaut werden können (zum Beispiel bestimmte Kardinalitäten) und somit mittels entsprechender Anwenderprogramme beim Laden und Benutzen der Datenbank gewährleistet werden müssen.

3.4.2   Normalisierung

Das relationale Schema, welches sich aus der Umsetzung des ER-Diagramms ergibt, zeigt oft noch einige Schwachpunkte. So wurden bei der Umsetzung die Kardinalitäten und die in ihnen enthaltene zusätzliche Semantik nicht berücksichtigt. Wir wollen dieses im Schritt der Normalisierung nachholen. Zu diesem Zweck ist es notwendig, eine Tabelle aller *funktionalen Abhängigkeiten* der Attribute untereinander aufzustellen. Üblicherweise erfüllt das Ausgangsschema bereits die Forderung nach erster Normalform. Aus Gründen der Vollständigkeit wollen wir an dieser Stelle noch einmal kurz auf die Definitionen der verschiedenen Normalformen eingehen:

Eine Relation ist genau dann in erster Normalform, wenn jedes Attribut von atomarem Typ ist.

Diese Forderung hat in erster Linie technische Gründe. Von größerer Bedeutung in bezug auf Redundanzfreiheit ist die zweite Normalform:

Eine Relation ist genau dann in zweiter Normalform, wenn sie in erster Normalform ist und jedes nicht-Schlüssel-Attribut voll funktional vom Primärschlüssel abhängig ist.

Noch restriktiver stellt sich die Forderung nach dritter Normalform dar:

Eine Relation ist genau dann in dritter Normalform, wenn sie in zweiter Normalform ist und jedes nicht-Schlüssel-Attribut nicht transitiv vom Primärschlüssel abhängig ist.

Diese Forderungen scheinen auf den ersten Blick recht wilkürlich gewählt zu sein. Wir wollen deshalb anhand eines Beispiels diese Definitionen etwas veranschaulichen.

Als Diskursbereich wählen wir wieder den Bereich der Olympischen Spiele. Ein Sportler (repräsentiert durch seinen Namen) besitzt genau einen Wohnsitz (Ort und Postleitzahl). Er nimmt aber an verschiedenen Olympiaden (Austragungsorten) teil und erhält dort bei seiner Anmeldung jeweils eine Startnummer. Ein mögliches ER-Diagramm für diesen Sachverhalt zeigt Abb. 3.11.

Die Semantik der Anwendung gibt uns darüber hinaus noch einiges an Information in Form von sogenannten *funktionalen Abhängigkeiten*. Mit ihnen wird zum Ausdruck gebracht, daß der Wert eines Attributes (oder einer Attributkombination) eindeutig auf den Wert eines anderen Attributes (oder Kombination) schließen läßt. Aus der Liste der möglichen funktionalen Abhängigkeiten wollen wir an dieser Stelle nur einige herausgreifen. Wir schreiben "$\{A\} \rightarrow \{B\}$" für "B ist funktional von A abhängig".

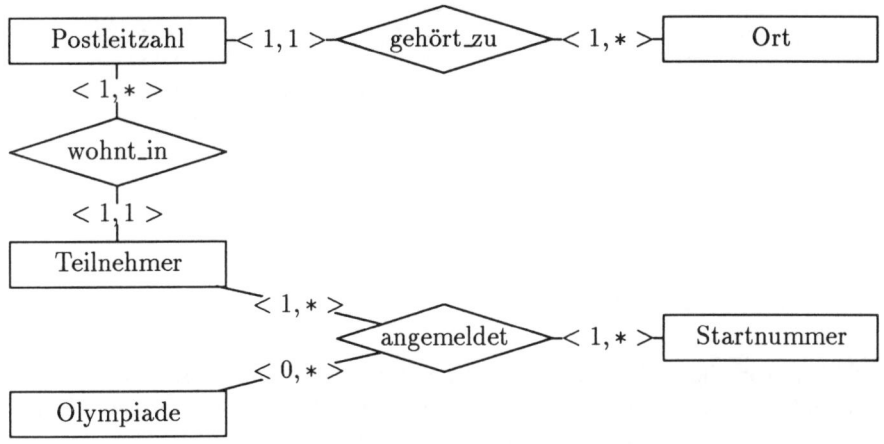

Abb. 3.11. Ausschnitt aus einem ER-Diagramm für die Olympischen Spiele

- {Postleitzahl}→ {Ort}. Die Umkehrung trifft natürlich nicht zu. So existieren in der Bundesrepublik Deutschland beispielsweise mehrere Orte mit dem Namen "Neustadt".

- {Teilnehmer} → {Postleitzahl}, da jeder Sportler in unserem Beispiel höchstens einen Wohnsitz aufweist.

- {Teilnehmer, Olympiade}→ {Startnummer}. Es gilt im übrigen auch die funktionale Abhängigkeit {Olympiade, Startnummer}→ {Teilnehmer}, da eine Startnummer pro Olympiade nur einmal vergeben wird. Dies ist ein typisches Beispiel für eine komplexe Abhängigkeit zwischen verschiedenen Attributen, die im ER-Diagramm nicht in befriedigender Weise mittels der Kardinalitäten wiedergegeben werden kann. Im folgenden werden wir uns der Einfachheit halber nur mit der zuerst aufgeführten funktionalen Abhängigkeit befassen.

Eine graphische Darstellung dieser Abhängigkeiten zeigt Abb. 3.12.

Wie wir sehen, widerspricht diese Form der funktionalen Abhängigkeiten der zweiten Nomalform. Eine Beispielausprägung[2] soll dieses verdeutlichen.

Teilnehmer	Ort	Postleitzahl	Olympiade	Startnummer
Neske	Karlsruhe	7500	Los Angeles	007
Künkele	Stuttgart	7000	Seoul	110
Leutner	Karlsruhe	7500	Los Angeles	4711
Schmid	Stuttgart	7000	München	0815

---
[2]Die darin enthaltenen Daten sind natürlich fiktiv.

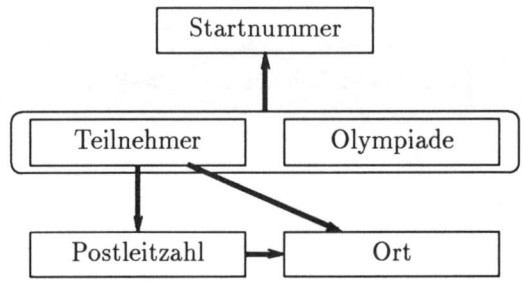

Abb. 3.12. Funktionale Abhängigkeiten in der Beispieldatenbasis

Soll nun in dieser Relation die Anmeldung des Teilnehmers Neske zu einer
weiteren Olympiade vermerkt werden, so muß die Information über den Wohnsitz
(Postleitzahl und zugehöriger Ortsname) dupliziert werden.

Teilnehmer	Ort	Postleitzahl	Olympiade	Startnummer
Neske	Karlsruhe	7500	Los Angeles	007
Künkele	Stuttgart	7000	Seoul	110
Leutner	Karlsruhe	7500	Los Angeles	4711
Schmid	Stuttgart	7000	München	0815
Neske	Karlsruhe	7500	Seoul	333

Die durch diese redundante Datenhaltung auftretenden Probleme sind allgemein bekannt und werden als *Anomalien* bezeichnet.

Die Ursache dieser Verhaltensweise liegt ganz einfach darin begründet, daß für
das Attribut Startnummer zwar der Gesamtschlüssel {Teilnehmer, Olympiade}
benötigt wird, nicht jedoch für die anderen Attribute. Um dieses zu umgehen,
zerlegen wir die obige Relation zweckmäßigerweise in zwei Teilrelationen. Das
Abhängigkeitsdiagramm zerfällt somit in zwei Teile (siehe Abb. 3.13).

Durch diesen Kunstgriff ist es nun sehr einfach möglich, die Anmeldung zusammen mit der neuen Startnummer zu vermerken, ohne die oben angesprochene
Redundanz in Kauf nehmen zu müssen.

Teilnehmer	Olympiade	Startnummer
Neske	Los Angeles	007
Künkele	Seoul	110
Leutner	Los Angeles	4711
Schmid	München	0815
Neske	Seoul	333

Teilnehmer	Ort	PLZ
Neske	Karlsruhe	7500
Künkele	Stuttgart	7000
Leutner	Karlsruhe	7500
Schmid	Stuttgart	7000

Allerdings stellt auch dieses Schema noch keine optimale Modellierung dar.
Die Information "Karlsruhe hat die Postleitzahl 7500" ist in der zweiten Relation

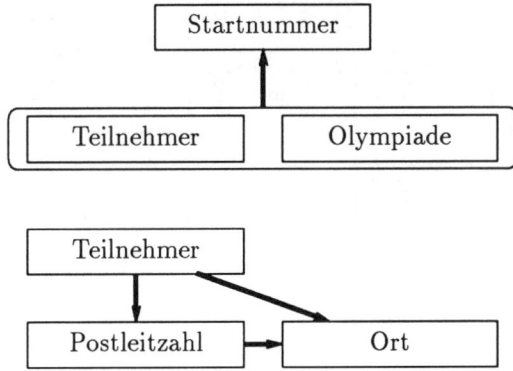

Abb. 3.13. Funktionale Abhängigkeiten der 2-NF Relationen

mehrfach abgelegt. Auch dieses stellt eine redundante Modellierung dar, die zu Anomalien führt. Abhilfe schafft an dieser Stelle nur eine erneute Zerlegung dieser Relation. Man erkennt, daß das Problem durch die transitive Abhängigkeit *Teilnehmer → Postleitzahl → Ort* hervorgerufen wird. Die obige Relation ist somit zwar in zweiter, nicht aber in dritter Normalform. Abb. 3.14 zeigt eine mögliche Zerlegung in 3-NF Relationen. Die transitive Abhängigkeit wird hier in einfache Abhängigkeiten aufgebrochen.

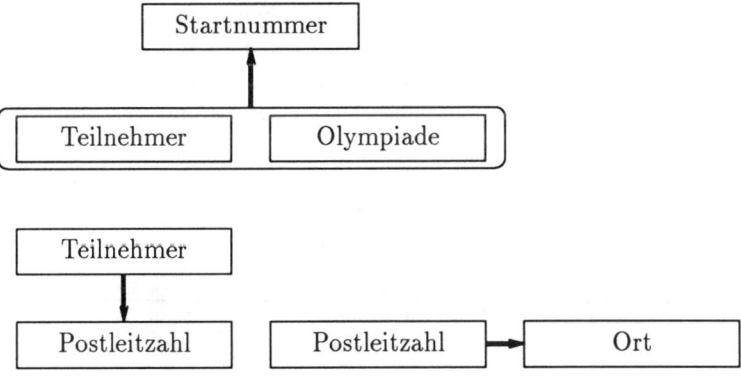

Abb. 3.14. Zerlegung einer transitiven Abhängigkeit

Die Ausprägungen zu diesem Schema sind in den nachfolgenden drei Tabellen dargestellt:

Teilnehmer	Postleitzahl
Neske	7500
Künkele	7000
Leutner	7500
Schmid	7000

Teilnehmer	Olympiade	Startnummer
Neske	Los Angeles	007
Künkele	Seoul	110
Leutner	Los Angeles	4711
Schmid	München	0815
Neske	Seoul	333

Postleitzahl	Ort
7500	Karlsruhe
7000	Stuttgart

Diese Zerlegung stellt nun eine nahezu optimale Modellierung der gegebenen Verhältnisse dar. Jedes Faktum läßt sich genau an einem Ort lokalisieren.

Einen letzten Punkt gibt es allerdings noch, den das Schema in der obigen Darstellung nicht erfüllt: Eine zukünftige Olympiade, zu der der Austragungsort zwar schon bekannt ist, zu der sich aber noch kein Teilnehmer angemeldet hat, kann nicht in die Datenbank eingebracht werden. In keiner der obigen Relationen tritt der Name der Olympiade separat auf. Immer ist er Bestandteil eines (mehr-attributigen) Schlüssels. Wollte man nun einen Namen für sich allein einbringen, so wäre man gezwungen, die fehlenden Schlüsselbestandteile mit Nullwerten zu belegen. Dies ist jedoch aufgrund der Definition eines Schlüssels verboten.

Um dieses zu umgehen, fügt man deshalb üblicherweise dem Schema noch je eine Relation pro Objekttyp hinzu. Diese dient zum einen dazu, auch Objekte aufzunehmen, die noch in keiner Beziehung stehen. Zum anderen kann in ihr all die Information untergebracht werden, die diesen Typ näher beschreibt. Beispiele hierzu sind im Fall des Gegenstandstyps *Olympiade* die Art der Spiele (Sommer- oder Winterolympiade) oder das Jahr der Austragung. Es wäre somit noch folgende Relation zu ergänzen:

Olympiade	Art	Jahr der Austragung
Los Angeles	Sommerolympiade	1984
München	Sommerolympiade	1972
Lake Placid	Winterolympiade	1980
Seoul	Sommerolympiade	1988
Barcelona	Sommerolympiade	1992
Innsbruck	Winterolympiade	1976

An dieser Stelle tritt im übrigen wieder das Problem der *referentiellen Integrität* auf, welches wir in Kapitel 2.2.4 eingehend betrachtet haben.

3.4.3   Optimierung des Entwurfs

Einen Aspekt der Darstellung des ER-Diagramms haben wir bisher noch nicht genügend berücksichtigt: die Angabe der Kardinalitäten. Zu diesem Zweck betrachten wir beispielhaft Ausschnitte aus einem ER-Diagramm mit der Angabe unterschiedlicher Paare von Kardinalitäten, zusammen mit entsprechenden Ausprägungen des Schemas.

- Beginnen wir mit der allgemeinsten Form (Abb. 3.15). Die angegebenen Maximalkardinalitäten schränken den Beziehungstyp hierbei nicht ein und können somit auch nicht zu einer Optimierung des Schemas herangezogen werden. Das einzige, was wir mittels des Schemas erzwingen können, ist die Minimalkardinalität. Im Fall der 1 bietet sich die Möglichkeit, das Verbindungsattribut des Gegenstands und der involvierten Beziehung als NOT NULL festzulegen. Im Fall der 0 müssen wir im Gegensatz dazu NULL explizit erlauben. Betrachten wir hierzu in Abb. 3.16 eine Ausprägung, so gehen von einem Objekt des Typs A (im Fall $< 0, * >$) beliebig viele Kanten aus. Wir können somit die angegebenen Kardinalitäten auch als Ausgangsgrad einer Objektausprägung auffassen.

Abb. 3.15. Zweiseitige $< 0, * >$ bzw. $< 1, * >$ Beziehung

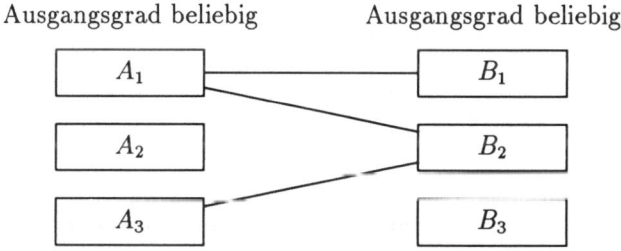

Abb. 3.16. Beispielausprägung zur zweiseitigen $< 0, * >$ Beziehung

- Etwas einfacher werden die Verhältnisse, wenn auf mindestens einer Seite der Beziehung die Maximalkardinalität eingeschränkt ist. Wir betrachten den einfachsten Fall der Maximalkardinalität 1 (Abb. 3.17). Anhand der Ausprägung in Abb. 3.18 erkennen wir sehr schnell, daß zu jedem Objekt des Typs A maximal eine Kante ausgeht. Es bietet sich deshalb an, anstatt für die Beziehung eine eigene Relation zu definieren, die Information in einem zusätzlichen Attribut des Objekts A abzulegen. Auf diese Art und Weise spart man sich die Ausführung einer aufwendigen Verbindung.

Abb. 3.17. Einseitige $< 0, * >$ bzw. $< 1, * >$ Beziehung

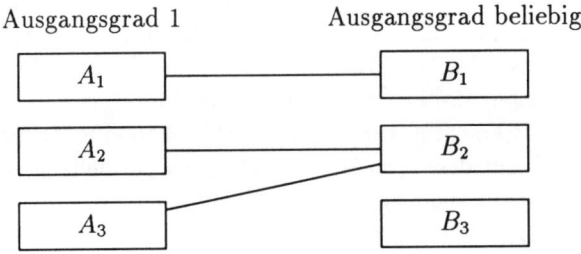

Abb. 3.18. Beispielausprägung zur einseitigen $< 0, * >$ Beziehung

- Noch einfacher werden die Verhältnisse, wenn auf beiden Seiten einer zwei-stelligen Beziehung eine Maximalkardinalität festgelegt wurde. Die oben erwähnte Zusammenfassung kann dann auf eine einzige Relation erfolgen. Die Abb. 3.19 und 3.20 machen dieses deutlich.

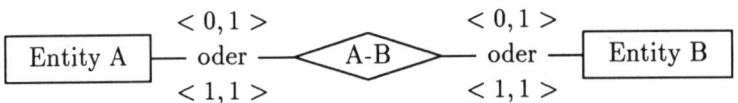

Abb. 3.19. Zweiseitige $< 0, 1 >$ bzw. $< 1, 1 >$ Beziehung

In den Übungsaufgaben werden wir auf die allgemeineren Fälle — mehrstel-lige Beziehungen und Maximalkardinalitäten größer als eins — detaillierter ein-gehen.

3.4.4   Definition von Sichten für die einzelnen Gruppen

Im Kapitel über relationale Datenbanksysteme haben wir das Konzept der Sich-ten kennengelernt. Da die einzelnen Benutzergruppen jeweils nur einen Teilaus-schnitt der Gesamtinformation benötigen (und einsehen dürfen), müssen wir an dieser Stelle die Ausschnitte des Schemas ermitteln, die als Sichten zur Verfügung gestellt werden müssen. In der praktischen Anwendung hat es sich als günstig erwiesen, hierbei folgende Schritte nacheinander auszuführen:

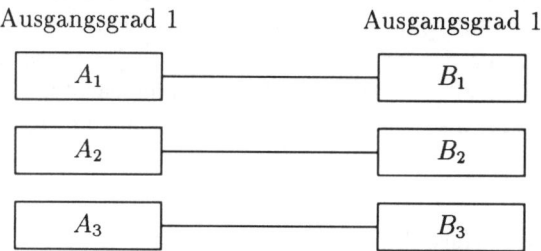

Abb. 3.20. Beispielausprägung zur zweiseitigen $< 1, 1 >$ Beziehung

1. Zuerst ist es notwendig, die Daten zu identifizieren, die den einzelnen Gruppen zur Verfügung gestellt werden müssen. Als Hilfestellung können die lokalen ER-Diagramme der einzelnen Gruppen dienen. In ihnen kommt zum Ausdruck, welche Daten in welchem Format angeboten werden müssen.

2. Stimmt die Zielstruktur der Daten nicht mit der Definition der Relationen überein, so muß durch eine Umstrukturierung mittels des Sichtenkonzepts die geünschte Darstellung erzeugt werden.

3. Der letzte Schritt besteht darin, die Art des Zugriffs auf die Daten zu ermitteln. Als mögliche Zugriffsrechte bieten sich hier SELECT, UPDATE, DELETE, etc. an. Um einen optimalen Schutz vor ungewollten Zugriffen zu gewährleisten, ist es notwendig, nur die Rechte zu vergeben, die auch tatsächlich erforderlich sind.

3.4.5 Definition von Indexrelationen zur Anfrageoptimierung

Den letzten Schritt bei der Realisierung eines relationalen Schemas stellt die Anpassung an das Benutzerprofil dar. Zu diesem Zweck müssen die Anfragen sowohl danach eingestuft werden, welche Relationen von ihnen benötigt werden, als auch bezüglich ihrer Häufigkeit gewichtet. Diese Einstufung gibt das Anfrageverhalten der Benutzergruppe wieder. Um von der Seite des Datenbanksystems eine möglichst gute Leistung zur Verfügung zu stellen, sind zu diesem Anfrageverhalten die passenden Indexe zu definieren.

3.4.6 Speicherplatz- und Laufzeitberechnungen

Vorbemerkungen

Im allgemeinen sind Modelle zur Berechnung von Speicherplatz- oder Zeitbedarf nicht nur sehr komplex, sondern auch sehr von dem zugrundeliegenden System abhängig. Wir wollen deshalb nur ein vereinfachtes Modell zur Berechnung dieser Größen verwenden. Es erlaubt einfache, überschlägige Berechnungen und liefert somit zumindest Anhaltspunkte für eventuell zu erwartende Engpässe. Diesem Vorteil steht natürlich der Nachteil gegenüber, daß genauere Aussagen anhand dieses Modells nur bedingt möglich sind. Dessenungeachtet werden wir (gerade auch für den Einsatz in einem Lehrbuch) auf ein einfaches Rechenmodell Bezug nehmen.[3]

Speicherplatzbedarfsrechnung

Aufgrund der einfachen Basiskonzepte des relationalen Modells (Attribut, Tupel, Relation) erweist sich die Berechnung des erforderlichen Speicherplatzes (M_{Gesamt}) einer Datenbasis als recht einfach. Er ergibt sich aus dem Speicherbedarf für die eigentliche Nutzinformation sowie dem zusätzlichen Speicherbedarf für erforderliche Zugriffspfade:

$$M_{\text{Gesamt}} = M_{\text{Nutzdaten}} + M_{\text{Zugriffspfade}} \tag{3.1}$$

Betrachten wir zuerst die Berechnung des Speichervolumens der Nutzdaten. Im allgemeinen erfordert dieses die Bestimmung der notwendigen Speicherkapazität für jede Relation innerhalb der Datenbank. Das Gesamtvolumen ergibt sich dann als Summe der Einzelvolumina (Gleichung 3.2). Oft genügt es bereits, die bezüglich des Speichervolumens wesentlichen Relationen herauszugreifen, um eine grobe Schätzung zu erhalten. Das Volumen einer Relation (Gleichung 3.3) ergibt sich als Produkt der Länge eines Tupels und der Anzahl der Tupel in der Relation. Hierbei ist lediglich zu beachten, daß beide Größen statistische Anteile besitzen und somit im allgemeinen nicht genau angebbar sind:

$$M_{\text{Nutzdaten}} = \sum_{r \,\in\, \text{Relationen}} M_r \tag{3.2}$$

$$M_{\text{Relation}} = \overline{L_{\text{Tupel}}} * \overline{N_{\text{Tupel}}} \tag{3.3}$$

Was die durchschnittliche Länge eines Tupels betrifft, werden wir deshalb auf einen Mittelwert zurückgreifen: Bei variabel langen Attributen wollen wir der Einfachheit halber annehmen, daß im Mittel die Hälfte des maximal notwendigen Platzes in Anspruch genommen wird (Gleichung 3.4). Der für einen bestimmten Attributtyp vorgesehene Speicherbedarf ist in Tabelle 3.2 aufgeführt:

---

[3]Das Modell selbst basiert auf der Speicherplatz- und Laufzeitberechnung wie sie dem System SQL/DS der Firma IBM zugrundeliegt. Es ist jedoch in der obigen Form für eine ganze Reihe weiterer Systeme anwendbar.

Attributtyp	L_{Attribut} in Byte[4]	Bemerkungen
SMALLINT	2	Ganze Zahl im Bereich -32767...32768
INTEGER	4	Ganze Zahl im Bereich -2^{31} und $2^{31} - 1$
FLOAT	8	64 bit Gleitkommazahl; entspricht $\approx$ 7 Dezimalstellen
DECIMAL(n,m)	8	Festkommazahl mit n Stellen, davon m Nachkommastellen
CHAR(n)	n	Zeichenkette fester Länge im Bereich zwischen 1 und 16383 Zeichen
VARCHAR(n)	(maximal) n	Zeichenkette variabler Länge im Bereich zwischen 1 und 16383 Zeichen
DATE	8	Zeichenkette zur Speicherung von Datumsangaben

Tab. 3.2. Speicherplatzbedarf der Standard-Attributtypen

$$\overline{L_{\text{Tupel}}} = \left(\sum_{\text{Attr. fester Länge}} L_{\text{Attribut}} \right) + \frac{1}{2} * \left(\sum_{\text{Attr. variabler Länge}} L_{\text{Attribut}} \right) \quad (3.4)$$

Die Anzahl der Tupel einer Relation läßt sich nicht auf solch einfache Art und Weise darlegen. Hierzu ist ein detailliertes Mengengerüst der Anwendung notwendig. Es gibt Aufschluß darüber, wieviele Ausprägungen eines Gegenstands- oder Beziehungstyps innerhalb der Datenbasis abgelegt werden müssen. Im folgenden werden wir die Anzahl der Tupel einer Relation mit $|r|$ bezeichnen, wenn wir betonen wollen, daß es sich um eine feste Größe handelt.

Das Zusatzvolumen an Speicherplatz für Zugriffspfade errechnet sich analog aus der Summe der Einzelvolumina:

$$M_{\text{Zugriffspfade}} = \sum_{i \in \text{Indexe}} M_i \quad (3.5)$$

Auch bei der Definition von Zugriffspfaden ergeben sich eine Reihe von Alternativen, die ihre Auswirkungen sowohl im aufzuwendenden Speichervolumen als auch in der zu erwartenden Leistungsfähigkeit besitzen. Wir wollen uns an

---

[4]Die hier aufgeführten Attributtypen stellen natürlich nur eine Auswahl der möglichen Typen dar. In konkreten Situationen ist zu ermitteln, welche Datentypen das Zielsystem anbietet, sowie deren Bedarf an realer Speicherkapazität.

dieser Stelle mit dem Konzept eines ausgeglichenen (balancierten) Mehrwegbaumes (B-Baum, B*-Baum) beschäftigen. Aufgrund der Intention dieses Buches werden wir keine detaillierte Einführung in die Thematik geben, sondern setzen an dieser Stelle einiges an Basiswissen über Zugriffsstrukturen in Datenbanksystemen voraus. Des weiteren greifen wir hier nur einige der Probleme bei der Zugriffsunterstützung auf. Dieses gilt speziell für die Unterscheidung von B- und B*-Baum, die eher von informeller Natur ist.

Die Motivation für das Anlegen eines Zugriffspfades besteht darin, die Bearbeitungszeiten für assoziative Suche zu verringern. Entscheidend ist hierbei die Anzahl der Zugriffe auf den Hintergrundspeicher, da diese Zeit (10-30 ms) die Zeit für einen Hauptspeicherzugriff um den Faktor 100000 übersteigt. Da die Zeit im wesentlichen für die Positionierung des Lesekopfes benötigt wird und kaum vom übertragenen Datenvolumen abhängt, ist die Transporteinheit vom Hintergrundspeicher nicht ein Byte, sondern eine *Seite*, die beispielsweise 4096 Byte umfaßt. Angestrebtes Ziel ist nun, die Zugriffsstruktur so auf einzelne Seiten zu verteilen, daß nur wenige Übertragungen notwendig werden. Geht man beispielsweise von einem Binärbaum aus, bei dem jeder Knoten auf einer Seite zu liegen kommt, so ist die mittlere Anzahl der Seitenübertragungen gleich der mittleren Länge eines Pfades von der Wurzel zu einem Blatt, also $log_2(n)$, wenn n die Anzahl der Tupel ist. Dieses ist ein recht hoher Wert ($log_2(10000) \approx 13.29$), insbesondere, wenn man gleichzeitig den Füllgrad einer Seite betrachtet. Da ein Knoten genau einen Eintrag enthält, ist die Seite fast leer. Es gibt nun eine sehr einfache Lösung für beide Probleme: Indem man mehrere Einträge pro Seite erlaubt (und somit vom Binärbaum zum k-Baum übergeht) verbessert sich der Füllgrad einer Seite. Des weiteren erhöht sich der Verzweigungsgrad, was eine Verringerung der Pfadlänge nach sich zieht. Sie ergibt sich dann als $log_k(n)$, für Werte von k größer als 50 ein gutes Ergebnis ($log_{50}(10000) \approx 2.35$).

Bei den bisherigen Betrachtungen haben wir noch nicht berücksichtigt, welche Information nun tatsächlich in einem Knoten abgelegt ist. Je nach Inhalt eines solchen Knotens unterscheidet man:

B-Bäume: Bei ihnen wird in einem Knoten nicht nur die Zugriffsinformation, d.h. Schlüsselbestandteile des Tupels und der Zeiger auf das Tupel (z.B. Tupel-Identifier) abgelegt, sondern die gesamte Nutzinformation. Das heißt, der Verzweigungsgrad des Baums richtet sich nach der Größe eines Tupels. Eine schematische Darstellung eines B-Baumes ist in Abb. 3.21 zu sehen.

Anhand dieser Darstellung lassen sich einige der Vor- und Nachteile von B-Bäumen erkennen:

+ Da die gesamte Nutzinformation im Baum selbst abgelegt ist, muß kein zusätzlicher Zugriff erfolgen.

+ Die Suche nach einem Eintrag muß nicht immer bis auf Blattebene erfolgen.

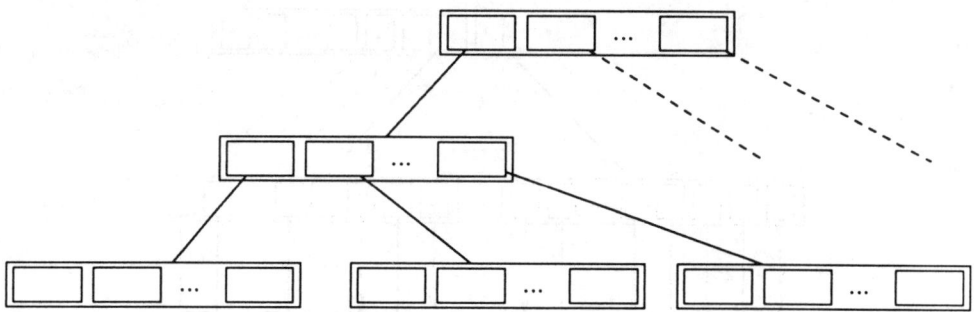

Abb. 3.21. Schematische Darstellung eines B-Baumes

— Durch die Größe der Tupel ist der Verzweigungsgrad relativ gering, was entsprechend lange Pfade zur Folge hat. Dieses läßt sich dadurch vermeiden, daß innerhalb der Knoten üblicherweise nicht die Sätze selbst, sondern Verweise auf sie geführt werden. Für uns ist dieses jedoch von geringerer Bedeutung.

Da Zugriffsstrukturen dieser Art nur selten verwendet werden (abgesehen von der obigen Variation) wollen wir uns mit der zweiten Art der Knotenbelegung beschäftigen, um dort einige Rechenbeispiele durchzuführen.

B*-Bäume: Wie wir oben gesehen haben, führen größere Einträge innerhalb der Knoten auf einen relativ niedrigen Verzweigungsgrad. Da dieser aber von erheblicher Bedeutung für die Zugriffszeit ist, stellt sich die Frage: Welche Mittel gibt es, ihn geeignet zu beeinflussen?

Am einfachsten gelingt dieses natürlich über eine Verkürzung der Einträge innerhalb der Knoten. Auf diese Art und Weise lassen sich mehr Einträge in einem Knoten unterbringen. Eine mögliche Variante haben wir oben bereits kennengelernt. Anstatt das gesamte Tupel als Eintrag abzulegen, wird innerhalb des B-Baumes nur ein Verweis auf das Tupel geführt.

Eine zweite Variante ist der sogenannte B*-Baum. Dort wird innerhalb eines Knotens nur noch die Information abgelegt, die die Auswahl des passenden Unterbaums erlaubt. Die eigentliche Information über den Inhalt eines Tupels findet sich nur in den Blättern. Aus Gründen der Redundanzfreiheit werden in einigen Fällen in den Blättern auch Verweise auf die eigentlichen Nutzdaten geführt. Ein Beispiel für einen B*-Baum ist in Abb. 3.22 dargestellt.

Kehren wir nun zum Ausgangspunkt unserer Überlegungen zurück: zur Speicherplatzberechnung. Wir verwenden als Beispiel den im letzten Abschnitt erwähnten B*-Baum. Entscheidend ist dort die Anzahl der Knoten, die zur Verfügung gestellt werden müssen. Im folgenden Abschnitt, der sich mit der

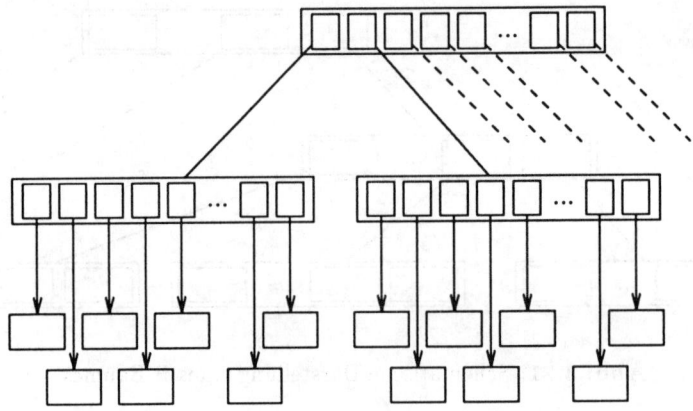

Abb. 3.22. B*-Baum mit Verweisen auf Tupelsätze

Laufzeitberechnung beschäftigt, werden wir die Struktur noch etwas genauer untersuchen.

Das Gesamtvolumen für die Zugriffspfade ergibt sich gemäß Gleichung 3.5 aus der Summe der Einzelvolumina.[5] Der Bedarf für einen einzelnen Index wiederum ergibt sich aus der Anzahl der Knoten und der Knotengröße:

$$M_{\text{Index}} \;=\; M_{\text{Knoten}} \; * \; N_{\text{Knoten}} \qquad (3.6)$$

Der Einfachheit halber sei die Knotengröße M_{Knoten} gleich der Seitengröße (typischerweise 4096 Byte). Was noch zu bestimmen bleibt, ist die Anzahl der Knoten. Sie hängt natürlich davon ab, wieviele Einträge pro Knoten verwaltet werden können. Die Länge eines Eintrags ergibt sich nun aber aus der Länge der im Index aufgeführten Attribute. Die Berechnung dieser Länge (L_{Eintrag}) erfolgt analog zu der des gesamten Tupels (Gleichung 3.4), mit der Einschränkung, daß nur die im Index aufgeführten Attribute zu berücksichtigen sind. Die Zahl der Einträge pro Knoten ($N_{\text{Einträge}}$) ergibt sich nun aus der effektiven Knotengröße, dividiert durch die Länge eines Eintrags plus der Länge eines Zeigers auf den eigentlichen Tupelsatz. Der Einfachheit halber wollen wir vier Byte als Größe für einen Zeiger annehmen. Als effektive Knotengröße sind nur ca. 75% der Maximalkapazität verfügbar. Sie rührt daher, daß die Balancierungsalgorithmen die Knoten im Mittel nicht vollständig füllen können. Damit gilt:

$$N_{\text{Einträge}} \;=\; 0.75 \; * \; M_{\text{Knoten}} \; / \; (L_{\text{Eintrag}} + L_{\text{Zeiger}}) \qquad (3.7)$$

---

[5]In den aufgeführten Gleichungen steht der Buchstabe M für den Speicherbedarf einer Größe. N bezeichnet die Zahl der Ausprägungen eines Gegenstands.

Die Anzahl der Blätter eines Index erhält man nun, indem man die Zahl der Tupel durch die Zahl der Einträge pro Knoten dividiert:

$$N_{\text{Blätter}} \;=\; N_{\text{Tupel}} \;/\; N_{\text{Einträge}}$$

Zu diesen Blättern muß noch die Zahl der Knoten der eigentlichen Baumstruktur hinzuaddiert werden. Da die genaue Bestimmung recht aufwendig ist, setzen wir die Zahl der inneren Knoten der Einfachheit halber gleich der Zahl der Blätter. Die Anzahl der Knoten für den gesamten Index ergibt sich deshalb grob als doppelte Anzahl der Blätter:

$$N_{\text{Knoten}} \;\approx\; 2 \;*\; N_{\text{Blätter}} \tag{3.8}$$

Nachdem wir nun den gesamten Speicherplatz für die Datenbasis bestimmt haben, bleiben noch einige kleinere Anmerkungen:

- Datenbestände sind meist nicht von statischer Natur. Sie wachsen und schrumpfen im Lauf der Zeit. Dieses hat zur Folge, daß der berechnete Speicherbedarf schon zu Beginn nach oben abgeschätzt werden muß. Eventuelle Fehleinschätzungen lassen sich später nur mit großem Aufwand wieder korrigieren. Mögliche Maßnahmen hierzu sind Reorganisationsläufe oder Auslagerung von Datenbeständen.

- Zur Effizienzsteigerung werden Tupel oft physisch benachbart abgespeichert (*Clustering*). Ein Überlaufen dieser Cluster durch das Wachsen der Datenbasis zerstört diesen Optimierungsansatz. Aus diesem Grund werden Cluster meist nur zu einem gewissen Prozentsatz gefüllt.

- Oft fällt ein nicht unerheblicher Teil des Speichervolumens für Verwaltungszwecke an. Hierzu gehören Systemkataloge oder statistische Informationen über die Nutzungshäufigkeit.

- Die Größe der Datenbasis ist oft nicht in beliebiger Granularität wählbar, sondern nur in festen Schritten (z.B. immer 128 Blöcke).

All diesen Faktoren muß gesondert Rechnung getragen werden. In unserem Berechnungsmodell vereinfachen wir dieses dadurch, daß wir den errechneten Speicherbedarf mit dem Faktor 1.25 multiplizieren:

$$M_{\text{Datenbasis}} \;\approx\; 1.25 \;*\; M_{\text{Gesamt}} \tag{3.9}$$

Laufzeitbedarfsrechnung

Im vorigen Abschnitt haben wir ein einfaches Modell zur Berechnung des Speicherbedarfs einer Datenbasis kennengelernt. Der zweite, oft entscheidende Parameter beim Einsatz eines Datenbanksystems ist jedoch die Laufzeit von vorgegebenen Anfragen.

Im Gegensatz zum Netzwerkmodell, bei dem neben dem Speicherschema auch das Geschick des Anwendungsprogrammierers über die Laufzeit entscheidet, besitzen relationale Systeme deskriptive Anfragesprachen. In ihnen wird nicht zum Ausdruck gebracht, *wie* das Ergebnis bestimmt werden soll, sondern *was* als Ergebnis erwartet wird. Diese Formulierung läßt dem Datenbanksystem die zu wählende Bearbeitungsreihenfolge offen. Der Anfrageoptimierer innerhalb des Systems ist somit in der Lage, eine optimale Lösung in bezug auf die Laufzeit auszuwählen.

Da solche Optimierungsstrategien sehr komplexe Entscheidungsprozesse darstellen, wollen wir auch hier nur ein vereinfachtes Modell betrachten. Ausgehend von einer einfachen SQL-Anfrage bestimmen wir für *eine* mögliche Abarbeitungsstrategie die erforderlichen Hintergrundspeicherzugriffe. Wie oben bereits erwähnt, sind sie entscheidend für die zu erwartende Laufzeit.

Als Basis unserer Berechnung gehen wir von einer Anfrage der Form

SELECT   *Attributliste*
FROM   *Relationenliste*
WHERE   *Bedingung*

aus. Als Ziel unserer Bemühungen steht die Bestimmung der Anzahl zugegriffener Tupel im Vordergrund. Obwohl sich nicht alle zugegriffenen Tupel schlußendlich für die Ergebnisrelation qualifizieren, wird durch sie eine grobe Vorauswahl über die potentiellen Ergebniswerte getroffen. Je besser diese Vorauswahl mit dem gewünschten Ergebnis übereinstimmt, desto weniger unnütze Zugriffe werden durchgeführt. Da die Überprüfung komplexer Bedingungen im Hauptspeicher für die eigentliche Verarbeitung vom Aufwand her unerheblich ist, werden wir uns im weiteren mit der obigen Vorauswahl beschäftigen.

Wie aber läßt sich diese Menge der einzulagernden Tupel bestimmen? In diesem Zuammenhang spielen zwei Parameter eine große Rolle:

• Welche Tupel der Basisrelationen werden durch die Bedingung in der Where-Klausel betroffen?

• Existiert für diese Relationen eine Unterstützung durch Zugriffspfade, die aufwendiges sequentielles Suchen vermeidet?

Beginnen wir mit dem ersten Punkt. Die Bedingung in der Where-Klausel spezifiziert im wesentlichen, wieviele Tupel der Datenbasis zur Anfragebearbeitung eingelagert werden müssen. Da diese Bedingung durchaus komplexer Natur sein kann, besteht der erste Schritt der Berechnung in einer Zerlegung der Where-Klausel in einfachere Teile. Als Teile können hierbei auftreten:

Selektion: In der Bedingung wird ein Attribut mit einem konstanten Wert verglichen. Innerhalb des Ausdrucks taucht hierbei nur ein Attribut einer Relation auf. Mögliche Vergleichsoperatoren entstammen der Menge $\{=, \neq, <, >, <=, >=\}$. Beispiele, wie *Name = "Norwegen"* oder *Einwohner > 1000000* haben wir in der Einführung in SQL mehrfach kennengelernt.

Restriktion und Verbindung: In diesem Fall ist in die Bedingung anstatt einer Konstante ein zweites Attribut einbezogen. Stammen die Attribute aus unterschiedlichen Relationen, so spricht man von einer Verbindung, entstammen sie einer einzelnen Relation, spricht man von einer Restriktion. Auch hier sind Beispiele sehr einfach zu finden: *Land.Hauptstadt = Stadt.Name* oder *Land.Kürzel = Stadt.Landeskürzel*

Subquery: Als Operand in einem Ausdruck kann selbst wieder ein Anfrageblock auftreten (geschachtelte Anfrage). Eine SQL-Anfrage selbst entspricht einem speziellen Anfrageblock, der in keinem weiteren Block enthalten ist.

Der Gesamtaufwand zur Bearbeitung der Where-Klausel ergibt sich am Ende als Summe des Aufwandes für die einzelnen Teile. Zu bemerken bleibt noch, daß bei der Bearbeitung der Anfrage die enthaltenen Anfrageblöcke von innen nach außen entsprechend der Schachtelung behandelt werden. Die Projektion auf die Ziellistenattribute in unserer Berechnung bleibt unberücksichtigt.

Zum zweiten Punkt, der Zugriffspfadunterstützung, betrachten wir zwei Möglichkeiten:

Sequentieller Zugriff: Er erfordert das Durchsuchen einer oder mehrerer Relationen. Diese Art des Zugriffs ist immer dann erforderlich, wenn keine Zugriffsunterstützung definiert wurde.

Zugriff mittels Index: Im Gegensatz zur obigen Methode wird hier nur auf solche Tupel zugegriffen, die mittels eines Zugriffspfades ausgewählt wurden. Im weiteren Verlauf werden wir sehen, daß die Existenz eines Index die Anzahl der aufzusuchenden Tupel erheblich reduzieren kann.

Es bleibt allerdings zu beachten, daß die Existenz eines Index auf einer Relation nicht automatisch einen beschleunigten Zugriff in allen Fällen impliziert. Vielmehr zeigt der Index nur für die Zugriffe Wirkung, die Attribute betreffen, für die der Index auch definiert wurde.

Kommen wir nun zum eigentlichen Punkt der Kostenberechnung. Nachfolgend sind einige Kostenformeln aufgeführt, die für ein gegebenes Prädikat zusammen mit Annahmen über Nebenbedingungen sogenannte Selektivitätsfaktoren (im weiteren mit F bezeichnet) liefern. Diese geben grob den Anteil der Tupel an, die sich für dieses Prädikat qualifizieren.

Zur Bestimmung der Kosten eines Zugriffs ist es des weiteren notwendig, Angaben über die Größe der Datenbasis zu besitzen. Diese statistischen Angaben werden im realen Datenbankbetrieb aus dem Inhalt der Datenbasis ermittelt; beim Datenbankentwurf hingegen müssen sie als Schätzwerte zur Verfügung gestellt werden.

Noch einige Worte zur Notation: Eine wichtige Größe bei der Ermittlung der Selektivitätsfaktoren ist die Anzahl der paarweise verschiedenen Ausprägungen des Schlüsselattributes innerhalb eines Index. Wir wollen diesen Wert mit IND(Attribut) bezeichnen. Die Anzahl der Tupel einer Relation r bezeichnen wir mit |r|.

Attribut = Wert:

$$F = \begin{cases} 1/\text{IND(Attribut)} & \text{Falls auf dem Attribut ein Index} \\ & \text{definiert wurde. Grundannahme} \\ & \text{hierbei ist eine Gleichverteilung} \\ & \text{der Schlüsselwerte.} \\ 1/10 & \text{Falls eine andere Verteilung voliegt.} \end{cases}$$

Attribut$_1$ = Attribut$_2$:

$$F = \begin{cases} 1/\text{MAX(IND(Attribut}_1), & \text{Falls auf beiden Attributen ein} \\ \quad\quad \text{IND(Attribut}_2)) & \text{Index definiert wurde. Hierbei} \\ & \text{wird vorausgesetzt, daß zu} \\ & \text{jedem Wert der kleineren Index-} \\ & \text{relation ein Wert der anderen} \\ & \text{existiert.} \\ 1/\text{IND(Attribut}_i) & \text{Falls nur auf einem Attribut} \\ & \text{ein Index definiert wurde.} \\ 1/10 & \text{andernfalls} \end{cases}$$

Attribut > Wert   (oder ähnliche, einseitig offene Vergleiche):

$$F = \begin{cases} \text{(höchster Attributwert - Wert)/} & \text{bei num.} \\ \text{(höchster Attributwert - niedrigster Attributwert)} & \text{Werten} \\ \\ 1/3 & \text{andernfalls} \end{cases}$$

Der erste Fall entspricht der Berechnung eines Intervalls innerhalb des Attributwertebereichs mittels linearer Interpolation.

Die Abschätzung 1/3 hat eine gewisse Bedeutung über die Tatsache hinaus, daß sie weniger selektiv wirkt als der direkte Vergleich (*Attribut = Wert*).

Sie ist deshalb kleiner als 1/2, da nur wenige Anfragen Prädikate enthalten, die von mehr als der Hälfte aller Tupel erfüllt werden.

Attribut IN Liste_von_Werten:

$$F = (\text{Anzahl der Werte in der Liste}) * F(\text{Attribut} = \text{Listenwert})$$

Dieser Wert darf jedoch nicht größer als 1/2 ausfallen, da ein erfahrener Benutzer solche Bedingungen mittels der NOT IN-Klausel spezifiziert hätte.

Attribut IN Subquery:

$$F = |\text{Subquery\_Ergebnis}| / \prod_{r \in R} |r|$$

Wobei R die Menge der Relationen bezeichnet, die in der From-Klausel der Subquery aufgeführt sind.

(Prädikat$_1$) AND (Prädikat$_2$):

$$F = F(\text{Prädikat}_1) * F(\text{Prädikat}_2)$$

(Prädikat$_1$) OR (Prädikat$_2$):

$$F = F(\text{Prädikat}_1) + F(\text{Prädikat}_2) - F(\text{Prädikat}_1) * F(\text{Prädikat}_2)$$

NOT(Prädikat):

$$F = 1 - F(\text{Prädikat})$$

Aufbauend auf diesen Selektivitätsfaktoren können nun die endgültigen Kostenformeln angegeben werden. Wir unterscheiden dabei drei Fälle:

1. Auf der Relation r ist ein Index definiert, der Auswirkung auf die Selektionsbedingung hat.

   Die Anzahl der Seitenzugriffe ergeben sich dann aus dem Zugriff auf den Index und der Anzahl der sich qualifizierenden Tupel. Der Aufwand für den Zugriff auf die Indexseiten des Baumes ist in etwa proportional zu dessen Höhe:

$$\text{Kosten(Bedingung)} = \text{Höhe}(I) + F(\text{Selektionsbedingung}) * |r|$$

Zur Bestimmung der Höhe ist es erforderlich, den Verzweigungsgrad des Baumes zu berechnen. Der Einfachheit halber wollen wir ihn mit der Anzahl der Einträge pro Seite (Gleichung 3.7) gleichsetzen. Die Höhe des Baumes ergibt sich dann mittels

$$\text{Höhe}(I) = \log_{N_{\text{Einträge}}}(|r|)$$

aus der Anzahl der Tupel.

2. Auf der Relation ist kein Index definiert, oder der Index hat keinen Einfluß auf das zu erfüllende Prädikat. Die Tupel der Relation sind aber physikalisch benachbart abgelegt.

   Wir müssen zuerst bestimmen, wieviele Tupel auf einer Seite zu liegen kommen. Dazu ermitteln wir gemäß Gleichung 3.4 (Seite 147) die Länge L_{Tupel} eines Tupels. Die Anzahl der Tupel pro Seite erhält man dann aus der Seitengröße (im Mittel 4096 Byte) dividiert durch L_{Tupel}. Schließlich ergibt sich die Anzahl einzulagernder Seiten aus der Anzahl der Tupel der Relation dividiert durch die Anzahl der Tupel pro Seite:

$$\text{Kosten(Bedingung)} = |r|/(\tfrac{4096}{L_{\text{Tupel}}})$$

3. Wie oben steht uns kein Index zur Verfügung, und ungünstigerweise sind die Tupel nicht physisch benachbart abgelegt.

   In diesem Fall sind die Kosten sehr einfach zu bestimmen. Da als einzige Möglichkeit zur Suche die sequentielle Methode bleibt, muß schlimmstenfalls ein Zugriff pro Tupel der beteiligten Relation erfolgen:

$$\text{Kosten(Bedingung)} = |r|$$

Was uns nun noch fehlt, ist eine Kostenfunktion für die Abarbeitung der Verbindung. Obwohl von realen Systemen hierzu spezielle Algorithmen Anwendung finden, beschränken wir uns hier auf das Modell der *Nested-Loop-Methode*. Wir haben sie bei der Diskussion über SQL (Abb. 2.3) kennengelernt. Bei dieser Vorgehensweise wird mittels zweier Schleifen über die beteiligten Relationen iteriert. Die resultierende Kostenfunktion spiegelt diesen quadratischen Aufwand wider:

$$\text{Kosten(Verbindung)} = \text{Kosten(Zugriff auf } r_1) + |r_1| * \text{Kosten(Zugriff auf } r_2)$$

Sie enthält die Kosten für den Zugriff auf alle Tupel der einen Relation sowie den n-maligen Zugriff auf alle Tupel der zweiten Relation. Die Zugriffskosten pro Relation ergeben sich aus einem der drei oben erwähnten Fälle. Da die obige Berechnungsvorschrift symmetrisch in den Relationen r_1 und r_2 ist, berechnen wir beide Alternativen und setzen als Ergebnis das Minimum beider Resultate an.

Taucht ein Tupel in mehr als einer Verbindung auf, so gehen wir davon aus, daß dieses Tupel resident gehalten werden kann. Ein zusätzlicher Zugriff entfällt somit.

Besteht die Where-Klausel aus mehreren Bedingungen, die mittels AND oder OR verbunden sind, so ergeben sich die Gesamtkosten der Where-Klausel als Summe der Einzelkosten.

Die Kosten für einen Anfrageblock (z.B. eine Subquery) ergeben sich wiederum aus der Addition der Kosten für alle Bedingungen in der Where-Klausel des Blocks. Kosten, die für die Projektion auf die Ziellistenattribute anfallen, werden wir wie schon erwähnt nicht berücksichtigen. Tritt jedoch eine Relation in der From-Liste auf, die in der Where-Klausel nicht vorhanden ist, so müssen noch die Kosten für den Zugriff auf diese Relation hinzuaddiert werden.

Die Kostenberechnung wird für jeden Anfrageblock durchgeführt, wobei wir mit dem innersten Block beginnen.

Die bisherigen Kostenberechnungen hatten immer eine Anzahl von Hintergrundspeicherzugriffen als Ergebnis. Um nun die reale Laufzeit zu erhalten ist in einem letzten Schritt noch die Zeit pro Hintergrundspeicherzugriff miteinzubeziehen. Unter Berücksichtigung einer mittleren Zugriffszeit von ca. 30 ms ergibt sich die Laufzeit der Anfrage A wie folgt:

$$\text{Laufzeit}(A) = \text{Kosten } (A) * 30 \text{ ms}$$

Kosten für INSERT- und DELETE-Operationen

Obwohl wir in den Aufgaben nur auf den Bereich des lesenden Zugriffs abheben, wollen wir doch kurz einen Blick auf die Laufzeit von Änderungsanfragen werfen. Wir unterscheiden dazu die Operationen:

- Löschen,

- Ändern und

- Einfügen.

Für das Löschen von Tupeln aus einer Relation müssen zuerst die Kosten zum Finden der zu löschenden Tupel berechnet werden. Dieses entspricht den Kosten einer Select-Anweisung mit dem gleichen Prädikat, wie es in der Delete-Anweisung enthalten ist. Weiterhin werden Kosten verursacht, wenn über Attribute der zu löschenden Tupel Indexe definiert sind und diese Zugriffspfade ebenfalls aktualisiert werden müssen. Die Gesamtkosten erhält man demgemäß aus der folgenden Bestimmungsgleichung:

$$\text{Kosten}(\text{DELETE}) = \text{Kosten}(\text{SELECT}) + \text{Kosten}(\text{Indexänderung})$$

Das Ändern von Attributen eines Tupels verläuft analog, so daß sich hier die Kosten aus

$$\text{Kosten(UPDATE)} = \text{Kosten(SELECT)} + \text{Kosten(Indexänderung)}$$

ergeben.

Beim Einfügen eines Tupels in die Relation R werden wir im wesentlichen nur die Kosten berücksichtigen, die zum Lesen der Seite anfallen, in die das Tupel eingefügt wird. In Einheiten von Hintergrundspeicherzugriffen ausgedrückt ist dieses genau ein Zugriff. Ergänzend hierzu müssen natürlich eventuell existierende Zugriffspfade ebenfalls aktualisiert werden:

$$\text{Kosten(INSERT)} = 1 + \text{Kosten(Indexänderung)}$$

Die Kosten für die Aktualisierung der auf einer Relation definierten Zugriffspfade ergeben sich als Summe der Kosten der Änderung eines Zugriffspfades. Diese wiederum sind proportional zur Höhe des angelegten B- oder B*-Baums.

Beispiel einer Speicherplatz- und Laufzeitberechnung

Um die Aussagen über den Speicherbedarf von Relationen und der Laufzeit gestellter Anfragen etwas klarer zu gestalten, wollen wir beispielhaft einige Berechnungen durchführen.

Als Basis hierzu wählen wir die Relationen *Stadt* und *Land* aus, die wir im Kapitel über relationale Systeme kennengelernt haben. Des weiteren bestimmen wir den notwendigen Speicherbedarf für einen Zugriffspfad. Dieser sei auf dem Attribut *Landeskürzel* der Relation *Stadt* definiert.

Im Anschluß an die Bestimmung des Speicherbedarfs werden wir eine Anfrage auf die beiden Relationen in bezug auf ihre Laufzeit detailliert untersuchen.

Stadt:

Im Unterschied zur Einführung des Berechnungsmodells werden wir bei der Berechnung nicht von oben nach unten vorgehen (Zerlegung des Gesamtproblems in überschaubare Teile), sondern werden aus einfacheren Teilen die Gesamtlösung zusammensetzen.

Wir beginnen deshalb mit der Berechnung der Länge eines einzelnen Tupels. Gemäß Gleichung 3.4 ergibt sie sich als durchschnittliche Länge der einzelnen Einträge. Für ein Tupel der Relation *Stadt* berechnet sich dieses wie folgt:

$$
\begin{aligned}
\overline{L_{\text{Tupel}}} &= L(\text{Einwohner}) + \frac{1}{2} * (L(\text{Landeskürzel}) + L(\text{Name})) \\
&= 4 + 2 + 15 \\
&= 21
\end{aligned}
$$

Diese 21 Byte pro Tupel werden nun gemäß Gleichung 3.3 mit der Anzahl der Tupel multipliziert, um den Speicherbedarf der gesamten Relation zu erhalten. Die Anzahl der Tupel erhalten wir aus folgender Abschätzung: Es gibt etwa 170 Staaten auf der Erde. Nehmen wir an, daß für jeden Staat in der Datenbasis im Mittel 5 Stadtbeschreibungen vorliegen, so erhalten wir 170 * 5 = 850 Tupel. Daraus ergibt sich

$$M_{\text{Stadt}} \; = \; 21 \, \frac{\text{Byte}}{\text{Tupel}} * 850 \; \text{Tupel}$$

$$= \; 17850 \; \text{Byte}$$

Land:

Analog bestimmt sich der Speicherbedarf für die Relation *Land*:

$$\overline{L_{\text{Tupel}}} \; = \; L(\text{Einwohner}) + \frac{1}{2} * (L(\text{Kürzel}) + L(\text{Name}) + L(\text{Hauptstadt}))$$

$$= \; 4 \; \text{Byte} + \frac{1}{2} * (4 \; \text{Byte} + 30 \; \text{Byte} + 30 \; \text{Byte})$$

$$= \; 36 \; \text{Byte}$$

$$M_{\text{Land}} \; = \; 36 \, \frac{\text{Byte}}{\text{Tupel}} * 170 \; \text{Tupel}$$

$$= \; 6120 \; \text{Byte}$$

Der Gesamtspeicherbedarf für die Nutzdaten ergibt sich als Summe des Bedarfs für die einzelnen Relationen (Gleichung 3.2):

$$M_{\text{Nutzdaten}} \; = \; 17850 \; \text{Byte} + 6120 \; \text{Byte}$$
$$= \; 23970 \; \text{Byte}$$

Stadtindex:

Auch bei der Bestimmung des Speicherbedarfs für den definierten Zugriffspfad werden wir von unten nach oben vorgehen. Als erstes gilt es, die Länge eines Eintrags zu bestimmen. Da wir den Index nur auf dem Attribut *Landeskürzel* angelegt haben, ist die Länge eines Eintrags gleich der mittleren Länge dieses Attributs, also zwei Byte. Gemäß Gleichung 3.7 erhalten wir somit

$$N_{\text{Einträge}} = 0.75 * M_{\text{Knoten}} / (L_{\text{Eintrag}} + L_{\text{Zeiger}})$$
$$= 0.75 * 4096 \text{ Byte}/(2 \text{ Byte} + 4 \text{ Byte})$$
$$= 512$$

Der B*-Baum hat somit einen Verzweigungsgrad von 512. Die Anzahl der notwendigen Knoten erhalten wir anhand Gleichung 3.8:

$$N_{\text{Knoten}} = 2 * N_{\text{Tupel}} / N_{\text{Einträge}}$$
$$= 2 * (850/512)$$
$$\approx 3.32$$

Es sind somit ca. 4 Knoten für den Index erforderlich. Der für diesen Index notwendige Speicherbedarf ergibt sich durch Multiplikation mit der Knotengröße (Gleichung 3.6):

$$M_{\text{Index}} = 4096 \text{ Byte} * 4$$
$$= 16384 \text{ Byte}$$

Der Speicherplatz für die gesamte Datenbasis ergibt sich schließlich aus den Gleichungen 3.1 und 3.9:

$$M_{\text{Datenbasis}} = 1.25 * (23970 \text{ Byte} + 16384 \text{ Byte})$$
$$\approx 41000 \text{ Byte}$$

Nach der Speicherplatzberechnung kommen wir nun zur Bestimmung der Laufzeit von Anfragen. Unsere Beispielanfrage lautet:

- Was wissen wir über die Städte der Bundesrepublik Deutschland?

  SELECT   *
  FROM   Stadt
  WHERE   Stadt.Landeskürzel =
           (SELECT Land.Kürzel
            FROM Land
            WHERE Land.Name = "Bundesrepublik Deutschland")

Um möglichst alle Fälle der Berechnung durchzuspielen, bestimmen wir die Zeit für zwei Alternativen. In der ersten von beiden wollen wir keinerlei Art der Zugriffsunterstützung (Indexe, Clustering) berücksichtigen. In der zweiten Alternative werden wir dann Gebrauch von verschiedenen Hilfsmitteln machen.

Anfrage ohne Berücksichtigung von Zugriffshilfen: Wir beginnen gemäß unserem Modell mit dem innersten Anfrageblock. Da wir keine Indexe berücksichtigen, bleibt als einzige Möglichkeit der sequentielle Zugriff. Er verursacht im Extremfall (keine Clusterung) entsprechend Punkt 3 auf Seite 156 einen Zugriff pro Tupel:

$$
\begin{aligned}
\text{Kosten(Bedingung)} \ &= \ |r| \\
&= \ 170
\end{aligned}
$$

Der nächste Schritt ist der Zugriff auf die Relation *Stadt*. Er erfolgt analog und erfordert maximal

$$
\begin{aligned}
\text{Kosten(Bedingung)} \ &= \ |r| \\
&= \ 850
\end{aligned}
$$

einzelne Zugriffe. Wir gehen davon aus, daß der Gleichheitstest der Mengenelemente vollständig innerhalb des Hauptspeichers erfolgen kann. Dieser Aufwand fällt deshalb nicht ins Gewicht.

Die Gesamtlaufzeit für die Abarbeitung der Anfrage ergibt sich abschließend als Summe der Einzelkosten multipliziert mit der durchschnittlichen Zeit pro Zugriff:

$$
\begin{aligned}
\text{Laufzeit(A)} \ &= \ \text{Kosten (A)} * 30 \text{ ms} \\
&= \ (170 + 850) * 30 \text{ ms} \\
&= \ 30600 \text{ ms} \\
&= \ 30.6 \text{ s}
\end{aligned}
$$

Anfrage mit Berücksichtigung von Zugriffshilfen: Wir nehmen nun an, die Tupel der Relation *Land* seien physisch benachbart auf dem Hintergrundspeicher abgelegt. Gemäß Punkt 2 auf Seite 156 sind zum Zugriff auf die Relation dann nur noch

$$
\begin{aligned}
\text{Kosten(Bedingung)} \ &= \ 170/(\frac{4096 \text{ Byte}}{36 \text{ Byte}}) \\
&\approx \ 1.494
\end{aligned}
$$

zwei Hintergrundspeicherzugriffe notwendig. Des weiteren haben wir auf der Relation *Stadt* einen Index auf dem Attribut *Landeskürzel* definiert. Dieser Index hat somit Auswirkung auf die Selektionsbedingung. Nach Fall 1 auf Seite 155 fallen somit

$$
\begin{aligned}
\text{Kosten(Bedingung)} \quad &= \quad \text{Höhe}(I) + \text{F(Selektionsbedingung)} * |r| \\
&= \quad log_{512}(850) + 1/170 * 850 \\
&\approx \quad 2 + 5 \\
&= \quad 7
\end{aligned}
$$

Zugriffe an. In dieser Berechnung wollen wir auf zwei Punkte näher eingehen.

- Bei einem Verzweigungsgrad von 512 und 850 Tupeln ergibt sich für die Höhe des B*-Baumes der Wert zwei.

- Die Anzahl paarweise verschiedener Werte innerhalb des Index (IND(...)) ist 170, da nur auf maximal 170 Länderbeschreibungen verwiesen werden kann. Der Zugriffspfad sorgt somit dafür, daß im ersten Schritt nur die Stadtbeschreibungen ausgewählt werden, die zur Länderbeschreibung der Bundesrepublik Deutschland gehören. Für dieses Land sind nun aber im Mittel nur fünf Stadttupel gespeichert, auf die zugegriffen werden muß.

Die Gesamtzeit ergibt sich in diesem Fall zu

$$
\begin{aligned}
\text{Laufzeit(A)} \quad &= \quad \text{Kosten (A)} * 30 \text{ ms} \\
&= \quad (2 + 7) * 30 \text{ ms} \\
&= \quad 270 \text{ ms} \\
&= \quad 0.27 \text{ s}
\end{aligned}
$$

3.5 Anforderungsprofile der einzelnen Benutzergruppen

Nachdem wir in den vorangegangenen Abschnitten die verschiedenen Techniken zur Umsetzung des semantischen Schemas in ein logisches Schema kennengelernt haben, widmen wir uns nun wieder unserem Beispiel, dem Entwurf der Datenbasis Olympia. Zu diesem Zweck listen wir nachfolgend die Anforderungsprofile der einzelnen Benutzergruppen auf.

3.5.1 Die Benutzergruppe Teilnehmer

Diese Benutzergruppe repräsentiert sowohl die aktiven Sportler als auch die ihnen zugeordneten Funktionäre. Da ihr Informationsbedarf geringer ist als der anderer Gruppen, umfaßt sie die wenigsten Anfragen.

1. Ist die von mir soeben erbrachte Leistung ein neuer Rekord (nationaler, Europa-, Weltrekord) oder eine persönliche Bestleistung?

2. Welche Plazierung habe ich erreicht?

3. Wieviele Punkte brauche ich noch, um einen neuen Weltrekord im Zehnkampf aufzustellen? Wie schnell muß ich dementsprechend die 1500m (dies ist die Schlußdisziplin) zurücklegen?

4. Wie heißen meine Gegner im kommenden Wettkampf (in den kommenden Wettkämpfen)?

5. An welchen Wettkämpfen haben meine Gegner in der letzten Zeit teilgenommen und welche Erfolge haben sie dort erzielt?

6. Wann und wo sind meine nächsten Wettbewerbe?

7. Wie heißt mein Kampfrichter/Schiedsrichter im nächsten Wettkampf?

8. In welcher Wohnung bin ich untergebracht und wer sind meine Nachbarn?

Da Sportler (aufgrund des ihnen eigenen hohen Adrenalinspiegels) sehr ungeduldig sind, ist ihre Hauptforderung die nach einer möglichst schnellen Bearbeitung aller Anfragen. Dies gilt insbesondere für die Anfragen eins und zwei.

3.5.2 Die Benutzergruppe Veranstalter

Die Benutzergruppe Veranstalter umfaßt das gesamte organisatorische Potential, das zur ordnungsgemäßen Abwicklung der Spiele erforderlich ist. Für sie sind nicht nur sportliche Belange wichtig, sondern das gesamte Umfeld der Spiele.

1. Wieviele Besucher sahen den Wettbewerb "Bogenschießen" (alle Schwimmwettbewerbe, die gesamten Olympischen Spiele)?

2. Wie hoch ist die Summe der Einnahmen aller bisherigen Wettkämpfe?

3. Sind noch Plätze für das Finale im Dreisprung frei? Wenn ja, welcher Art sind diese Plätze (Tribüne, 1. Rang, 2. Rang, Stehplatz, ...)?

4. Ist der *Center Court* für das Tennis-Halbfinale der Herren am *<Datum>* um *<Uhrzeit>* verfügbar?

5. Nimmt *Carl Lewis, USA* am 100m-Lauf teil?

6. Ist bei Teilnehmer Nr. 0815 schon ein Test auf Doping vorgenommen worden? Wenn ja, welches Ergebnis hatte er?

7. Ist die gerade erbrachte Leistung ein neuer Rekord (nationaler, Europa-, Weltrekord, Jahresweltbestleistung, persönliche Bestleistung)? (Hierbei sind die momentanen Umweltgegebenheiten wichtig, wie zum Beispiel Windgeschwindigkeit, Temperatur, Höhe über N.N.).

8. Wieviele Rekorde sind in den Tagen seit Beginn der Spiele bereits erreicht worden?

9. Zu welchen Zeiten überträgt das Fernsehen, wann sind somit publikumswirksame Veranstaltungen terminlich zu legen?

10. Wann und wo findet die Siegerehrung im Springreiten statt?

11. Wieviele Plätze sind in der Eröffnungsfeier noch frei?

12. Welche Teilnehmer haben bereits zugesagt (gesamt, pro Wettkampf, pro Nationalität)?

Ergebnisse, die vom Veranstalter freigegeben worden sind, haben offiziellen Charakter. Dies hat zur Folge, daß die Ergebnisse, die in der Datenbank vorliegen und öffentlich zugänglich sind, auf jeden Fall verläßlich sein müssen. Die Kontrolle der Konsistenz ist deshalb die wichtigste Aufgabe dieser Gruppe. Dieser Forderung ist durch einen geeigneten Entwurf Rechnung zu tragen.

3.5.3 Die Benutzergruppe Presse

Zu dieser Gruppe gehören die Vertreter der verschiedenen Medien wie Fernsehen, Rundfunk, Zeitungen, Zeitschriften u.v.a. Diese Gruppe vertritt insbesondere auch die Interessen der zu erwartenden Zuschauer.

1. Welche Wettbewerbe finden heute statt? Sind Teilnehmer aus <*Nationalität*> dabei?

2. Welche Teilnehmer nehmen an welchen Wettbewerben teil?

3. Welchen Durchmesser hat der Abwurfring beim Hammerwerfen?

4. Wer gewann 1968 den Radwettbewerb in der sog. *Mannschafts-Verfolgung* und in welcher Zeit? (Richtige Antwort wäre: Dänemark in 4:22,44)

5. Wer ist der älteste Sportler?

6. Wie lautet das vorläufige Endergebnis im 110m-Hürdenlauf?

7. Wer ist Teilnehmer im Finale des Ringens im Griechisch-Römischen Stil?

8. Wie ist die derzeitige Verteilung der Medaillen für die einzelnen Nationen (Medaillenspiegel)?

9. Wann und wo findet der Wettbewerb Nr. 4711 statt?

10. Welche Konkurrenten hat die Mannschaft der Bundesrepublik Deutschland in der Disziplin "Wasserball"?

11. Was weiß man über den Teilnehmer mit der Nummer 284? (Diese Anfrage muß während der Wettkampfes beantwortet werden können und ist somit als zeitkritisch einzustufen)

12. Wie steht der bisherige Weltrekord im Diskuswerfen, von wem, wann und wo wurde er erzielt?

13. Welche Position in der Weltrangliste hat der Tennisspieler aus Uganda?

14. Wie schneidet die Mannschaft der Volksrepublik China im Vergleich zu den Olympischen Spielen vor vier Jahren ab?

15. Seit wann ist Judo olympische Disziplin?

16. In welchem Verein trainiert <*Teilnehmername*> (oder <*Nummer*>), wie alt ist er, welche Körpergröße und welches Gewicht hat er? Ist er verheiratet?

17. Welches waren die letzten Erfolge von McLane, USA?

Da die Vertreter der Presse Information möglichst anschaulich präsentieren möchten, ist ihre Hauptforderung die einer durchsichtigen Informationsdarstellung innerhalb der Datenbank. Insbesondere soll die Erstellung von Ergebnislisten einfach vonstatten gehen.

3.5.4 Aufgaben des Entwurfsmanagements

Kurzbeschreibung der Aufgaben:

Das Entwurfsmanagement hat die Aufgabe, den Entwurf der Datenbasis trotz unterschiedlicher Interessen und fachlicher Probleme voranzutreiben und zeitgerecht abzuschließen. Um dieses übergeordnete Ziel zu erreichen, hat die Benutzergruppe die Aufgabe, die Gruppenarbeit zu organisieren und für ein angenehmes Arbeitsklima zu sorgen. Hierzu gehört unter anderem die Bildung eines *Gruppengefühls*, welches die Arbeit innerhalb einer Gruppe vereinfacht oder überhaupt erst möglich macht.

Detaillierung der Aufgaben:

1. Die Benutzergruppe hat eine Vorgehensweise für die Phase 2 des Versuchs (Integration der lokalen Sichten) zu erarbeiten. Das Entwurfsmanagement stellt auch den Sitzungsleiter für diesen Teil des Versuchs. Hierbei ist insbesondere eine geschickte Vorgehensweise zur Koordinierung der gemeinsamen Arbeit der Einzelgruppen notwendig.

2. Eine weitere Aufgabe des Managements ist die Auswahl eventueller technischer Hilfsmittel für die einzelnen Entwurfsphasen. Die Vorschläge sollten mit der für die jeweilige Sitzung leitenden Gruppe abgestimmt werden. Beispielsweise kann es die Arbeit erleichtern, wenn beim Entwurf des relationalen Schemas Formulare eingesetzt werden.

3. Die wichtigste Aufgabe des Managements besteht darin, zu jedem Zeitpunkt den Überblick über die einzelnen Tätigkeiten der Gruppen zu besitzen. Nur so ist gewährleistet, daß möglichst früh fehlerhaften Entwicklungen entgegengewirkt werden kann.

Interessen des Managements:

1. Der Entwurf der Datenbasis muß in der zur Verfügung stehenden Zeit abgeschlossen werden.

2. Es ist für einen Ausgleich entgegengesetzter Interessen verschiedener Benutzergruppen zu sorgen.

3. Die entworfene Datenbasis sollte möglichst wenig Speicher benötigen. Entwurfsentscheidungen der Gruppen sind deshalb besonders in bezug auf Speicherplatzverbrauch zu untersuchen. Zeitkritische Aufgaben (Beispiel: Bestätigung eines neuen Weltrekords) sind hiervon ausgenommen.

4. Die Benutzergruppe ist für die Sitzungsleitung der Entwurfsphase 2 verantwortlich.

Überblick über den Informationsbedarf anderer Gruppen:

Um dem Management die Möglichkeit zu geben, den Überblick über die Gesamtanwendung zu behalten, wird empfohlen, alle Anfragen der einzelnen Gruppen einmal einzusehen. Dies erleichtert die später zu leistende Koordinierungsarbeit.

3.6 Mengengerüst der Diskurswelt "Olympia"

Zur Berechnung des voraussichtlichen Speicherplatzes der Datenbasis und der zu erwartenden Laufzeiten sind folgende Angaben notwendig:

- An den Spielen nehmen ca. 10000 Athleten teil.

- Die gleiche Anzahl steht an Funktionären (50%) und Kampfrichtern (50%) bereit.

- Die Teilnehmer kommen aus bis zu 160 Nationen.

- Es gibt insgesamt 30 Wettbewerbsgruppen (zum Beispiel Leichtathletik), die jeweils bis zu 20 Einzelwettbewerbe umfassen.

- Insgesamt finden 200 Wettbewerbe statt.

- Die Statistik muß alle bisherigen 24 Olympiaden berücksichtigen.

- Die Spiele dauern maximal 16 Tage.

- Es gibt 15 Sportstätten.

- Manche Disziplinen laufen zeitlich und/oder räumlich parallel ab.

- Im größten Stadion haben 100000 Personen Platz.

- Das Fernsehen überträgt insgesamt über eine Zeitdauer von 100 Stunden.

- Ein Teilnehmer kann an bis zu 7 unterschiedlichen Disziplinen teilnehmen.

3.7 Aufgaben zum Datenbankentwurf

Die Liste der folgenden Fragen enthält sowohl Anforderungen als auch Hinweise zur deren Bearbeitung. Sie dient im wesentlichen als Check-Liste, die eine einfache Kontrolle auf Vollständigkeit erlaubt.

3.7.1 Allgemeine Aufgaben zum Datenbankentwurf

Aufgabe 3.1: Oft wird die Forderung nach rechnergestützten Hilfsmitteln aufgeworfen. Wo sind nach Ihrer Auffassung solche Hilfsmittel einsetzbar, und wo treten Probleme auf? Stellen Sie sich diese Frage nach Abschluß des Beispielentwurfs noch einmal. Hat sich Ihre Auffassung geändert?

Aufgabe 3.2: Der Entwurf einer Datenbank zeigt sehr große Ähnlichkeit mit dem Entwurf eines Programms. Inwieweit sind diese Ähnlichkeiten begründet und inwieweit unterscheiden sich die beiden Vorgänge?

Aufgabe 3.3: Zum Lebenszyklus einer Datenbank gehört nicht nur die Entwurfsphase. Einen wesentlichen Punkt stellt auch die Wartung und Erweiterung für künftige Anwendungen dar. Wo treten hier zusätzliche Probleme auf und wie kann man diesen bereits im Entwurf Rechnung tragen?

3.7.2 Entwurf der lokalen Sichten

Aufgabe 3.4: Ermitteln Sie die Gegenstandstypen der Anwendung. Welches davon sind Gegenstandstypen, die in ihrer Existenz von anderen abhängig sind (sogenannte *schwache Entities*)?

Aufgabe 3.5: Welche Beziehungen bestehen zwischen den Gegenständen? Achten Sie besonders darauf, daß nicht jeder Sachverhalt mit einer zweistelligen Beziehung darstellbar ist.

Aufgabe 3.6: Welche Kardinalitäten treten bei den definierten Beziehungen auf? Eine Hilfe bei diesem Schritt stellt das obige Mengengerüst dar.

Aufgabe 3.7: Entwerfen Sie für Ihre Anwendergruppe (Teilnehmer, Presse, Veranstalter) ein lokales ER-Diagramm. Halten Sie sich mit der graphischen Darstellung an den auf Seite 118 definierten Standard.

Aufgabe 3.8: Gibt es Sachverhalte oder Bedingungen, die sich nicht im ER-Diagramm ausdrücken lassen? Was schließen Sie daraus? Fügen Sie dem ER-Diagramm eine Liste dieser nicht erzwingbaren Bedingungen hinzu.

Aufgabe 3.9: Erfahrungsgemäß treten Probleme bei der Modellierung von

- Einzel- und Mannschaftswettbewerben,
- Mehrkampfsportarten,
- mehrtägigen Wettbewerben, etc.

auf. Welches Problem liegt diesem Phänomen zugrunde?

Aufgabe 3.10: Die Entwurfsmanager sind (natürlich) nicht von den allgemeinen Aufgaben ausgenommen. Ihnen obliegt die Kontrolle der ordnungsgemäßen Durchführung dieser Schritte. Je sorgfältiger und vorausschauender in dieser Phase vorgegangen wird, desto einfacher gestalten sich die späteren Schritte. Wie kann diese Aufgabe optimal gemeistert werden? Denken Sie dabei auch an eventuell einzusetzende Hilfsmittel.

3.7.3   Konsolidierung der lokalen Diagramme

Aufgabe 3.11: Konsolidieren Sie die lokalen ER-Diagramme zu einem globalen konzeptuellen Schema. Achten Sie darauf, daß nach dieser Konsolidierung noch alle Anfragen der Einzelgruppen möglich sind.

Aufgabe 3.12: Bei der Konsolidierung treten im allgemeinen Probleme auf, die im voraus hätten vermieden werden können. Ein Beispiel hierfür sind synonyme Bezeichner. Was würden Sie vorschlagen, um solche Probleme zu verhindern?

Aufgabe 3.13: Die Konsolidierungsphase könnte übersprungen werden, wenn gleich zu Beginn alle Teilnehmer in einer Gruppe zusammenarbeiten würden. Halten Sie diesen Ansatz für praktikabel?

3.7.4   Umsetzung des konzeptuellen Schemas in das Netzwerkmodell

Aufgabe 3.14: Erstellen Sie ein logisches Netzwerkschema aus dem zuvor erstellten ER-Diagramm. Entwickeln Sie dazu zunächst ein Bachman-Diagram,

3.7. Aufgaben zum Datenbankentwurf

das die logische Struktur des Netzwerks widerspiegelt. Verwenden Sie das Mengengerüst der Datenbasis Olympia (Abschn. 3.6), um festzulegen, wo singuläre Set-Typen als Einstiegspunkte zum Navigieren verwendet werden sollten.

Aufgabe 3.15: Entwickeln Sie aus dem logischen Schema verschiedene Subschemata, die den Anforderungen der verschiedenen Benutzergruppen entsprechen.

Aufgabe 3.16: Erstellen Sie ein Storage-Schema für die Olympia-Datenbasis.

Aufgabe 3.17: Entwickeln Sie verschiedene Security-Schemata, die, im Zusammenspiel mit den Subschemata, den verschiedenen Benutzergruppen minimale, aber ausreichende Rechte an der Datenbasis zugestehen.

3.7.5 Umsetzung des konzeptuellen Schemas in das relationale Modell

Aufgabe 3.18: Wie gestaltet sich die Optimierung bei der Umsetzung mehrstelliger Beziehungen?

Aufgabe 3.19: Geben Sie eine Optimierung bei der Umsetzung von Maximalkardinalitäten größer als eins an.

Aufgabe 3.20: Stellen Sie eine Liste aller funktionalen Abhängigkeiten auf. Überprüfen Sie anhand dieser Liste, ob sich die von Ihnen definierten Relationen in dritter Normalform befinden. Falls dies nicht der Fall sein sollte, zerlegen Sie diese Relationen, bis sie diese Forderung erfüllen. Machen Sie sich an Beispielausprägungen klar, warum die Forderung nach dritter Normalform bestimmte Formen der Redundanz ausschließt.

Aufgabe 3.21: (VIEWS) Welche Einschränkungen bestehen bezüglich der Definition von Sichten, welche bezüglich deren Verarbeitung? Lassen sich die Probleme beim Update von Sichten mit Join-Definition umgehen?

Aufgabe 3.22: (VIEWS) Ermitteln Sie die vollständigen (d.h. alle Anfragen der Gruppe sind ausführbar) und zugleich minimal notwendigen Sichten pro Gruppe. Als Ausgangspunkt hierzu dient die Liste der Anfragen im Anhang.

Aufgabe 3.23: (INDEXE) Machen Sie sich den Unterschied zwischen Indizes, wie sie in mathematischen Notationen Verwendung finden (z.B. a_1^2), und Indexen (Zugriffspfade in Datenbanken) klar, um sich an die Sprechweise zu gewöhnen.

Arbeiten Sie zuerst die wichtigsten und zeitkritischsten Anfragen jeder Benutzergruppe heraus. Versuchen Sie danach die Ausführung dieser Anfragen durch die Definition zusätzlicher Indexrelationen zu beschleunigen. Dabei ist jedoch zu beachten, daß ein Index auf einer Relation zwar eine Erhöhung der Zugriffsgeschwindigkeit bedeutet, aber Änderungsanforderungen (INSERT, DELETE, UPDATE) aufwendiger werden.

Aufgabe 3.24: Berechnen Sie den Speicherplatz der Relationen *Land* und *Stadt* sowie den Speicherplatz der B*-Bäume auf den entsprechenden Join-Attributen.

Aufgabe 3.25: Bestimmen Sie die Laufzeit der folgenden Anfrage: Welche Millionenstädte liegen in Asien?

Aufgabe 3.26: Welche Vorschläge würden Sie machen, um den Zugriff auf die Relationen zu beschleunigen? Definieren Sie (theoretisch) einige Zugriffspfade und bestimmen Sie die Laufzeit erneut.

Aufgabe 3.27: (INDEXE) Berechnen Sie nun den Speicherplatz, den die Gesamtanwendung benötigt, und die Laufzeit für die Ausführung der wichtigen Transaktionen für das Ausgangs- und das optimierte Schema. Berechnungstabellen und Hinweise finden Sie ab Seite 152.

Aufgabe 3.28: (INDEXE) Oft werden Indexe dazu (miß)braucht, Schlüsseleigenschaften innerhalb einer Relation vom Datenbanksystem zu garantieren. Geben Sie hierfür ein Beispiel. Warum ist dies ein Mißbrauch?

Aufgabe 3.29: (INDEX) Auf einer Relation mit mehreren Attributen wird ein Index auf einem Attribut definiert. Wie wirkt sich dies auf das Zugriffsverhalten über die anderen Attribute aus?

Aufgabe 3.30: (INDEX) Wie wirkt sich ein Index auf die Abarbeitung einer Join-Anfrage aus? (siehe hierzu Seite 152).

Aufgabe 3.31: (INDEX) Die Definition eines Zugriffspfads legt noch nicht dessen Datenstruktur (Hashing, B*-Baum, etc.) fest. Was folgt daraus für den Anwender? Ist das eine Schwäche oder Stärke von SQL?

Anhang A

Die Netzwerkschemata der Datenbasis LUFTHANSA

A.1 Das DB-Schema

SCHEMA NAME IS LUFTHANSA

AREA NAME IS PLANUNG

AREA NAME IS DURCHFUEHRUNG

RECORD NAME IS FLUGNUMMER
   WITHIN PLANUNG
   UNIQUE NUMMER
   ITEM WOCHENTAG   TYPE IS CHARACTER 7
   ITEM NUMMER   TYPE IS CHARACTER 6

RECORD NAME IS PERSONAL
   WITHIN PLANUNG
   UNIQUE PERS_NAME
   ITEM PERS_NAME   TYPE IS CHARACTER 25
   ITEM POSITION   TYPE IS CHARACTER 3
      CHECK IS (POSITION EQ "PIC" OR
                         POSITION EQ "FO" OR
                         POSITION EQ "FE" OR
                         POSITION EQ "PU" OR
                         POSITION EQ "FA")

RECORD NAME IS FLUGZEUGTYP
   WITHIN PLANUNG
   UNIQUE CODE

```
        ITEM TOURIST          TYPE IS UNSIGNED LONGWORD
        ITEM BUSINESS         TYPE IS UNSIGNED LONGWORD
        ITEM FIRSTCLASS       TYPE IS UNSIGNED LONGWORD
        ITEM FTYP_NAME        TYPE IS CHARACTER 25
        ITEM CODE             TYPE IS CHARACTER 3
        ITEM CABINCREW        TYPE IS UNSIGNED LONGWORD
            CHECK IS (CABINCREW GT "0" AND CABINCREW LE "21")
        ITEM COCKPITCREW   TYPE IS UNSIGNED LONGWORD
            CHECK IS (COCKPITCREW EQ "2" OR COCKPITCREW EQ "3")

    RECORD NAME IS ZEIT
        WITHIN PLANUNG
        ITEM STUNDE           TYPE IS UNSIGNED LONGWORD
            CHECK IS (STUNDE GE "0" AND STUNDE LE "24")
        ITEM MINUTE           TYPE IS UNSIGNED LONGWORD
            CHECK IS (MINUTE GE "0" AND MINUTE LE "59")

    RECORD NAME IS AIRPORT
        WITHIN PLANUNG
        UNIQUE CODE
        ITEM CODE             TYPE IS CHARACTER 3
        ITEM CITY             TYPE IS CHARACTER 25
        ITEM TRANSIT          TYPE IS UNSIGNED LONGWORD
            CHECK IS (TRANSIT GE "20" AND TRANSIT LE "210")
        ITEM TIMEZONE         TYPE IS SIGNED LONGWORD
            CHECK IS (TIMEZONE GE "-11" AND TIMEZONE LE "12")

    RECORD NAME IS FLUGABSCHNITT
        WITHIN PLANUNG
        UNIQUE ID
        ITEM ID               TYPE IS CHARACTER 6
        ITEM DISTANZ          TYPE IS UNSIGNED LONGWORD

    RECORD NAME IS PASSAGIER
        WITHIN DURCHFUEHRUNG
        UNIQUE TICKET_NR
        ITEM PASS_NAME        TYPE IS CHARACTER 25
        ITEM TICKET_NR        TYPE IS UNSIGNED LONGWORD

    RECORD NAME IS RATING
        WITHIN PLANUNG

    RECORD NAME IS FNFA
        WITHIN PLANUNG
        ITEM NUMMER           TYPE IS UNSIGNED LONGWORD
```

```
RECORD NAME IS BESATZUNG
    WITHIN DURCHFUEHRUNG

RECORD NAME IS FAI
    WITHIN DURCHFUEHRUNG
    ITEM FIRSTCLASS        TYPE IS UNSIGNED LONGWORD
    ITEM BUSINESS          TYPE IS UNSIGNED LONGWORD
    ITEM TOURIST           TYPE IS UNSIGNED LONGWORD
    ITEM DATUM             TYPE IS CHARACTER 8

RECORD NAME IS PASSAGIER_LISTE
    WITHIN DURCHFUEHRUNG
    ITEM SITZPLATZ         TYPE IS CHARACTER 3

SET NAME IS ALL_FN
    OWNER IS SYSTEM
    MEMBER IS FLUGNUMMER
    INSERTION IS AUTOMATIC RETENTION IS FIXED

SET NAME IS ALL_PERS
    OWNER IS SYSTEM
    MEMBER IS PERSONAL
    INSERTION IS AUTOMATIC RETENTION IS FIXED

SET NAME IS ALL_FA
    OWNER IS SYSTEM
    MEMBER IS FLUGABSCHNITT
    INSERTION IS AUTOMATIC RETENTION IS FIXED

SET NAME IS ALL_FAI
    OWNER IS SYSTEM
    MEMBER IS FAI
    INSERTION IS AUTOMATIC RETENTION IS FIXED

SET NAME IS ALL_PASS
    OWNER IS SYSTEM
    MEMBER IS PASSAGIER
    INSERTION IS AUTOMATIC RETENTION IS FIXED

SET NAME IS HAT_FNFA
    OWNER IS FLUGNUMMER
    MEMBER IS FNFA
```

```
     INSERTION IS AUTOMATIC RETENTION IS FIXED
     ORDER IS SORTED BY ASCENDING NUMMER
     DUPLICATES ARE NOT ALLOWED


SET NAME IS IST_TYP
     OWNER IS FLUGZEUGTYP
     MEMBER IS FNFA
     INSERTION IS MANUAL RETENTION IS OPTIONAL


SET NAME IS IN_RATING
     OWNER IS FLUGZEUGTYP
     MEMBER IS RATING
     INSERTION IS AUTOMATIC RETENTION IS MANDATORY


SET NAME IS HAT_RATING
     OWNER IS PERSONAL
     MEMBER IS RATING
     INSERTION IS AUTOMATIC RETENTION IS MANDATORY


SET NAME IS IST_BESATZUNG
     OWNER IS PERSONAL
     MEMBER IS BESATZUNG
     INSERTION IS AUTOMATIC RETENTION IS MANDATORY


SET NAME IS HAT_BESATZUNG
     OWNER IS FAI
     MEMBER IS BESATZUNG
     INSERTION IS AUTOMATIC RETENTION IS MANDATORY


SET NAME IS AB
     OWNER IS ZEIT
     MEMBER IS FNFA
     INSERTION IS MANUAL RETENTION IS OPTIONAL


SET NAME IS AN
     OWNER IS ZEIT
     MEMBER IS FNFA
     INSERTION IS MANUAL RETENTION IS OPTIONAL


SET NAME IS IN_FNFA
     OWNER IS FLUGABSCHNITT
     MEMBER IS FNFA
     INSERTION IS AUTOMATIC RETENTION IS FIXED
```

```
SET NAME IS HAT_FAI
   OWNER IS FNFA
   MEMBER IS FAI
   INSERTION IS AUTOMATIC RETENTION IS FIXED
   ORDER IS SORTED BY ASCENDING DATUM
   DUPLICATES ARE NOT ALLOWED

SET NAME IS HAT_PASS
   OWNER IS FAI
   MEMBER IS PASSAGIER_LISTE
   INSERTION IS AUTOMATIC RETENTION IS MANDATORY

SET NAME IS IST_PASS
   OWNER IS PASSAGIER
   MEMBER IS PASSAGIER_LISTE
   INSERTION IS AUTOMATIC RETENTION IS MANDATORY

SET NAME IS VON
   OWNER IS AIRPORT
   MEMBER IS FLUGABSCHNITT
   INSERTION IS AUTOMATIC RETENTION IS FIXED

SET NAME IS NACH
   OWNER IS AIRPORT
   MEMBER IS FLUGABSCHNITT
   INSERTION IS AUTOMATIC RETENTION IS FIXED
```

A.2 Ein Subschema

```
SUBSCHEMA NAME IS LH_SUBSCHEMA FOR LUFTHANSA SCHEMA

REALM PLANUNG
   IS PLANUNG

REALM DURCHFUEHRUNG
   IS DURCHFUEHRUNG

RECORD NAME IS FLUGNUMMER
   ITEM WOCHENTAG     TYPE IS CHARACTER 7
   ITEM NUMMER        TYPE IS CHARACTER 6
```

```
RECORD NAME IS PERSONAL
    ITEM PERS_NAME       TYPE IS CHARACTER 25
    ITEM POSITION        TYPE IS CHARACTER 3

RECORD NAME IS FLUGZEUGTYP
    ITEM TOURIST         TYPE IS UNSIGNED LONGWORD
    ITEM BUSINESS        TYPE IS UNSIGNED LONGWORD
    ITEM FIRSTCLASS      TYPE IS UNSIGNED LONGWORD
    ITEM FTYP_NAME       TYPE IS CHARACTER 25
    ITEM CODE            TYPE IS CHARACTER 3
    ITEM CABINCREW       TYPE IS UNSIGNED LONGWORD
    ITEM COCKPITCREW     TYPE IS UNSIGNED LONGWORD

RECORD NAME IS ZEIT
    ITEM STUNDE          TYPE IS UNSIGNED LONGWORD
    ITEM MINUTE          TYPE IS UNSIGNED LONGWORD

RECORD NAME IS AIRPORT
    ITEM CODE            TYPE IS CHARACTER 3
    ITEM CITY            TYPE IS CHARACTER 25
    ITEM TRANSIT         TYPE IS UNSIGNED LONGWORD
    ITEM TIMEZONE        TYPE IS SIGNED LONGWORD

RECORD NAME IS FLUGABSCHNITT
    ITEM ID              TYPE IS CHARACTER 6
    ITEM DISTANZ         TYPE IS UNSIGNED LONGWORD

RECORD NAME IS PASSAGIER
    ITEM PASS_NAME       TYPE IS CHARACTER 25
    ITEM TICKET_NR       TYPE IS UNSIGNED LONGWORD

RECORD NAME IS RATING

RECORD NAME IS FNFA
    ITEM NUMMER          TYPE IS UNSIGNED LONGWORD

RECORD NAME IS BESATZUNG

RECORD NAME IS FAI
    ITEM FIRSTCLASS      TYPE IS UNSIGNED LONGWORD
    ITEM BUSINESS        TYPE IS UNSIGNED LONGWORD
    ITEM TOURIST         TYPE IS UNSIGNED LONGWORD
    ITEM DATUM           TYPE IS CHARACTER 8
```

RECORD NAME IS PASSAGIER_LISTE
   ITEM SITZPLATZ   TYPE IS CHARACTER 3

SET NAME IS ALL_FN

SET NAME IS ALL_PERS

SET NAME IS ALL_FA

SET NAME IS ALL_FAI

SET NAME IS ALL_PASS

SET NAME IS HAT_FNFA

SET NAME IS IST_TYP

SET NAME IS IN_RATING

SET NAME IS HAT_RATING

SET NAME IS IST_BESATZUNG

SET NAME IS HAT_BESATZUNG

SET NAME IS AB

SET NAME IS AN

SET NAME IS IN_FNFA

SET NAME IS HAT_FAI

SET NAME IS HAT_PASS

SET NAME IS IST_PASS

SET NAME IS VON

SET NAME IS NACH

A.3   Das Storage-Schema

STORAGE SCHEMA NAME IS LH_STORAGE_SCHEMA FOR
    LUFTHANSA SCHEMA

RECORD NAME IS FLUGNUMMER
    PLACEMENT IS SCATTERED USING NUMMER
    ITEM WOCHENTAG   TYPE IS CHARACTER 7
    ITEM NUMMER   TYPE IS CHARACTER 6

RECORD NAME IS PERSONAL
    PLACEMENT IS SCATTERED USING PERS_NAME
    ITEM PERS_NAME   TYPE IS CHARACTER 25
    ITEM POSITION   TYPE IS CHARACTER 3

RECORD NAME IS FLUGZEUGTYP
    PLACEMENT IS SCATTERED USING CODE
    ITEM TOURIST   TYPE IS UNSIGNED LONGWORD
    ITEM BUSINESS   TYPE IS UNSIGNED LONGWORD
    ITEM FIRSTCLASS   TYPE IS UNSIGNED LONGWORD
    ITEM FTYP_NAME   TYPE IS CHARACTER 25
    ITEM CODE   TYPE IS CHARACTER 3
    ITEM CABINCREW   TYPE IS UNSIGNED LONGWORD
    ITEM COCKPITCREW   TYPE IS UNSIGNED LONGWORD

RECORD NAME IS ZEIT
    PLACEMENT IS SCATTERED USING STUNDE MINUTE
    ITEM STUNDE   TYPE IS UNSIGNED LONGWORD
    ITEM MINUTE   TYPE IS UNSIGNED LONGWORD

RECORD NAME IS AIRPORT
    PLACEMENT IS SCATTERED USING CODE
    ITEM CODE   TYPE IS CHARACTER 3
    ITEM CITY   TYPE IS CHARACTER 25
    ITEM TRANSIT   TYPE IS UNSIGNED LONGWORD
    ITEM TIMEZONE   TYPE IS SIGNED LONGWORD

RECORD NAME IS FLUGABSCHNITT
    PLACEMENT IS SCATTERED USING ID
    ITEM ID   TYPE IS CHARACTER 6
    ITEM DISTANZ   TYPE IS UNSIGNED LONGWORD

RECORD NAME IS PASSAGIER
    PLACEMENT IS SCATTERED USING TICKET_NR
    ITEM PASS_NAME   TYPE IS CHARACTER 25
    ITEM TICKET_NR   TYPE IS UNSIGNED LONGWORD

RECORD NAME IS RATING
    PLACEMENT IS CLUSTERED VIA HAT_RATING

RECORD NAME IS FNFA
    PLACEMENT IS CLUSTERED VIA HAT_FNFA
    ITEM NUMMER   TYPE IS UNSIGNED LONGWORD

RECORD NAME IS BESATZUNG
    PLACEMENT IS CLUSTERED VIA IST_BESATZUNG

RECORD NAME IS FAI
    PLACEMENT IS SCATTERED USING DATUM
    ITEM FIRSTCLASS   TYPE IS UNSIGNED LONGWORD
    ITEM BUSINESS   TYPE IS UNSIGNED LONGWORD
    ITEM TOURIST   TYPE IS UNSIGNED LONGWORD
    ITEM DATUM   TYPE IS CHARACTER 8

RECORD NAME IS PASSAGIER_LISTE
    PLACEMENT IS CLUSTERED VIA IST_PASS
    ITEM SITZPLATZ   TYPE IS CHARACTER 3

SET NAME IS ALL_FN
    MODE IS CALC
    MEMBER IS FLUGNUMMER
    KEY IS NUMMER

SET NAME IS ALL_PERS
    MODE IS CALC
    MEMBER IS PERSONAL
    KEY IS PERS_NAME

SET NAME IS ALL_FA
    MODE IS CALC
    MEMBER IS FLUGABSCHNITT
    KEY IS ID

```
SET NAME IS ALL_FAI
    MODE IS CALC
    MEMBER IS FAI
    KEY IS DATUM

SET NAME IS ALL_PASS
    MODE IS CALC
    MEMBER IS PASSAGIER
    KEY IS TICKET_NR

SET NAME IS HAT_FNFA
    MODE IS CHAIN

SET NAME IS IST_TYP
    MODE IS CHAIN

SET NAME IS IN_RATING
    MODE IS CHAIN

SET NAME IS HAT_RATING
    MODE IS CHAIN

SET NAME IS IST_BESATZUNG
    MODE IS CHAIN

SET NAME IS HAT_BESATZUNG
    MODE IS CHAIN

SET NAME IS AB
    MODE IS CHAIN

SET NAME IS AN
    MODE IS CHAIN

SET NAME IS IN_FNFA
    MODE IS CHAIN

SET NAME IS HAT_FAI
    MODE IS INDEX
    NODE SIZE IS 200 BYTES

SET NAME IS HAT_PASS
    MODE IS CHAIN
```

SET NAME IS IST_PASS
   MODE IS CHAIN

SET NAME IS VON
   MODE IS CHAIN

SET NAME IS NACH
   MODE IS CHAIN

A.4   Ein Security-Schema

SECURITY SCHEMA NAME IS LH_SEC_STUD FOR
   LUFTHANSA SCHEMA
   DENY BATCH RETRIEVAL
   DENY BATCH UPDATE
   GRANT CONCURRENT RETRIEVAL
   DENY CONCURRENT UPDATE
   DENY EXCLUSIVE RETRIEVAL
   GRANT EXCLUSIVE UPDATE
   DENY PROTECTED RETRIEVAL
   DENY PROTECTED UPDATE
   DENY CONNECT
   DENY DISCONNECT
   DENY RECONNECT
   DENY ERASE
   GRANT FIND
   GRANT GET
   DENY MODIFY
   DENY STORE
   GRANT IF

AREA NAME IS PLANUNG

AREA NAME IS DURCHFUEHRUNG

RECORD NAME IS FLUGNUMMER
GRANT STORE
   ITEM NAME IS WOCHENTAG
   ITEM NAME IS NUMMER

RECORD NAME IS PERSONAL
GRANT STORE
GRANT ERASE
GRANT MODIFY
    ITEM NAME IS PERS_NAME
    ITEM NAME IS POSITION

RECORD NAME IS FLUGZEUGTYP
    ITEM NAME IS TOURIST
    ITEM NAME IS BUSINESS
    ITEM NAME IS FIRSTCLASS
    ITEM NAME IS FTYP_NAME
    ITEM NAME IS CODE
    ITEM NAME IS CABINCREW
    ITEM NAME IS COCKPITCREW

RECORD NAME IS ZEIT
    ITEM NAME IS STUNDE
    ITEM NAME IS MINUTE

RECORD NAME IS AIRPORT
GRANT STORE
    ITEM NAME IS CODE
    ITEM NAME IS CITY
    ITEM NAME IS TRANSIT
    ITEM NAME IS TIMEZONE

RECORD NAME IS FLUGABSCHNITT
GRANT STORE
    ITEM NAME IS ID
    ITEM NAME IS DISTANZ

RECORD NAME IS PASSAGIER
GRANT STORE
    ITEM NAME IS PASS_NAME
    ITEM NAME IS TICKET_NR

RECORD NAME IS RATING
GRANT STORE
GRANT ERASE

RECORD NAME IS FNFA
GRANT STORE
    ITEM NAME IS NUMMER

RECORD NAME IS BESATZUNG
GRANT STORE

RECORD NAME IS FAI
GRANT STORE
GRANT MODIFY
    ITEM NAME IS FIRSTCLASS
    ITEM NAME IS BUSINESS
    ITEM NAME IS TOURIST
    ITEM NAME IS DATUM

RECORD NAME IS PASSAGIER_LISTE
GRANT STORE
    ITEM NAME IS SITZPLATZ

SET NAME IS ALL_FN
    OWNER IS SYSTEM
    MEMBER IS FLUGNUMMER
GRANT CONNECT

SET NAME IS ALL_PERS
    OWNER IS SYSTEM
    MEMBER IS PERSONAL
GRANT CONNECT

SET NAME IS ALL_FA
    OWNER IS SYSTEM
    MEMBER IS FLUGABSCHNITT
GRANT CONNECT

SET NAME IS ALL_FAI
    OWNER IS SYSTEM
    MEMBER IS FAI

SET NAME IS ALL_PASS
    OWNER IS SYSTEM
    MEMBER IS PASSAGIER
GRANT CONNECT

```
SET NAME IS HAT_FNFA
    OWNER IS FLUGNUMMER
    MEMBER IS FNFA
GRANT CONNECT

SET NAME IS IST_TYP
    OWNER IS FLUGZEUGTYP
    MEMBER IS FNFA
GRANT CONNECT

SET NAME IS IN_RATING
    OWNER IS FLUGZEUGTYP
    MEMBER IS RATING
GRANT CONNECT
GRANT RECONNECT

SET NAME IS HAT_RATING
    OWNER IS PERSONAL
    MEMBER IS RATING
GRANT CONNECT
GRANT RECONNECT

SET NAME IS IST_BESATZUNG
    OWNER IS PERSONAL
    MEMBER IS BESATZUNG
GRANT CONNECT

SET NAME IS HAT_BESATZUNG
    OWNER IS FAI
    MEMBER IS BESATZUNG
GRANT CONNECT

SET NAME IS AB
    OWNER IS ZEIT
    MEMBER IS FNFA
GRANT CONNECT

SET NAME IS AN
    OWNER IS ZEIT
    MEMBER IS FNFA
GRANT CONNECT
```

```
SET NAME IS IN_FNFA
    OWNER IS FLUGABSCHNITT
    MEMBER IS FNFA
GRANT CONNECT

SET NAME IS HAT_FAI
    OWNER IS FNFA
    MEMBER IS FAI

SET NAME IS HAT_PASS
    OWNER IS FAI
    MEMBER IS PASSAGIER_LISTE
GRANT CONNECT

SET NAME IS IST_PASS
    OWNER IS PASSAGIER
    MEMBER IS PASSAGIER_LISTE
GRANT CONNECT

SET NAME IS VON
    OWNER IS AIRPORT
    MEMBER IS FLUGABSCHNITT
GRANT CONNECT

SET NAME IS NACH
    OWNER IS AIRPORT
    MEMBER IS FLUGABSCHNITT
GRANT CONNECT
```

Anhang B

Das globale ER-Diagramm der Datenbasis TERRA

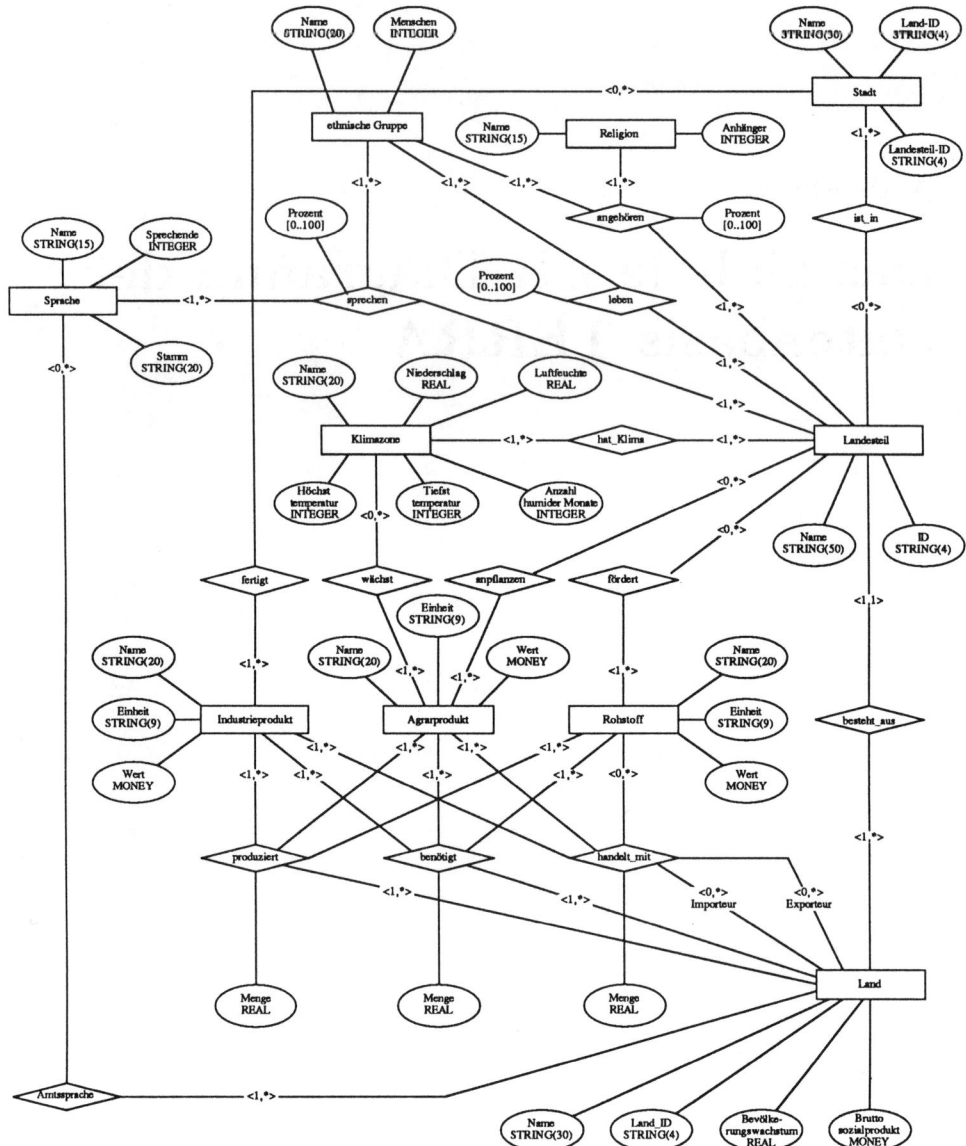

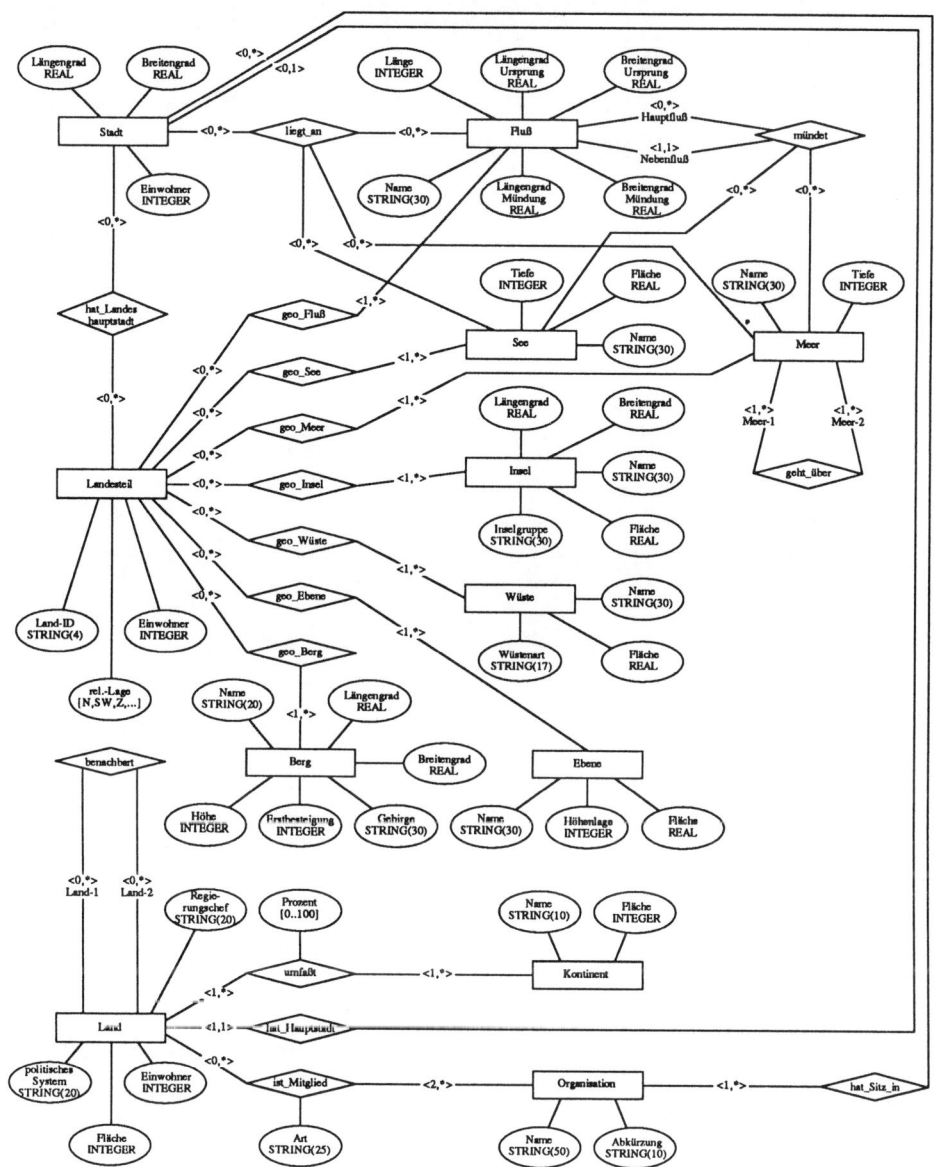

Abb. B.1. Globales ER-Diagramm der Datenbasis TERRA

Anhang C

Das relationale Schema der Datenbasis TERRA

Dieses Schema zeigt, welche Möglichkeiten in einer realen Implementierung von SQL tatsächlich zur Verfügung gestellt werden. Als Beispiele einer derart erweiterten Semantikbeschreibung sind sowohl die Klausel zur Formulierung der referentiellen Integrität, als auch die Definition eingeschränkter Wertebereiche zu sehen. Die Formulierung

DIAGNOSTIC *Bezeichner*;

erlaubt dem Anwender hierbei die im Schema definierten Konsistenzbedingungen zu benennen.

```
CREATE TABLE Berg
(Name          VARCHAR(20)    NOT NULL UNIQUE DIAGNOSTIC berg1,
 Gebirge       VARCHAR(25),
 Hoehe         SMALLINT       CHECK(Hoehe BETWEEN 250 and 8848)
                                  DIAGNOSTIC berg3,
 Jahr          SMALLINT       CHECK(Jahr BETWEEN 1750 and 1989)
                                  DIAGNOSTIC berg4
                                  QUERY HEADER "Erstbesteigung",
 Laenge        SMALLINT(2)    CHECK(Laenge BETWEEN -180 and 180)
                                  DIAGNOSTIC berg5,
 Breite        SMALLINT(2)    CHECK(Breite BETWEEN -180 and 180)
                                  DIAGNOSTIC berg6);


CREATE TABLE Ebene
(Name          VARCHAR(25)    NOT NULL UNIQUE DIAGNOSTIC ebene1,
 Hoehe         SMALLINT       CHECK(Hoehe BETWEEN -300 and 8000)
                                  DIAGNOSTIC ebene2
                                  QUERY HEADER "Hoehenlage",
```

Flaeche	INT	CHECK(Flaeche BETWEEN 0 and 10000000) DIAGNOSTIC ebene3);

```
CREATE TABLE See
```

(Name	VARCHAR(20)	NOT NULL UNIQUE DIAGNOSTIC see1,
Tiefe	SMALLINT	CHECK(Tiefe BETWEEN 0 and 1620) DIAGNOSTIC see2,
Flaeche	INT	CHECK(Flaeche BETWEEN 0 and 1000000) DIAGNOSTIC see3);

```
CREATE TABLE Meer
```

(Name	VARCHAR(25)	NOT NULL UNIQUE DIAGNOSTIC meer1,
Tiefe	SMALLINT	CHECK(Tiefe BETWEEN 0 and 11034) DIAGNOSTIC meer2);

```
CREATE TABLE Fluss
```

(Name	VARCHAR(20)	NOT NULL UNIQUE DIAGNOSTIC fluss1,
Fluss	VARCHAR(20)	CHECK((Fluss IS NULL) OR (Fluss IN (SELECT Name FROM Fluss))) DIAGNOSTIC fluss2,
See	VARCHAR(20)	CHECK((See IS NULL) OR (See IN (SELECT Name FROM See))) DIAGNOSTIC fluss3,
Meer	VARCHAR(25)	CHECK((Meer IS NULL) OR (Meer IN (SELECT Name FROM Meer))) DIAGNOSTIC fluss4,
Laenge	SMALLINT	CHECK(Laenge BETWEEN 0 and 7000) DIAGNOSTIC fluss5,
LaengeU	SMALLINT(2)	CHECK(LaengeU BETWEEN -180 and 180) DIAGNOSTIC fluss6,
BreiteU	SMALLINT(2)	CHECK(BreiteU BETWEEN -180 and 180) DIAGNOSTIC fluss7,
LaengeM	SMALLINT(2)	CHECK(LaengeM BETWEEN -180 and 180) DIAGNOSTIC fluss8,
BreiteM	SMALLINT(2)	CHECK(BreiteM BETWEEN -180 and 180) DIAGNOSTIC fluss9);

```
CREATE TABLE Insel
(Name          VARCHAR(25)  NOT NULL UNIQUE DIAGNOSTIC insel1,
 Inselgruppe   VARCHAR(25),
 Flaeche       INT          CHECK(Flaeche BETWEEN 0 and 341700)
                            DIAGNOSTIC insel3,
 Laenge        SMALLINT(2)  CHECK(Laenge BETWEEN -180 and 180)
                            DIAGNOSTIC insel4,
 Breite        SMALLINT(2)  CHECK(Breite BETWEEN -180 and 180)
                            DIAGNOSTIC insel5);


CREATE TABLE Kontinent
(Name          VARCHAR(10)  NOT NULL UNIQUE
                            DIAGNOSTIC kontinent1,
 Flaeche       SMALLINT(2));


CREATE TABLE Stadt
(Name          VARCHAR(25)  NOT NULL DIAGNOSTIC stadt1,
 L_ID          VARCHAR(4)   NOT NULL DIAGNOSTIC stadt2,
 LT_ID         VARCHAR(4)   NOT NULL DIAGNOSTIC stadt3,
 Einwohner     INT          CHECK
                            (Einwohner BETWEEN
                            0 and 100000000)
                            DIAGNOSTIC stadt4,
 Laenge        SMALLINT(2)  CHECK(Laenge BETWEEN -180 and 180)
                            DIAGNOSTIC stadt5,
 Breite        SMALLINT(2)  CHECK(Breite BETWEEN -180 and 180)
                            DIAGNOSTIC stadt6);


CREATE TABLE Landesteil
(Name          VARCHAR(30)  NOT NULL DIAGNOSTIC lt1,
 LT_ID         VARCHAR(4)   NOT NULL DIAGNOSTIC lt2,
 L_ID          VARCHAR(4)   NOT NULL DIAGNOSTIC lt3,
 Einwohner     INT          CHECK
                            (Einwohner BETWEEN
                            0 and 170530000)
                            DIAGNOSTIC lt4,
 Lage          VARCHAR(2)   CHECK(Lage IN ('N','S','O','W',
                            'Z','NW','NO','SW','SO'))
                            DIAGNOSTIC lt5,
 Hauptstadt    VARCHAR(25)  CHECK((Hauptstadt IS NULL) OR
                            (Hauptstadt IN
                            (SELECT Name FROM Stadt)))
                            DIAGNOSTIC lt6);
```

```
CREATE TABLE Land
(Name          VARCHAR(32)  NOT NULL UNIQUE DIAGNOSTIC land1,
 L_Id          VARCHAR(4)   NOT NULL UNIQUE DIAGNOSTIC land2,
 Einwohner     INT          CHECK(Einwohner BETWEEN
                                  0 and 1500000000)
                            DIAGNOSTIC land3,
 Zuwachs       SMALLINT(1)  CHECK(Zuwachs BETWEEN -2.0 and 7.0)
                            DIAGNOSTIC land4
                            QUERY HEADER "Bev.-zuwachs",
 Flaeche       INT          CHECK(Flaeche BETWEEN 0 and 22400000)
                            DIAGNOSTIC land5,
 BSP           INT          CHECK(BSP BETWEEN 0 and 3868000)
                            DIAGNOSTIC land6,
 Hauptstadt    VARCHAR(25)  NOT NULL UNIQUE DIAGNOSTIC land7,
 LT_ID         VARCHAR(4)   NOT NULL UNIQUE DIAGNOSTIC land8,
 System        VARCHAR(35),
 Regierungschef VARCHAR(70));

CREATE TABLE Organisation
(Name          VARCHAR(70)  NOT NULL UNIQUE DIAGNOSTIC org1,
 Abkuerzung    VARCHAR(20)  NOT NULL UNIQUE DIAGNOSTIC org2);

CREATE TABLE Wueste
(Name          VARCHAR(25)  NOT NULL UNIQUE
                            DIAGNOSTIC wueste1,
 Flaeche       INT,
 Wuestenart    VARCHAR(17));

CREATE TABLE benachbart
(Land1         VARCHAR(4)   NOT NULL DIAGNOSTIC benach1,
 Land2         VARCHAR(4)   NOT NULL DIAGNOSTIC benach2);

CREATE TABLE geht_ueber
(Meer1         VARCHAR(25)  NOT NULL DIAGNOSTIC geht1,
 Meer2         VARCHAR(25)  NOT NULL DIAGNOSTIC geht2);

CREATE TABLE geo_Berg
(LT_ID         VARCHAR(4)   NOT NULL DIAGNOSTIC gberg1,
 L_ID          VARCHAR(4)   NOT NULL DIAGNOSTIC gberg2,
 Berg          VARCHAR(20)  NOT NULL DIAGNOSTIC gberg3);
```

```
CREATE TABLE geo_Ebene
(LT_ID          VARCHAR(4)    NOT NULL DIAGNOSTIC gebene1,
 L_ID           VARCHAR(4)    NOT NULL DIAGNOSTIC gebene2,
 Ebene          VARCHAR(25)   NOT NULL DIAGNOSTIC gebene3);

CREATE TABLE geo_Fluss
(LT_ID          VARCHAR(4)    NOT NULL DIAGNOSTIC gfluss1,
 L_ID           VARCHAR(4)    NOT NULL DIAGNOSTIC gfluss2,
 Fluss          VARCHAR(20)   NOT NULL DIAGNOSTIC gfluss3);

CREATE TABLE geo_Insel
(LT_ID          VARCHAR(4)    NOT NULL DIAGNOSTIC ginsel1,
 L_ID           VARCHAR(4)    NOT NULL DIAGNOSTIC ginsel2,
 Insel          VARCHAR(25)   NOT NULL DIAGNOSTIC ginsel3);

CREATE TABLE geo_Meer
(LT_ID          VARCHAR(4)    NOT NULL DIAGNOSTIC gmeer1,
 L_ID           VARCHAR(4)    NOT NULL DIAGNOSTIC gmeer2,
 Meer           VARCHAR(25)   NOT NULL DIAGNOSTIC gmeer3);

CREATE TABLE geo_See
(LT_ID          VARCHAR(4)    NOT NULL DIAGNOSTIC gsee1,
 L_ID           VARCHAR(4)    NOT NULL DIAGNOSTIC gsee2,
 See            VARCHAR(20)   NOT NULL DIAGNOSTIC gsee3);

CREATE TABLE geo_Wueste
(LT_ID          VARCHAR(4)    NOT NULL DIAGNOSTIC gwueste1,
 L_ID           VARCHAR(4)    NOT NULL DIAGNOSTIC gwueste2,
 Wueste         VARCHAR(25)   NOT NULL DIAGNOSTIC gwueste3);

CREATE TABLE ist_Mitglied
(Land           VARCHAR(4)    NOT NULL DIAGNOSTIC mit1,
 Organisation   VARCHAR(20)   NOT NULL DIAGNOSTIC mit2,
 Art            VARCHAR(25));

CREATE TABLE hat_Sitz_in
(Stadt          VARCHAR(25)   NOT NULL DIAGNOSTIC sitz1,
 LT_ID          VARCHAR(4)    NOT NULL DIAGNOSTIC sitz2,
 L_ID           VARCHAR(4)    NOT NULL DIAGNOSTIC sitz3,
 Organisation   VARCHAR(20)   NOT NULL DIAGNOSTIC sitz4);
```

```
CREATE TABLE liegt_an
(Stadt          VARCHAR(25)   NOT NULL DIAGNOSTIC liegt1,
 LT_ID          VARCHAR(4)    NOT NULL DIAGNOSTIC liegt2,
 L_ID           VARCHAR(4)    NOT NULL DIAGNOSTIC liegt3,
 Fluss          VARCHAR(20)   CHECK((Fluss IS NULL) OR
                                    (Fluss IN (SELECT Name FROM Fluss)))
                              DIAGNOSTIC liegt4,
 See            VARCHAR(20)   CHECK((See IS NULL) OR
                                    (See IN (SELECT Name FROM See )))
                              DIAGNOSTIC liegt5,
 Meer           VARCHAR(25)   CHECK((Meer IS NULL) OR
                                    (Meer IN (SELECT Name FROM Meer)))
                              DIAGNOSTIC liegt6);


CREATE TABLE umfasst
(Land           VARCHAR(4)    NOT NULL DIAGNOSTIC umfasst1,
 Kontinent      VARCHAR(10)   NOT NULL DIAGNOSTIC umfasst2,
 Prozent        SMALLINT(1)   NOT NULL);
```

Auf die Einrichtung verschiedener Views wurde verzichtet.

Anhang D

Lösungen zu den
Übungsaufgaben

D.1   LUFTHANSA

Aus Platzgründen können wir an dieser Stelle lediglich die Lösung einer der Programmieraufgaben angeben. Dieses sollte jedoch ausreichen, um dem Leser einen Eindruck zu vermitteln, wie komplette Anwendungsprogramme ausschauen.

```
program Aufgabe_2_1_Musterloesung (input,output);
    {Aufgabe :
                Wieviel Plaetze werden woechentlich auf Non-Stop-Fluegen
                von einem Ort zu einem anderen Ort angeboten ?
                Eingabe fuer dieses Programm ist der Identifikator-
                String eines Flugabschnitts (im unteren Beispiel FRAJFK).
    Loesung :
                LH 400 fliegt fuenfmal pro Woche mit DC10
                LH 404 fliegt siebenmal pro Woche mit DC10;
                -> First-Class        : 12 * 22 = 264
                -> Business-Class      : 12 * 45 = 540
                -> Tourist-Class       : 12 *165 =1980 }

type    string6=packed array[1..6] of char;
        string7=packed array[1..7] of char;

var First_class,Business_class,Tourist_class:unsigned;
    Flugabschnitt:string6;
    transaktion:boolean;
    antwort:char;
```

\# INVOKE LH_SUBSCHEMA WITHIN LUFTHANSA
    FOR [I40.LUFTHANSA.LH_DB]LUFTHANSA;
    { Identifizierung der Datenbank }

function Flugtage (Tage:string7):unsigned;
    {   Beschreibung: berechnet die Anzahl der Flugtage pro Woche
         Eingabe: Tage, z.B. "1-3-67"
         Ausgabe: Anzahl der Flugtage , hier : 4
         calls: keine
         called by: Anz_Sitzplaetze}

    var I: integer;
        Anzahl: unsigned;

begin
Anzahl:=0;
for I:=1 to 7 do
      if Tage[I]<>'-' then Anzahl:=Anzahl+1;
Flugtage:=Anzahl;
end; { of function }

procedure Anz_Sitzplaetze (Flugabschnitt:string6;
                           var First,Business,Tourist:unsigned);

    {   Beschreibung: berechnet die Anzahl der Sitzplaetze de
                            verschiedenen Klassen auf allen Fluegen
                            eines bestimmten Flugabschnitts einer Woche
         Eingabe: Flugabschnitt, z.B.: "FRAJFK"
         Ausgabe: Anzahl der Sitzplaetze pro Klasse
         calls: Flugtage
         called by: Hauptprogramm}

    var Anz_Fluege,Anz_f,Anz_b,Anz_t: unsigned;
        I: integer;

begin
{Initialisierung}
Anz_f:=0; Anz_b:=0; Anz_t:=0;
for i:=1 to 6 do   {wandelt Kleinbuchstaben in Grossbuchstaben}
      if Flugabschnitt[I] in ['a'..'z']
            then Flugabschnitt[I]:= chr(ord(flugabschnitt[I])-32);

```
DBMUWA.FLUGABSCHNITT.ID:=Flugabschnitt;
{ der gewuenschte Flugabschnitt wird in die UWA geschrieben }
# FIND FIRST FLUGABSCHNITT USING ID;
{ in der Datenbank wird der entsprechende Flugabschnitt gesucht }

if dml$value <> dml$k_end then
      begin { der Flugabschnitt existiert in der Datenbank }
          # FIND FIRST FNFA WITHIN IN_FNFA;
          { erster FNFA des Flugabschnitts wird gesucht }

          while dml$value <> dml$k_end do
          { DB-Status auf End-of-Collection ueberpruefen }
          begin
              # FETCH OWNER WITHIN HAT_FNFA;
              { schreibt zugehoerige Flugnummer mit Attributen in UWA }
              # FETCH OWNER WITHIN IST_TYP;
              { schreibt benoetigten Daten des Flugzeugtyps in die UWA }

              Anz_Fluege:=
                  Flugtage(DBMUWA.FLUGNUMMER.WOCHENTAG);
              Anz_f := Anz_f +
                  Anz_Fluege * DBMUWA.FLUGZEUGTYP.FIRSTCLASS;
              Anz_b := Anz_b +
                  Anz_Fluege * DBMUWA.FLUGZEUGTYP.BUSINESS;
              Anz_t := Anz_t +
                  Anz_Fluege * DBMUWA.FLUGZEUGTYP.TOURIST;

              # FIND NEXT FNFA WITHIN IN_FNFA;
              { sucht naechsten Member des Flugabschnitts }

          end; { of while }
      end { of if }
else begin
      writeln;
      writeln ('Flugabschnitt nicht in der Datenbank !!!');
      writeln;
end;
First :=Anz_f;
Business:=Anz_b;
Tourist :=Anz_t;
end; { of procedure }
```

```
begin
Transaktion:=true;
# READY PLANUNG CONCURRENT RETRIEVAL ;
    { Transaktion beginnen }
if dml$value=dml$k_error then
      begin { Falls andere Benutzer an der Datenbank arbeiten }
            Transaktion:=false;
            write('READY CONCURRENT RETRIEVAL ');
            writeln('kann nicht ausgefuehrt werden, da andere ');
            write('Benutzer IM EXCLUSIVE-Modus ');
            writeln('an der Datenbank arbeiten !!!');
            writeln;
            write ('>>>>> [W]arten oder [A]bbruch : ');
            readln(antwort);
            if antwort in ['W','w'] then
                  begin
                        writeln('>>>> Sie befinden sich im WAIT-Status, <<<<');
                        writeln('>>>> Abbruch mit CTRL/C <<<<');
                        # READY PLANUNG CONCURRENT RETRIEVAL WAIT;
                        Transaktion:=true;
                  end;
      end;

if transaktion then
begin
{ Transaktion beginnen }
writeln('Dieses Programm berechnet die Anzahl der Sitzplaetze eines',
      ' Flugabschnitts ');
writeln('in den einzelnen Klassen pro Woche : ');
writeln;
write('Bitte geben Sie den gewuenschten Flugabschnitt ein : ');
readln(Flugabschnitt);
Anz_Sitzplaetze (Flugabschnitt,First_Class,Business_Class,Tourist_class);
      write('Anzahl der Sitzplaetze auf dem Flugabschnitt : ');
      writeln(Flugabschnitt);
      writeln('First-Class ...............',First_class);
      writeln('Business-Class.............',Business_class);
      writeln('Tourist-Class.............',Tourist_class);
# ROLLBACK
{ Transaktion beenden }
end;
end.
```

D.2 TERRA

Aus Platzgründen werden wir hier nur die Lösungen der Übungsaufgaben zu SQL präsentieren.

Lösung zu 2.3:

```
SELECT Name
FROM   Kontinent;
```

Lösung zu 2.4:

```
SELECT Name, Laenge, Breite
FROM   Stadt
WHERE  Einwohner >= 1000000
AND    Breite > -23.27
AND    Breite < 23.27;
```

Lösung zu 2.5:

```
SELECT Name, L_ID, Einwohner
FROM   Land
WHERE  Einwohner > 45000000
ORDER BY 3 DESC;
```

Lösung zu 2.6:

```
SELECT Berg.Name, Berg.Hoehe, Landesteil.Name
FROM   Berg, geo_Berg, Landesteil
WHERE  Hoehe > 5000
AND    Berg.Name = Berg
AND    Landesteil.L_ID = geo_Berg.L_ID
AND    Landesteil.Lt_ID = geo_Berg.LT_ID;
```

Lösung zu 2.7:

```
SELECT Name, Einwohner, Flaeche, BSP
FROM   Land, umfasst
WHERE  Land.L_ID = Land
AND    Kontinent='Afrika';
```

Lösung zu 2.8:   Bei der Lösung dieser Aufgabe sind folgende Angaben wichtig:

- Erdradius: $R = 6370$ km
- Oberflächenformel: $O = 4 * \pi * R^2$

```
SELECT  "Anteil der Meere an der Erdoberflaeche: ",
        ((4*6.37*6.37*3.1416)-SUM(Flaeche))/(4*6.37*6.37*3.1416)
FROM    Kontinent;
```

Lösung zu 2.9:

```
SELECT  Land.Name, SUM(Stadt.Einwohner)/Land.Einwohner
FROM    Land, Stadt, ist_Mitglied
WHERE   Stadt.Einwohner > 500000
AND     Land.L_ID = Stadt.L_ID
AND     Land.L_ID = ist_Mitglied.Land
AND     Organisation = 'EG'
GROUP BY Land.Name, Land.Einwohner
HAVING  (SUM(Stadt.Einwohner)/Land.Einwohner) > 0.1;
```

Lösung zu 2.10:

```
SELECT  A.Name, A.Fluss, B.Meer, B.See
FROM    Fluss A, Fluss B
WHERE   A.Fluss = B.Name
AND     (
        B.Meer IN (SELECT Name FROM Meer)
        OR
        B.See IN ( SELECT Name FROM See)
        );
```

Lösung zu 2.11:

```
SELECT  "Erdbevoelkerung in 2 Jahren:" ,
        SUM(Einwohner * (100+Zuwachs)/100 * (100+Zuwachs)/100)
FROM    Land;
```

Lösung zu 2.12:

```
SELECT Kontinent.Name,
       SUM(Einwohner*Prozent/100/Kontinent.Flaeche/1000000)
FROM   Kontinent, umfasst, Land
WHERE  Kontinent.Name = Kontinent
AND    Land = L_ID
GROUP BY Kontinent.Name;
```

Lösung zu 2.13:

```
SELECT Landesteil.Name, liegt_an.Stadt, See
FROM   liegt_an,Landesteil
WHERE  liegt_an.L_ID = Landesteil.L_ID
AND    liegt_an.LT_ID= Landesteil.LT_ID
AND    (liegt_an.See is not null AND
       (liegt_an.See NOT IN
       (SELECT See
        FROM   geo_See
        WHERE  geo_See.L_ID = liegt_an.L_ID
        AND    geo_See.LT_ID= liegt_an.LT_ID))
       );
```

Lösung zu 2.14: Zu dieser Aufgabe sollen zwei mögliche Lösungen dargestellt werden. Die erste von ihnen zeigt die vollständig richtige aber sehr aufwendige Formulierung.

```
SELECT Land.Name, Organisation.Abkuerzung
FROM   Land, ist_Mitglied, Organisation, hat_Sitz_in, Stadt
WHERE  Land.ID = ist_Mitglied.Land
       AND
       ist_Mitglied.Organisation = Organisation.Abkuerzung
       AND
       hat_Sitz_in.Organisation = Organisation.Abkuerzung
       AND
       hat_Sitz_in.Stadt = Stadt.Name
       AND
       hat_Sitz_in.Landesteil_ID = Stadt.Landesteil_ID
       AND
       hat_Sitz_in.Land_ID = Stadt.Land_ID
       AND
       Stadt.Land_ID = Land.ID;
```

Die umfangreiche *Where*-Klausel rührt unter anderem daher, daß die Relation *Stadt* einen zusammengesetzten Schlüssel (*Name, Landesteil_ID, Land_ID*) besitzt. Bei einer Join-Operation mit dieser Relation müssen entspechend mehrere Bedingungen gelten. In dieser Formulierung werden jedoch einige Beziehungen verfolgt, die auch direkter ausgedrückt werden können. So ist beispielsweise in der Relation *hat_Sitz_in* im Attribut *Organisation* bereits das Kürzel der Organisation enthalten, in der dieses Land Mitglied ist. Die dazwischenliegende Relation *Organisation* muß deshalb nicht mitbetrachtet werden. Die folgende Variante macht von einigen dieser Tatsachen Gebrauch, die jedoch nur aus der Semantik des Schemas heraus verständlich werden.

```
SELECT Land.Name, ist_Mitglied.Organisation, hat_Sitz_in.Stadt
FROM   Land, ist_Mitglied, hat_Sitz_in
WHERE  Land.L_ID = Land
AND    Land.L_ID = hat_Sitz_in.L_ID
AND    ist_Mitglied.Organisation = hat_Sitz_in.Organisation;
```

Anhang E

Sitzplatzaufteilungen einiger Flugzeugtypen

Boeing 747-200   (747)

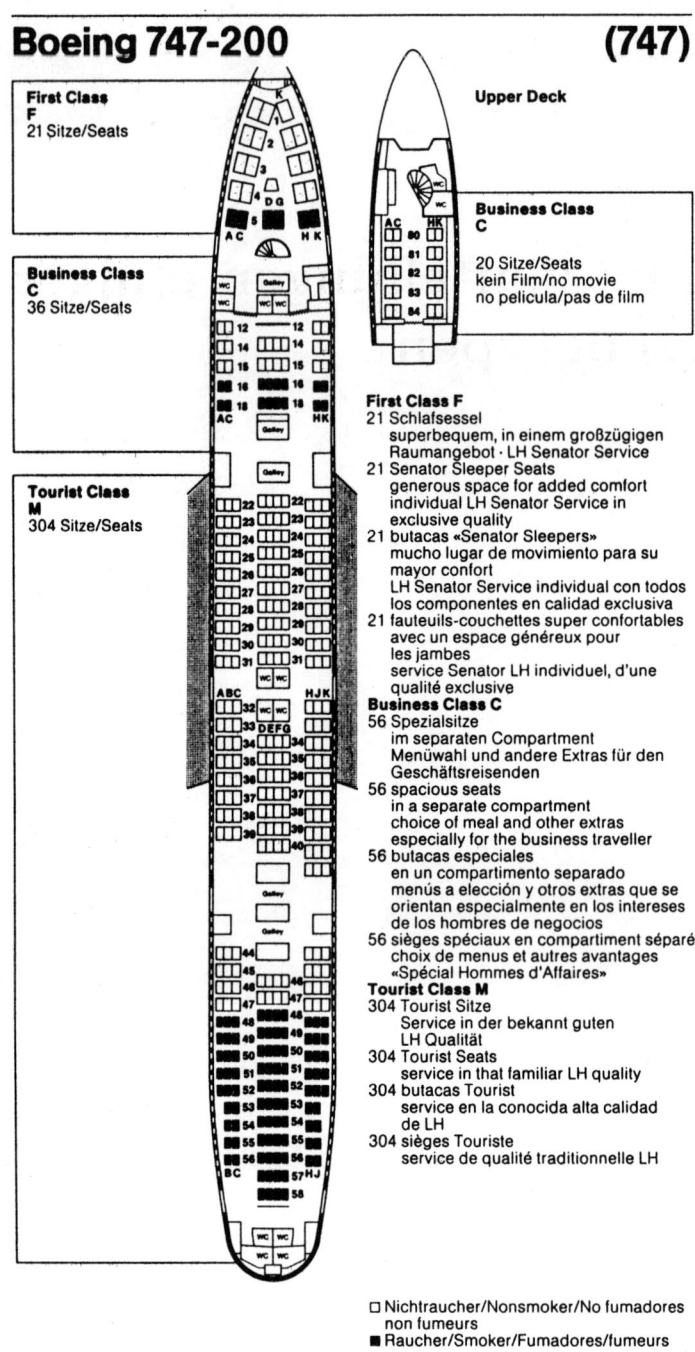

First Class
F
21 Sitze/Seats

Business Class
C
36 Sitze/Seats

Tourist Class
M
304 Sitze/Seats

Upper Deck

Business Class
C

20 Sitze/Seats
kein Film/no movie
no pelicula/pas de film

First Class F
21 Schlafsessel
  superbequem, in einem großzügigen
  Raumangebot · LH Senator Service
21 Senator Sleeper Seats
  generous space for added comfort
  individual LH Senator Service in
  exclusive quality
21 butacas «Senator Sleepers»
  mucho lugar de movimiento para su
  mayor confort
  LH Senator Service individual con todos
  los componentes en calidad exclusiva
21 fauteuils-couchettes super confortables
  avec un espace généreux pour
  les jambes
  service Senator LH individuel, d'une
  qualité exclusive
Business Class C
56 Spezialsitze
  im separaten Compartment
  Menüwahl und andere Extras für den
  Geschäftsreisenden
56 spacious seats
  in a separate compartment
  choice of meal and other extras
  especially for the business traveller
56 butacas especiales
  en un compartimento separado
  menús a elección y otros extras que se
  orientan especialmente en los intereses
  de los hombres de negocios
56 sièges spéciaux en compartiment séparé
  choix de menus et autres avantages
  «Spécial Hommes d'Affaires»
Tourist Class M
304 Tourist Sitze
  Service in der bekannt guten
  LH Qualität
304 Tourist Seats
  service in that familiar LH quality
304 butacas Tourist
  service en la conocida alta calidad
  de LH
304 sièges Touriste
  service de qualité traditionnelle LH

□ Nichtraucher/Nonsmoker/No fumadores
  non fumeurs
■ Raucher/Smoker/Fumadores/fumeurs

LH SITZPLAN/D,E,SP,F
B747-200/21,56,304

Boeing 747-200 (74 M)

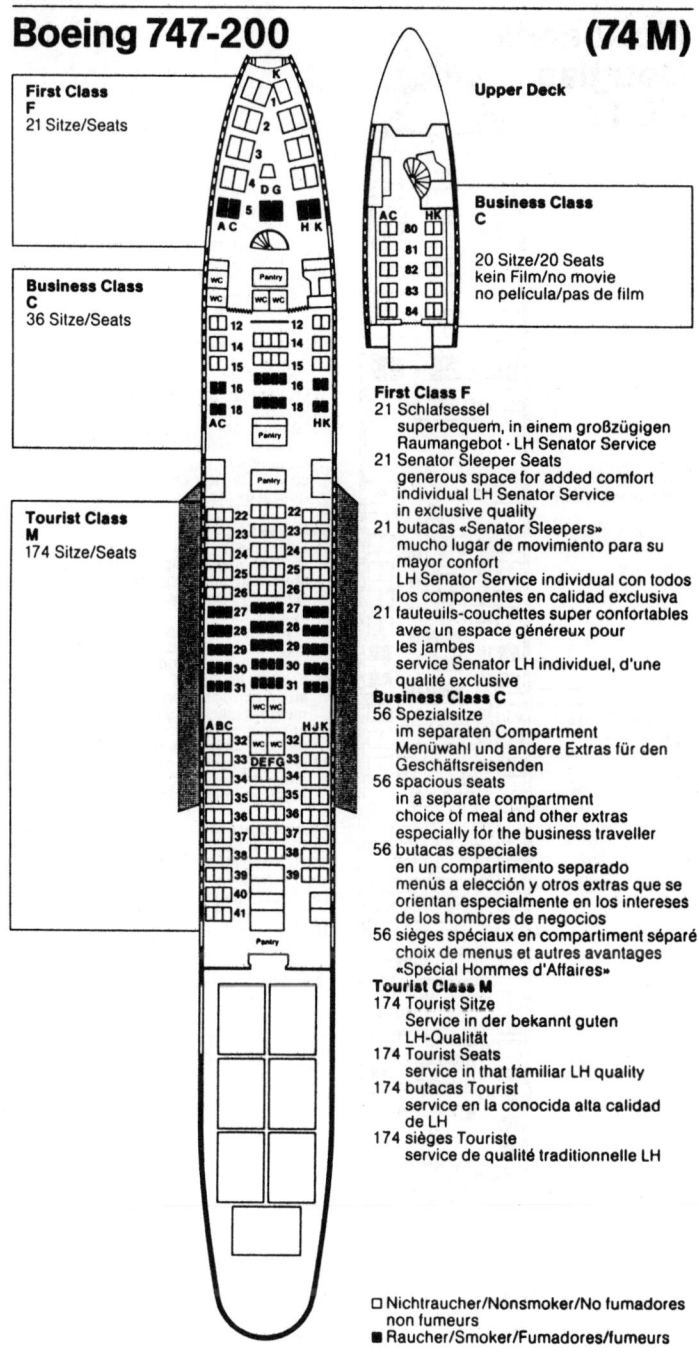

First Class
F
21 Sitze/Seats

Business Class
C
36 Sitze/Seats

Tourist Class
M
174 Sitze/Seats

Upper Deck

Business Class
C

20 Sitze/20 Seats
kein Film/no movie
no película/pas de film

First Class F
21 Schlafsessel
  superbequem, in einem großzügigen
  Raumangebot · LH Senator Service
21 Senator Sleeper Seats
  generous space for added comfort
  individual LH Senator Service
  in exclusive quality
21 butacas «Senator Sleepers»
  mucho lugar de movimiento para su
  mayor confort
  LH Senator Service individual con todos
  los componentes en calidad exclusiva
21 fauteuils-couchettes super confortables
  avec un espace généreux pour
  les jambes
  service Senator LH individuel, d'une
  qualité exclusive
Business Class C
56 Spezialsitze
  im separaten Compartment
  Menüwahl und andere Extras für den
  Geschäftsreisenden
56 spacious seats
  in a separate compartment
  choice of meal and other extras
  especially for the business traveller
56 butacas especiales
  en un compartimento separado
  menús a elección y otros extras que se
  orientan especialmente en los intereses
  de los hombres de negocios
56 sièges spéciaux en compartiment séparé
  choix de menus et autres avantages
  «Spécial Hommes d'Affaires»
Tourist Class M
174 Tourist Sitze
  Service in der bekannt guten
  LH-Qualität
174 Tourist Seats
  service in that familiar LH quality
174 butacas Tourist
  service en la conocida alta calidad
  de LH
174 sièges Touriste
  service de qualité traditionnelle LH

□ Nichtraucher/Nonsmoker/No fumadores
  non fumeurs
■ Raucher/Smoker/Fumadores/fumeurs

LH SITZPLAN/D,E,SP,F
B747-200/21,36,174

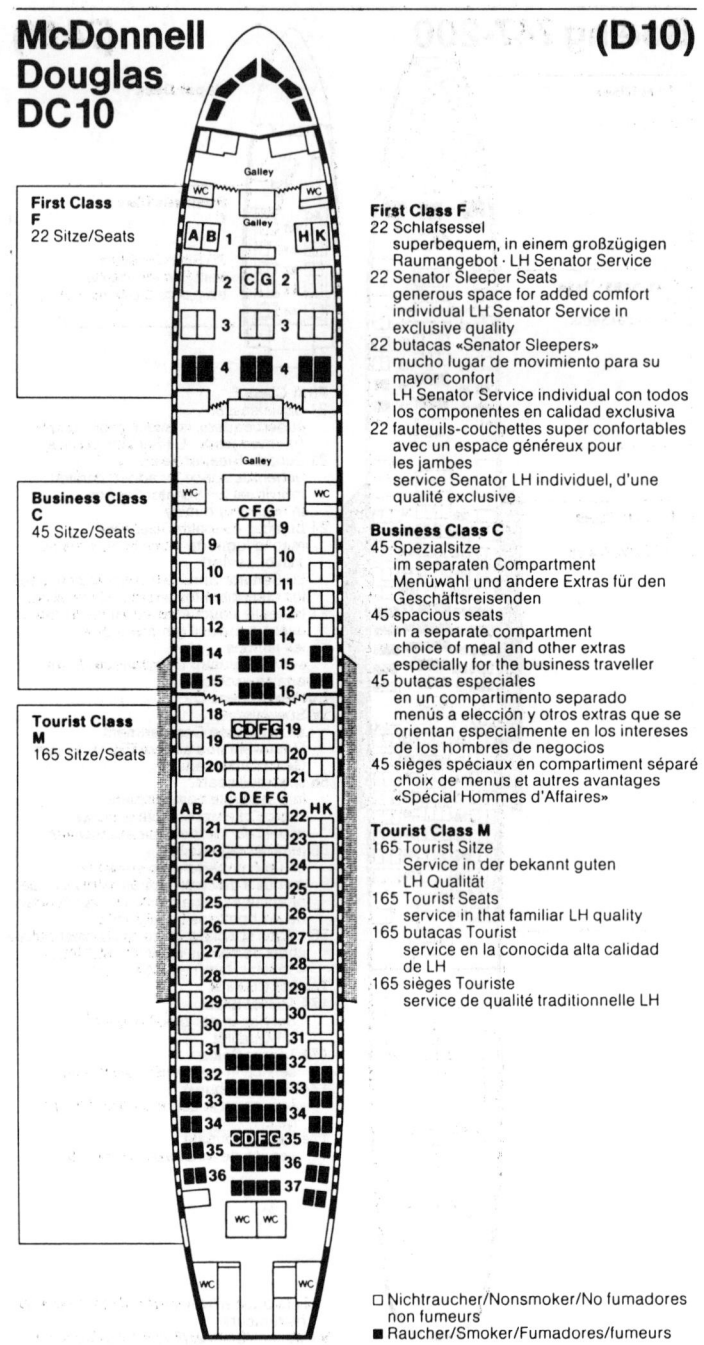

McDonnell Douglas DC 10   (D 10)

First Class F
22 Sitze/Seats

Business Class C
45 Sitze/Seats

Tourist Class M
165 Sitze/Seats

First Class F
22 Schlafsessel
superbequem, in einem großzügigen Raumangebot · LH Senator Service
22 Senator Sleeper Seats
generous space for added comfort individual LH Senator Service in exclusive quality
22 butacas «Senator Sleepers»
mucho lugar de movimiento para su mayor confort LH Senator Service individual con todos los componentes en calidad exclusiva
22 fauteuils-couchettes super confortables avec un espace généreux pour les jambes service Senator LH individuel, d'une qualité exclusive

Business Class C
45 Spezialsitze
im separaten Compartment Menüwahl und andere Extras für den Geschäftsreisenden
45 spacious seats
in a separate compartment choice of meal and other extras especially for the business traveller
45 butacas especiales
en un compartimento separado menús a elección y otros extras que se orientan especialmente en los intereses de los hombres de negocios
45 sièges spéciaux en compartiment séparé choix de menus et autres avantages «Spécial Hommes d'Affaires»

Tourist Class M
165 Tourist Sitze
Service in der bekannt guten LH Qualität
165 Tourist Seats
service in that familiar LH quality
165 butacas Tourist
service en la conocida alta calidad de LH
165 sièges Touriste
service de qualité traditionnelle LH

□ Nichtraucher/Nonsmoker/No fumadores non fumeurs
■ Raucher/Smoker/Fumadores/fumeurs

Airbus A300-600   (AB3)

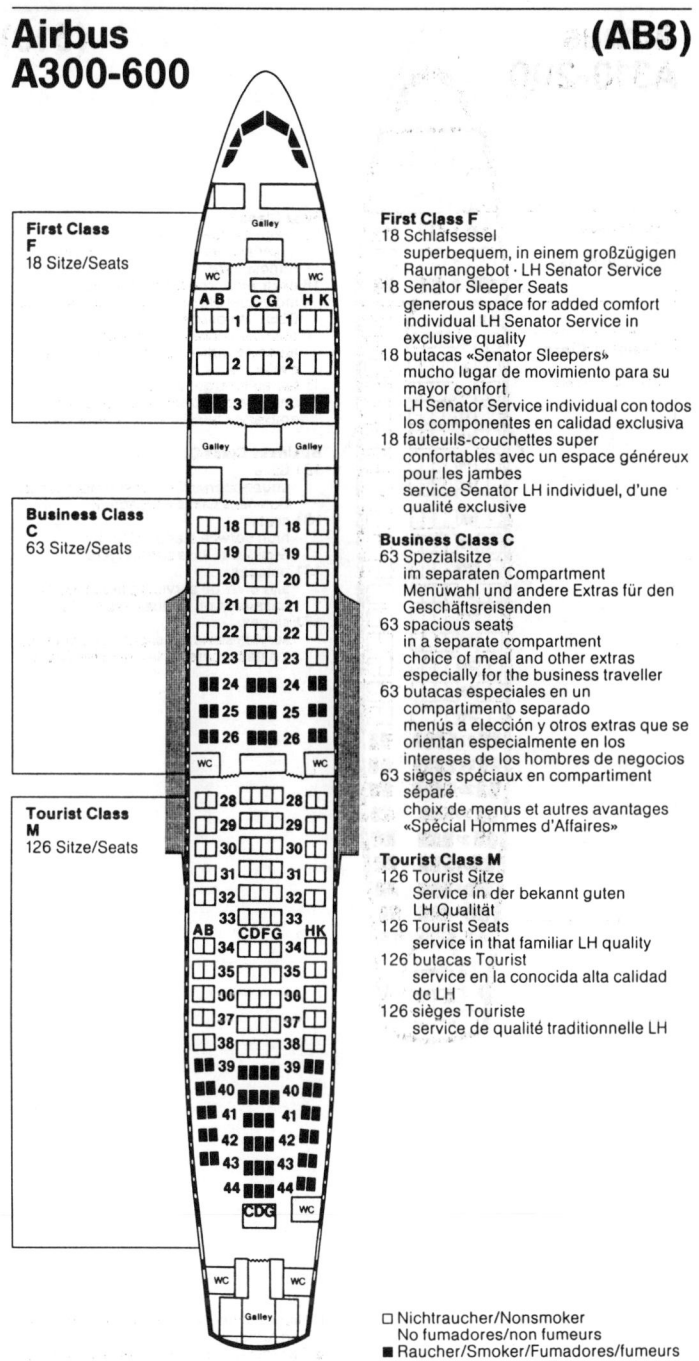

First Class
F
18 Sitze/Seats

Business Class
C
63 Sitze/Seats

Tourist Class
M
126 Sitze/Seats

First Class F
18 Schlafsessel
  superbequem, in einem großzügigen
  Raumangebot · LH Senator Service
18 Senator Sleeper Seats
  generous space for added comfort
  individual LH Senator Service in
  exclusive quality
18 butacas «Senator Sleepers»
  mucho lugar de movimiento para su
  mayor confort
  LH Senator Service individual con todos
  los componentes en calidad exclusiva
18 fauteuils-couchettes super
  confortables avec un espace généreux
  pour les jambes
  service Senator LH individuel, d'une
  qualité exclusive

Business Class C
63 Spezialsitze
  im separaten Compartment
  Menüwahl und andere Extras für den
  Geschäftsreisenden
63 spacious seats
  in a separate compartment
  choice of meal and other extras
  especially for the business traveller
63 butacas especiales en un
  compartimento separado
  menús a elección y otros extras que se
  orientan especialmente en los
  intereses de los hombres de negocios
63 sièges spéciaux en compartiment
  séparé
  choix de menus et autres avantages
  «Spécial Hommes d'Affaires»

Tourist Class M
126 Tourist Sitze
  Service in der bekannt guten
  LH Qualität
126 Tourist Seats
  service in that familiar LH quality
126 butacas Tourist
  service en la conocida alta calidad
  de LH
126 sièges Touriste
  service de qualité traditionnelle LH

□ Nichtraucher/Nonsmoker
  No fumadores/non fumeurs
■ Raucher/Smoker/Fumadores/fumeurs

LH SITZPLAN/D,E,SP,F
A300600/18,63,126

Airbus A310-200   **(310)**

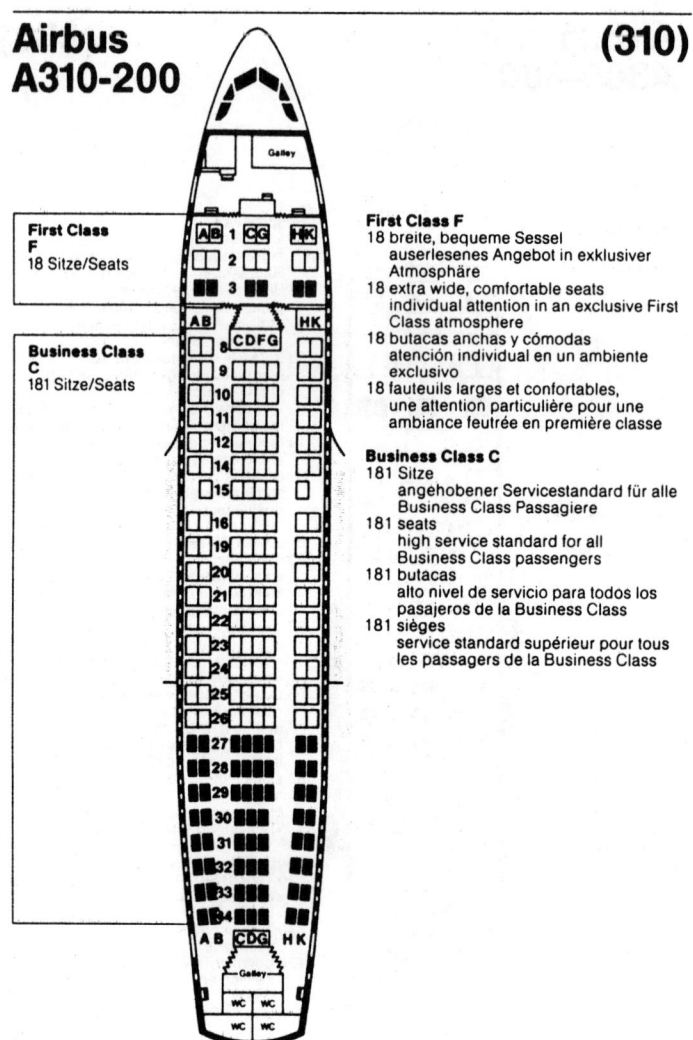

**First Class
F**
18 Sitze/Seats

**Business Class
C**
181 Sitze/Seats

First Class F
18 breite, bequeme Sessel
    auserlesenes Angebot in exklusiver
    Atmosphäre
18 extra wide, comfortable seats
    individual attention in an exclusive First
    Class atmosphere
18 butacas anchas y cómodas
    atención individual en un ambiente
    exclusivo
18 fauteuils larges et confortables,
    une attention particulière pour une
    ambiance feutrée en première classe

Business Class C
181 Sitze
    angehobener Servicestandard für alle
    Business Class Passagiere
181 seats
    high service standard for all
    Business Class passengers
181 butacas
    alto nivel de servicio para todos los
    pasajeros de la Business Class
181 sièges
    service standard supérieur pour tous
    les passagers de la Business Class

□ Nichtraucher/Nonsmoker/No fumadores
   non fumeurs
■ Raucher/Smoker/Fumadores/fumeurs

LH SITZPLAN/D,E,SP,F
A310-200/18,181

Boeing 727
Europa Jet

(727)

First Class
F
8 Sitze/Seats

Business Class
C
131 Sitze/Seats

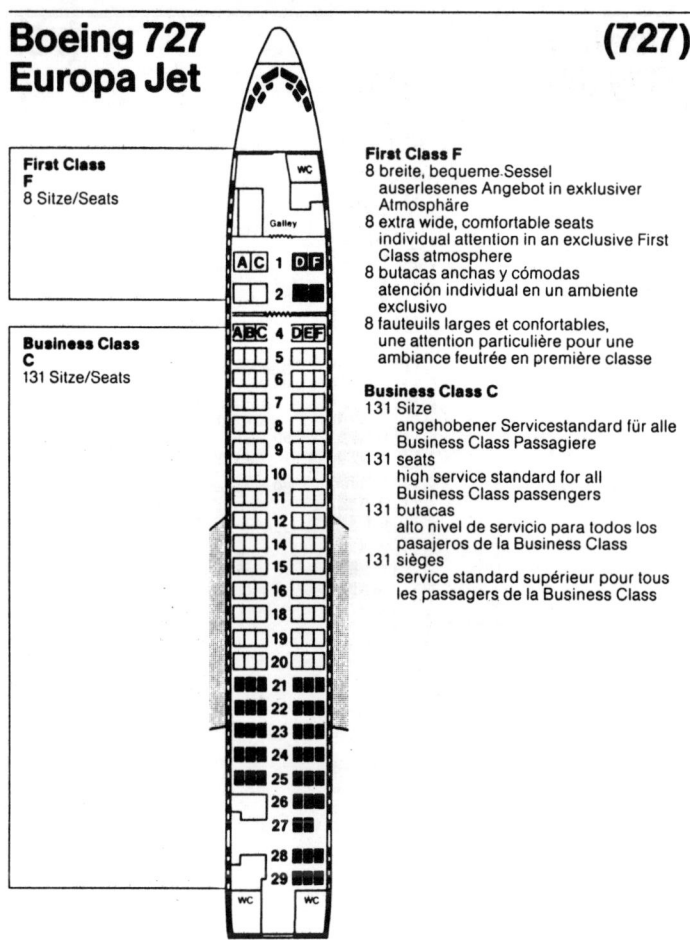

First Class F
8 breite, bequeme Sessel
 auserlesenes Angebot in exklusiver
 Atmosphäre
8 extra wide, comfortable seats
 individual attention in an exclusive First
 Class atmosphere
8 butacas anchas y cómodas
 atención individual en un ambiente
 exclusivo
8 fauteuils larges et confortables,
 une attention particulière pour une
 ambiance feutrée en première classe

Business Class C
131 Sitze
 angehobener Servicestandard für alle
 Business Class Passagiere
131 seats
 high service standard for all
 Business Class passengers
131 butacas
 alto nivel de servicio para todos los
 pasajeros de la Business Class
131 sièges
 service standard supérieur pour tous
 les passagers de la Business Class

□ Nichtraucher/Nonsmoker/No fumadores
 non fumeurs
■ Raucher/Smoker/Fumadores/fumeurs

LH SITZPLAN/D,E,SP,F
B727ERP/8,131

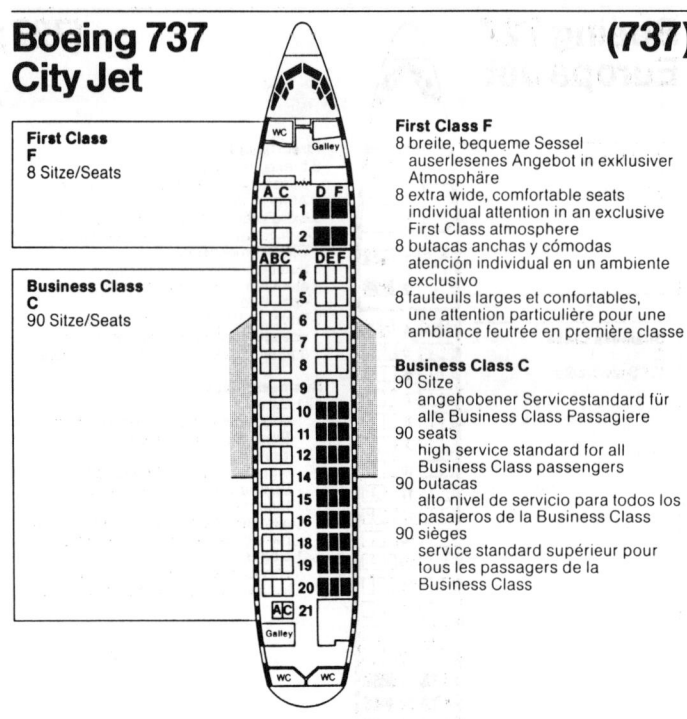

Boeing 737
City Jet
(737)

First Class
F
8 Sitze/Seats

Business Class
C
90 Sitze/Seats

First Class F
8 breite, bequeme Sessel
auserlesenes Angebot in exklusiver
Atmosphäre
8 extra wide, comfortable seats
individual attention in an exclusive
First Class atmosphere
8 butacas anchas y cómodas
atención individual en un ambiente
exclusivo
8 fauteuils larges et confortables,
une attention particulière pour une
ambiance feutrée en première classe

Business Class C
90 Sitze
angehobener Servicestandard für
alle Business Class Passagiere
90 seats
high service standard for all
Business Class passengers
90 butacas
alto nivel de servicio para todos los
pasajeros de la Business Class
90 sièges
service standard supérieur pour
tous les passagers de la
Business Class

□ Nichtraucher/Nonsmoker
No fumadores/non fumeurs
■ Raucher/Smoker/Fumadores
fumeurs

Index

Literaturverzeichnis

[ABC+76] M. M. Astrahan, M. W. Blasgen, D. D. Chamberlin, K. P. Eswaran,
          J. N. Gray, P. P. Griffiths, W. F. King, R. A. Lorie, P. R. McJo-
          nes, J. W. Mehl, G. R. Putzolu, I. L. Traiger, B. W. Wade, and
          V. Watson. System R: Relational approach to data base manage-
          ment. *ACM Transactions on Database Systems*, 1(1): 97–137, June
          1976.

[Che76]   P. P. S. Chen. The entity relationship model: Toward a unified view
          of data. *ACM Transactions on Database Systems*, 1(1): 9–36, March
          1976.

[COD]   CODASYL. Report of codasyl data description language committee.
          Information Systems 3(1978): 247–320.

[Cod70]   E. F. Codd. A relational model for large shared data banks. *Com-
          munications of the ACM*, 13(6): 377–387, 1970.

[Dat86]   C. J. Date. *An Introduction to Database Management Systems*.
          Addison-Wesley, Reading, MA, 4th ed., 1986.

[Dat87]   C. J. Date. *A Guide to the SQL Standard*. Addison-Wesley, Reading,
          MA, 1987.

[KS86]   H. F. Korth and A. Silberschatz. *Database System Concepts*.
          McGraw Hill Book Co., 1986.

[LH87]   P. C. Lockemann and J. W. Schmidt (Hrsg.). *Datenbank-Handbuch*.
          Springer-Verlag, Berlin, 1987.

[Oll81]   T. William Olle. *Das Codasyl-Datenbankmodell*. Springer-Verlag,
          Berlin, 1981.

[TF82]   T. J. Teorey and J. P. Fry. *Design of Database Structures*. Prentice
          Hall, Englewood Cliffs, N.J., 1982.

[TYF86]   T. J. Teorey, D. Yang, and J. P. Fry. A logical design methodo-
          logy for relational databases using the extended entity-relationship
          model. *ACM Computing Surveys*, 18(2): 197–222, June 1986.